JN303135

林 竹二（哲学者）

からだ＝魂のドラマ

「生きる力」がめざめるために

竹内敏晴（演出家）

竹内敏晴編

藤原書店

からだ＝魂のドラマ——「生きる力」がめざめるために／目次

からだ=魂のドラマ

――「生きる力」がめざめるために

「魂の世話」と「からだそだて」——はじめに

林竹二という人がいた。東北大学哲学科の教授でソクラテスの「パイデイア」（人間教育、あるいは、人間になる道）の研究に打ちこんでいたが、宮城教育大学が創設された時学長になった。大学紛争が起った時学生たちが大学を封鎖したバリケードの内に単身入り討論し眠りもし、ついに全国でほとんどただ一校警察機動隊の出動を拒否して封鎖を解き、大学の自治を貫いたことで知られた。学長在任中に小中学校に授業に入り死の直前までに約三百回を数える。その体験から現行の学校教育では子どもたちのもつ宝がつぶされているとして、授業の根本的見直しを提唱して全国を行脚した。長いこと世に忘れられていた田中正造を研究、特に晩年、代議士などの身分をすべて捨てて谷中村に入って残留民と共に暮らした心事の発掘の深さが、公害問題の展開と共に有名になった。研究は『田中正造の生涯』（講談社文庫）に凝縮されている。

わたしは林竹二の、これ以後しか知らない。わたしはかれの最後の十年間を、一人の演劇人かつ「からだとことばのレッスン」の実践者として、共に働き、かつ学んだ。はじめわたしは「林さん」と呼んでいたが、ある日お宅にうかがって「今日から先生と呼ばせて下さい」と申し出た。

この本におさめた三つの対話は、その十年の、わたしから言えば体当りの、林先生においては探求の歩みの証言である。

1　第一の対話について

足音を立てないためにわたしは革靴を脱ぎ白い体操靴にはきかえて、そっと教室の戸を開けた。壁ぎわには大勢の人が詰めていて、新聞記者らしくメモを片手にじろりと見返る人もある。窓際に背筋を伸ばして端座しているのが永井道雄文部大臣なのだろう（林の以前からの知りあいだったとは後に知った）。子どもたちはしんとして、しかし時々横をのぞいてみたりしている。やがて少し背を丸めて一人のお年寄りが入ってきて教壇に立つとにこりとした。抱えてきた画板のようなものから大きな写真を取り出して高く掲げた。子どもたちの頭がいっせいに動いた。

「これはなんだかわかるかな？」

ひとりひとりに問いかけてゆく。話がすすむにつれて子どもたちは眉をよせたりにこにこしたり、急に唇を嚙んでしんとしてしまったりする。そのとつとつとした語り口に、巧みな、というより考え抜いて組み立てられた構造があった。それはドラマの導入部を思わせる周到な布置に思えた。これが、わたしの、林竹二の授業に立ち会った初めだった。東京の永田町小学校六年生の授業。その時すでにかれは一五〇回を越える授業を各地の小学校で重ねてきていたことをわたしは知らなかった。

林竹二はいきいきと動いた。おじいさんが孫たちに向いあっているような楽しさもあったろうが、それ以上に——子どもたちの知識には、実はたくさんの汚れがある。それをつぶしてゆくとき、子どもたちは集中して、すばらしい智慧が輝き出す——その瞬間を待ちうけ立ち会う喜びに小踊りしていたのだったろう。

かれの生涯の研究の中心はソクラテスの「パイデイア（人間の教育）」であった。かれはそれを「人間の形成」、人間になること、として考え続けてきた。林は、パイデイアの核心である問答法《ディアレクティケー》についてこう言っている——その人が生活の中で無自覚に持っていた思い込みや断片的な知識（ドクサ）を吟味して、その根拠がいかに不確かなものかを発見したとき、その人は自分の無知を恥じ、大きな喜びをもって新しく学び始める——。

この授業の時の林は『パイドロス』の中でソクラテスが語る「人間の身に可能なかぎりの最大の幸福」を期待することができたのだろう。

ひとがふさわしい魂を相手に得て、ディアレクティケーの技術を用いながら、その魂の中に言葉を知識とともにまいて植えつけるとき（中略）この言葉というのは、自分自身のみならず、これを植えつけた人をもたすけるだけの力をもった言葉であり、また、実を結ばぬままに枯れてしまうことなく、一つの種子を含んでいて、その種子からは、また新なる言葉が新なる心の中に生

れ、かくてつねにそのいのちを不滅のままに保つことができるのだ。(藤沢令夫訳、岩波文庫)

それは後に瑞栄夫人が語ったことばで言えば、まさに「林にとっては桃源郷」だった。

わたしは当時このようなことを一切知らなかった。わたしは前年に『ことばが劈かれるとき』を出版し、その中に『からだそだて』の観点から見た全教科のパースペクティブ」を収めてはいたが、それを林がすでに読んでいたことも知らなかった。「からだそだて」を全教科の基礎とし、かつ「からだ」を人格存在そのものととらえれば、教育全体の目標とも考えうる、というのが、その趣旨であった。林から対話の相手に招かれたことに驚いて、なんでわたしに、と問うた時、初めの答は思いもかけぬことに、教室に入る時あなたは靴をはきかえたでしょう、であった。瑞栄夫人が気づいていたらしい。本当の理由は、あなたは教育関係者とは違って遠慮会釈なく反論してくるからということで、従ってなにも知らぬわたしは、この対話において一個の市民、演劇人としての感覚で率直に、後から見ればややのんきに、かれの授業に共感したり疑問を呈したりしていただけであった。

○

しかし、ソクラテスはあまりに楽観的に考えていたのではないか、と死後の弟子であるプラトンは見ていたようだ、と林自身かなり以前の論文の中で言っている。人は共同のドクサを持つことによって社会を形成する。ドクサの吟味とは、それを根本から疑いひっくり返すことだから、それを経験する人には、すばらしい喜びを覚える人もある反面、多くの人は、困惑するばかりか、大きな抵抗感とむしろ恐怖を感じるだろう。それがアテナイ市民に動揺を生み、ソクラテスを死刑に至らしめる要因になった――そう考えたプラトンは一対一のドクサの吟味ではなく、「アカデメイア」という学園を作って基本的な思考の訓練を組織立てようとした――と。

林は宮城教育大学学長として、このプラトンの理想を受け継ぐ志を持ったのだったろう。だから、この授業の方法は、子どもはともかく、教員たちには抵抗が少なくないはずだとは、かれは覚悟していたと思われる。しかし戦後民主主義教育の理想である、子どもひとりひとりの能力を伸ばし育てる志は、まだ教員の間に生きている、とかれは期待してもいたし、なによりも、激化する受験戦争に追いこまれ知識の詰め込みにあたふたして、考え＝学ぶ喜び、林から見れば深いところに蔵している「たから」をつぶされ、いわば、生きながら殺されてゆく子どもたちの不幸にいても立ってもいられず、しゃにむに「授業の根本的見直し」を訴えさせたに違いなかった。

2　第二の対話について

開眼

一九七七年、神戸の湊川高校（定時制）に授業に入った日から「桃源郷」は一変する。林の衝撃の大きさは、ほぼ半年後、それまで授業に関する問題提起において盟友と目されていた斉藤喜博を中心とする「教授学研究の会」における講演で、「私は、今まで授業について安易に語りすぎていたのではないか、という気がしきりにしております」と語り出したことに現れている。

林は、はじめて、義務教育からさえ切り捨てられている多くの子どもたちの姿を見、その無残さを「身にしみて知」ったのだった。「学校教育から子どもを切り捨てるということは結局子どもを人生から切り捨てることに直結する場合が多いのです」——今までこれを知らずに教育を論じてきた「無知の罪」は許されることでない、と林は恥じた。

しかしまた「どうやったらこの子たちを救えるだろうか」と「昼夜頭がいっぱいになっている」教師たちにも出会う。かれらは「授業の上手下手などは問題ではない。この子どもたちをどうしたら学校に来させ、椅子に座らせ、怒鳴るのを止めさせて授業にとりくませることができるか、ということで苦悩しているからです。だから、根本から授業というものを考え直すことにしかかれらの仕事の可能性というものはないわけです」。

〇

教師の仕事には二種ある、と林は言う。一つは一定の——弁論とか音楽とか体育とか——技術を教える職人的教育、もう一つはソクラテスの言う「パイデイア（人間の教育）」だ、と。この源流はパイダゴーゴス、預っている子どもにいつも附き添って歩いて世話し見守っていた奴隷、の仕事で、例えばペスタロッチなどはその流れにある、と林は言う。林は湊川の教師集団にこのやさしさを見て、日本にまだ「人間の教育」が生き延びていると驚喜したのだが、しかし、とかれは続ける。教師はそれだけに止っているわけにはいかない。ソクラテスの流れも汲んで「魂の世話」につとめねばならない、と。

それは、ふだんの暮しで身についてしまった思い込みや偏見（ドクサ）の根拠を吟味して、一つ一つ「つぶして」ゆき、無知に気づかせてゆく営みである。それは、と林はソクラテスの言を引いて「魂を委ねて、裸にして、それを眺めること」、と言う。これが林の説く「人間の教育」の核心である。

これは、まず「魂を委ねる」と言うのだから、問われるものが問うてくるものを信頼しきって、この人の前では自分を守らず飾らなくていい、と感じること、が第一の前提になる。だが教員という存在を警戒し拒み続けていた「からだ」たちが、どういう過程で「全く警戒心を解く」のかについては林は語っていない。かれはただ「手ぶらで」入っていく、と不器用に語るだけだ。むしろ、かれを受け入れてくれる生徒たちの「やさしさ」を語る。しかし、実はかれの授業は教師集団が懸命に生徒へ働らきかけ説得し、なんとか机に座らせるまで漕ぎつけた教室において、初めて成り立っていたのだと、かれは後になってあえて一人で一年生の教室に入っていってみて、痛切に気づかされることになる。しかしそれほど粘り強く優れたパイダゴーゴスとしての湊川の教師たちが、なお持てなかった、授業で魂に関わり合う力が出現するのは、なんによるのか。

○

教師は子どもの深いところへ入っていって隠されている宝を掘り当てなければ、とかねて林は説いてきたし、小中学校の授業において自分自身にその手ごたえをつかんでもいた。だからこそ湊川での最初の授業の前夜「いいかげん酒に酔った」林はこう豪語する。

私にもし十分な授業の力があるなら湊川で、かつてどこでも見たことのない美しい顔を見ることができるはずです。

その自信をもって林は授業に入る。そして深い驚愕に打たれる。低学力、暴れもん、障害児などとして見られていた生徒たちがいきなり見せた、だれ一人思いもかけなかった深い集中の姿——林が、狼に育てられた子アマラとカマラが人間の世界に入るために嘗めた苦しみをひとつひとつ語ってゆくにつれて、それは生徒たちの反応や問いを引き起すというよりは、ただしいんと、深い沈黙がぐんぐん張りつめてゆく——。

授業の後で、小野成視氏他の写真に姿を現わした生徒たちの表情が林を打ちのめした。さらに、感想文たちの、いわばたどたどしい文言から噴き出してくる生活の切実さ、それに続くさまざまな問いかけの鋭さが。

いままでほとんど文章らしい文章を書いたことがないという田中吉孝君はこう書いた。

自分の子供をそだてることはとてもつらいとおもいます。こどもをそだてることはつらいとをもいます。あかちゃんのときとひとつのときとはふたおやがひとつずつおしえて一つ二つとなるのにとってもむつかしことです。はやく僕くたちはいまだいじなことわ子供のことばかりおもっています。（以下略）

林は書く。

だが現実の授業のなかで、全く予想もしなかった反応が生徒たちから出てきたのを見て、私はあの予言じみた豪語を心の底からはじた。中田加代の顔にあらわれたふかい浄化のあとや、加藤（好次）の人間的威厳にみちたふかくきびしい顔をひき出し、田中（吉孝）にあの感想を書かせたのは、私の授業の力などではないことは明らかである。私は授業のあと福地幸造氏や、西田秀秋氏に、奇蹟がおこった、と書きおくった。湊川の授業の中でおきたことが人の力でつくり出せるものでないことを、私はふかく感じたからである。（『教育の再生をもとめて』筑摩書房、二三頁）

かれが「奇蹟」と書いたのは単に誇大な驚きの表現ではない。
かれは湊川に授業に入る直前に完成した『田中正造の生涯』にこう書いている。

私は長い間、田中正造は、暴風雨と洪水の中で、谷中人民の「姿のかわるのを見た」のだと考えてきた。

これは「マタイ福音書」第一七章一～二による。

それから六日の後、イエスはペテロとヤコブとその兄弟のヨハネだけを連れて、高い山にのぼられた。すると彼らの見ている前でイエスの姿が変った。顔は太陽のように照りかがやき、着物までが光のように白くなった。（塚本虎二訳『新約聖書 福音書』岩波書店）

これが林の指す「奇蹟」である。
かれは生徒たちの「姿のかわるのを見た」のだ。「姿がかわる」とは日常生活では覆いかくされていたまことの姿が燦然と現れ出ることであろう。
田中正造は足尾銅山の鉱毒事件において、政府が問題をすりかえて、洪水を防ぐための遊水池設置を強制し、谷中村を水底に沈めようとするに当って、官憲の暴力による住居の強制破壊に身をもって抵抗する一方、残留人民十八戸（百余人）のとりあえずの落ちつき先を確保するために奔走していた。しかし人々はかれの提案をかえりみず、破壊し尽され、暴風雨と洪水によって泥沼と化した村のあちこちやわずかに残る堤の上に、竹の柱を立て、戸板を冠り、あるいは舟を浮べて、一歩も村を出ようとしなかった。かれらの覚悟は、

世に如何なる法律ありとするも、官吏が人民の家屋を破り、田圃を奪うに至ってはもはや、生命をうばわるるほかなしとの決心に候

というものであった。

正造は愕然として農民を見直す。このとき人々の「姿が変った」のを正造は見たのだ、と林は考えた。しかし、と林は続ける、谷中人民の真実をまだ正造はなにも見ていなかった、と。かれの「開眼」のためには更にいくつもの折衝が要り、最終的には九年に及ぶ正造の「苦学」に至る有様を林は執拗に辿ってゆく。この正造の姿はそのまま湊川の生徒たちの「姿が変った」のを見た瞬間からの林自身の歩みに重なるであろう。かれはすでにみずから描いた足どりを歩いた、と言うよりはむしろ、かれ自身が内包していた軌跡を、知らずしてあらかじめ描いていた、と言ってよいのではあるまいか。

戦っていたのは谷中人民であって正造ではなかった、という林の言にならえば、授業していたのは

生徒たちであって、林ではなかった、ということである。

〇

林が、いつから、湊川を自分にとっての「谷中」と思い定めたかは、定かにはわからない。正造と同じくかれもまた時を必要とした。かれは生徒の反応に驚喜しつつ、それまでの、授業に関する研究と活動の同志だった教授たちを招いて授業を組織したが、このもくろみは生徒たちによって拒否された（竹内の講演「人間であること、人間になること」参照）。どこか見当がズレていたのだ。生徒たちの知的理解力を測るために工夫した教材は「ムカシバナシハワカリマセン」とはねつけられもした。

それから半年、「手持ちの教材を使い果した」と呟いた林に対してわたしが、「なぜ田中正造の授業をしないのですか」と問うたのは一九七七年夏の終り頃だったろうか。林は虚を衝かれたという表情でじっとわたしを見つめていたが、やがて机に向き直って「ふうん」と息を吐き、「それがほんとうかも知れん」と呻くように言った。あるいはこれが一つの転機だったろうか。

数ヶ月後の秋、「竹内さんが、田中正造の芝居をやりたいんだそうです」ということばで、田中正造の授業は始まった。以後の林の教材はほとんどこれに集中し、東京の南葛飾高校定時制の授業においてもこれが中心になった。一つの歴史的事件、そこに生き決断した人々の行為の提示が、直接的な生活批判などをも越えて、いわば隠喩のように、生徒たちの生活の無自覚な底流に響き合い浮び上らせた、と言っていいだろう。それはドラマが持つ意味と同じ質のことと言いうる。

第二の対話においては、湊川が「谷中」であることは、二人にとってすでに暗黙の了解になっていたと言える。わたしはここでは共に働く――授業と劇上演において――ものとして林と討論する立場にいる。

プラトンにならって「アカデメイア」としての大学の理想をいくらかでも立ち上げようと期していた教育哲学者林竹二は次第に消え、「教えるもの」ではなく、「学ぶもの」として、人々の魂の核心に参入しようとする求道者が現れた。価値としての知の世界へ若者を「引き上げる」ことが教育という営みだとすれば、むしろ、下へ、生の底へ「潜り込む」方向へと志向を定めた姿がそこにある。学校教育からはじき出されていた、被差別部落出身者を中心とする人々の魂の荒野の底に、学ぶことへの激しい飢えが、みずからも他人も気づかぬままに生きていたことの、広大な展望がかれの胸をえぐった。やがて林は水俣へおもむき、さらに重度重複心身障害児の療育事例に触れていくことになる。

祝祭としての授業

湊川高校の生徒たち、そして教師たちにとっても、月一〜二回の林の授業は、一つの「祝祭」だったと言えるだろう。もう一つ、竹内スタジオの若者たちが持ち込む秋の芝居。これこそまさに祭りだった。林は田中正造の授業を始めるにあたって、直前に行われた劇上演の後の、浄化（カタルシス）を経た生徒たちの作る場のすがすがしさに触れている。

祝祭とはなにか？

竹内の「からだとことばのレッスン」においては、——一日働らいてきた人が夕刻稽古場にやって来る。三時間ばかりの短い時間。場に入った時から世間的な気づかいから断ち切られる。ある課題にわれを忘れて打ち込む。集中が深まると、今まで知らなかった自分が動き出し、表情が輝き、声がひろがり、新しい世界に生き始める。力をつくし、汗をかききって——カタルシスを林は通例に従って「浄化」と訳すが、もともとは体内にたまっているものを瀉出し、排泄することだ。一つのなにかを生ききって稽古場の外へ出ると、世間の風景がなにか異様な見知らぬ息づかいで迫ってくる。——そんな体験をわたしは「祝祭としてのレッスン」と呼んだ。これをずらして「祝祭としての授業」と言いかえたのは社会学者の見田宗介である。これは継続する学習の一つのステップではない、今この場で生ききること、エネルギーを使い果すこと、充溢することだ。

林の授業もまた、生徒にとってこの「特別な時間」における生の充溢だった。だからこそ授業で凄じく厳しい表情を見せた少女が、終った後はケロリとして「ああ面白かった」となるのだ。生ききった「からだ」は、次の「生ききる喜び」を求める。

林が呼び醒したのは「学ぶ喜び」だった。現代の学校生活の、習慣化した一定の課業の繰り返し、なぜ必要なのか意味もわからぬ知識の詰め込みのあきあきする強制、に対して、子どもが若者が全身で生き、学校が学校であるための核心として、それは、まさに、生ききること考えきることエネルギーを使い果すこと、即ち「祝祭」に他ならなかった。それは、授業者に向ってでも全エネルギーを要求する。その後のすがすがしさの中で、毎日のしんどい暮しの営みの意味が、そこから射してくる光によって違って見えてくる。それが「祝祭」「まつり」が「学び」に転化してゆく意味であろう。

○

林にとってもまた、授業は祝祭だった。林は「まれびと」として呼び迎えられた。別の世界から訪れてくるもの。ユングなら老賢人と言ったかも知れぬ。教師集団がいわば「村人」の世話役になって、招き入れる場を作る。そこへ生徒たちが入ってくるのだ。世俗的に言えば、遠い北国から、国立大学の学長という生徒にとっては見たことも聞いたことすらないものが、ヒコーキにのって飛んで来て、自分たちのために、という、不思議さもあったに違いないだろう。林にはそういうイベントによってみずからの喜びを人に分ちたいというところがあった。永井文相を招いての永田町小学校での授業や、三宅正一衆議院副議長が現れた湊川高校での「田中正造」の授業、ルナ・ホールでの二百人もの集まり——。

飾りっ気なしにただひとりにこにこと林は立つ。「翁」のように。——かれの考え抜いた限りのことを一つ一つ物語る。時々立ち止ったり相手に問いかけたりしながら。人が生きることのある深みが開かれる。それは一文にもならないハナシだ。物つくりや金かせぎとまるで違う世界があることを差し出し、ほんとうになにを自分は求めているのか——人間として——、と考えこませる。出発をうながす。——場にみなぎるのは真剣さだけではない。集中の深みでのすばらしい快楽、いのちの輝き。これは「学ぶことの喜び」というよりも、「喜びの中で開かれる学び」である。

「祭り」はただ一回のイベントではない。ある期間をおいて巡ってくること、だ。その期待と準備と没入の中で生活の意味は照射され深まる。「学ぶこと」の継続だ。

○

第二の対談の成立の事情を林はこう書く。

この写真集をつくることを思い立ったはじめから、私は竹内敏晴氏との「対談」を望んでいた。湊川と尼工で授業をして、そこで私の経験したことについて、一緒になってその根底にあるものをさぐり、教えてもらうことのできる人として私は氏以外を考えることはできなかったのである。氏は昨年四月から私といっしょに何度か湊川に入って、レッスンをしてくれた。だがそれによってはなおたしかな手応えが得られないというもどかしさが氏にはあったようだ。十一月の文化祭のとき、氏は平将門の芝居をもって湊川に入った。そしてはじめて湊川に出会ったという経験が氏にはある。私は授業の中で、湊川との出会いをもった。授業もドラマも、非日常的な世界に人をつれこむことにおいて成立する。そのときカタルシス（浄化）ということも成り立つのだろう。われわれ二人がもつ、それぞれの湊川との出会いの経験が、この「対談」の前提になっている。

この「対談」における私の中心主題は、私の授業を、どうして湊川と尼工という二つの学校の生徒だけが、あれほど深く重く受けとめてくれたのかという疑問を解くことであった。竹内氏には、これとは別にこの機会に私に問い詰めたい問いがあった。その一つが私がしばしば口にする、授業がそれと一つだという学問とは何なのかであった。氏には学問というものにたいする根づよい不信があった。対談はいきおい話題が多岐にわたった。仙台と東京とを往復していく度も会合を重ねてもなかなか結着がつかなかった。何とかまとまりがつくまでに半年以上の時が経過していた。全部テープにおさめ、文字におこされた。その膨大な記録から本書に収めた「対談」の原稿をつくり上げられた竹内氏にたいしては、謝すべきことばもない。だが竹内敏晴という対談の相手を得たことで、この対談は、授業というものの根底の深層部にまでさぐりを入れた、先行的な試みとしての意義を担うものとなりえたと信じている。

竹内氏が最近『解放教育』(一九七八年十月号)に寄稿された「湊川で学んだことの一つ」は、「対談　学ぶこと変わること」の内容を大切な点で補充し、かつ論点を明確化する好個の文章なので、氏に乞うて本書に収録した。(写真集『学ぶこと変わること』筑摩書房)

3　第三の対話について

この対話は、その冒頭にいきなり林が、「竹内さんの言う『からだ』は、ソクラテスの言う『魂』とほとんど同じようですね」と切り出したのが、あまりに唐突で、わたしは、なぜそんなふうにお考えになったのかと問い返すことさえ思いつかず、あたふたしているうちに話は進行してしまった。その場その時の話題には、今読み返しても真剣なやりとりが戦わされているのだが、なんでこういう話をするのかその根底が不確かな思いがずっと消えぬまま、わたしは懸命に話し続けた思いが後に至るまで消えなかった。

「魂」ということばをわたしは用いたことがない。聴覚言語障害児だったわたしが少しずつことばを発見して身につけてゆく過程で、いったいなにを指すのか曖昧でつかまえようのなかったことばの一つである。戦時中に横行したヤマトダマシヒなどという空疎な言句に対する拒否感もあった。林竹二に関連して言えば、湊川で授業に用いた『パイドン』を読み返した時、魂が肉体から離れて(死を窮極の形として)純化していくことが人間の真に歩むべき道だとする論旨に我慢がならず、毎頁のように欄外に反論を書き込む始末だった。

——パイデイアを「魂の世話」とする林先生になにが起って「からだ」に目を向けることになったのだろう? 十年の協働の末に、かれはわたしの「からだとことばのレッスン」——主体としてのからだの回復の試み——になにを見たのだろうか?

○

年表を見ればたぶん前年の春、わたしは大阪から仙台行きの飛行機に乗っていた。「あと三十キロで仙台空港でございます」、アナウンスを聞いて下りる支度を始めたところへ、またアナウンスがあった。「仙台空港は天候不良のため着陸できませんので、当機は羽田空港へ引き返します……」

その時仙台の林宅では、福島県立須賀川養護学校の安藤哲夫教諭が、林夫妻と共に待っておられる筈であった。
この、わたしが出席できなかった座談会は「いのちを問いなおす」と題して季刊『いま、人間として』に掲載され、林は「教育を根本から考えなおすために――『わかくさ学級』のこと」という文の中で自分の教育観の欠落部分に気づかされた、と書くことになる。

――湊川や尼工で学校教育のなかで無惨に切り捨てられつづけてきた生徒たちに出会ってはいても、このときには、まだ、この間まで学校教育そのものからしめ出されていた重い障害を抱えた子どもたちの教育が、私の視野にはいってきていなかった。

と、そして、

勝弘君は、須賀川養護学校に隣接する国立療養所F病院併設の重症心身障害児施設わかくさ病棟に収容されていた、在院八年、当時九歳三ヶ月の子で、両眼球形成不全症（一方の目には瞳孔がない）であるうえ、高度の難聴（略）、それに重い脳性マヒで言語なく歩行不能（運動の自発がまったくない）（略）何の反応も示さず、食べて排泄し、ただ生きているだけ（略）後年安藤さんは、毛布をくるくるとまいてそこに置いてあるように感じたと述懐している。

（中略）

（安藤さんは）公務のあいだから、三分、五分というわずかな時間を盗んで（略）勝弘君の病床を訪ねた。そして勝弘君の、生れたばかりの赤ちゃんのようにやわらかくて小さい手を握って自分のほほに当て、自分の手を勝弘君のほほにあてて、ベットの上におおいかぶさるようにして、耳もとで「勝弘君、安藤先生だよ」と声をかけた。（略）毎日、かならずおなじことばとおなじ動作で接した。

（中略）

三ヶ月目に（略）いままでどのような表情もなかった勝弘君が、安藤さんのいつもの働らきかけに対して「天使のような（と安藤さんは語っている）笑顔」で答えたのである。

その七年後勝弘君は小学部を卒業した。卒業証書の筒を握って（かっては考えられなかったことだ）座った姿の写真を見て林は、「介助は教育（パイデイアということだろう）そのものだと言ってよいほど重大な役割をになっている」と書く。

棒っきれのように思われていた「からだ」が、まことは、ふれられるのを待ちかまえていた。ふれられた、とはっきり「からだ」が気づいた時、いのちの力が目覚め始める。そして、動き始めた「からだ」は、むさぼるように、身をまかせること、寝がえること、握ること、やがて、立つことを、「学んでゆく」のだ。

勝弘君の変化の姿は、「からだ」の目覚めはまさに「たましい」の目覚めであり、魂は「からだ」として目覚めてゆくのだということを、まぎれもなく現している。林はまざまざとこれを見たのではなかったか。

○

十数年経って当時のとまどいをわきに置いて読めばはっきりわかる。第三の対話で林は、まさに「ことばにならないはげしい問答」の行われている「からだ」の「表情」をどう読みとるか、を懸命に問うている――まさに「ごまかしのきかぬもの」として。「肉体でする子どもたちの反乱」に言及したのも初めてのことだったろう。

林はこの対話の中で、ソクラテスの言う魂は、いわばセルフ（自己）だと言っている。この自己は、今見ればユングの言う自我と対比されるそれや、仏教で言う真如などのような、いわばイデアではなく、なまなましい、傷だらけの、むき出しの実存だ。たしかにこれは林がなん年かの疑いの後に断定したように、わたしの言う「からだ」に近いだろう。

私がこの世界に存在するしかたは、「からだ」としてしかない。そして姿勢とは、このからだ＝われが世界とふれる境界線であって、そこに主体＝われが必死になって生きようとしている状況がまざまざと顕現しているのだ。（竹内『ことばが劈かれるとき』）

ここで少しばかり註釈めいたことを記す。

林は、問答法は、魂を委ねて、これを裸にして眺める法である、と語る。長いことわたしはこれはソクラテスの句であると思ってきたが、実は林の造語であるらしい。前半の「魂を委ねる」は『カルミデス』の中にある句だが、これは林の述べる語句の後半とはつながっていない。たぶん林はこの後半の語句を『ゴルギアス』から取ったのだろう。対話の中で紹介されている「裸になった魂」は死後審判にひき出された時のことで、生前の経験によって傷だらけの有様がむき出しになっている。原文は、そうならぬために生前魂を健全に保つよう世話せねばならぬ、という教訓にするのだろうが、林は、これを、今眼前にまざまざと見る姿としている。このイメージは『パイドン』において語られる風景とはかなり異なった印象を与え、むしろ禅で言う「体露金風」(唐代の雲門禅師の語。すっぱだかで秋風に、というほどの意味)などに近いように思われる。

今、裸になる。裸を見て、そしてどうするのか。

プラトンの『国家篇』のラスト「エルの話」にあらわれる死後の魂たちは、再び地上に生れ出るためにクジを選ばされる。ほとんどの魂は、過去の自分の習性を変えることに気づかず、ただ幸運を狙ってクジを取る。ただオデュッセウスのみは、みずから経てきた姿を省みて別の選択をする。裸とは、みずからの裸の、そしてその傷をまじまじと見ること、そしてこれまでの自分と根本的に異なる道を選びうるか否かに、今立たされることにほかならないのだろう。

かくれみのとしての世間向けのペルソナが脱け落ちてむき出しに「からだ」が立つ時、はじめて人は人の「魂＝からだ」と向いあい、ふれ、ふれ、出会うことができる。その瞬間に人は動き始める。他者にふれ、ふれられて動き、むしろ他者に突破されることによって、今までの自分は死に、新しく生れ始める。このとき「姿が変る」であろう。勝弘君のほほえみ、田中吉孝君の文章、中田加代さんの「おもしろかった」、みなこれを示している。これを「学ぶ」という生き方の始まりだと言ってもよい。学ぶ、とは他者との対話において動くことだ。問答法とはもともとは語るに堪能な人の無反省な言語の根拠を問いただしてゆく方法だが、ここではむしろ、ことばの不自由なものが自分を表現することばを見つけ出すために、からだで感じることを吟味し、ことばを選ぶことの手助けだと規定し直してもいい。表現するとは、自分を自分の外へ持ち出して、自分の目の前に立てることなのだ。

林竹二の「魂の世話」とわたしの「からだとからだの出会い」の長い対峙、あるいは並行状態はここで交錯した。

林はこの対話の直前に最後の著書を書き上げていた。『教育亡国』と題される戦後の教育改革の志を扼殺してきた文部行政への痛烈な告発であるその書の最終章は、「学校は水俣の海になってしまった」と題されている。かれの目の底には渡良瀬川と水俣の海と、そして現在の学校の惨状とが重なり合って見えていたのだろう。わたしはと言えば、みずからの「からだ＝魂」の奥の闇と向いあっていた。

［第一部］

〈対話〉

子どもの可能性を劈《ひら》く

——林　竹二

竹内敏晴

1　生きた授業とは

子どもたちの集中と解放

竹内　この間から林先生の授業を見せていただいたり、授業記録を拝見したりしていますが、一方で私、最近『おやこ新聞』を出されている戸塚廉《とづかれん》さんにお目にかかったわけです。あの人の子どもの指導のしかたと林先生の授業のやりかたとどこかで非常にふれ合うんだけど、どこかで非常に違うところがある。何が違って何がふれてるんだろうということを実はこの数日考えてたんですけれども、こんな感じがしたわけですね。つまり……戸塚さんは〝いたずら教育学〟ということで〝いたずら〟を非常に重視されるわけです。自然の中へ子どもをぶち込んで、子どもの中からも自然を引き出す。それで荒々しい生命力みたいなものをとにかく発揮させることの中で子どもは伸びるんだと。その自然の中で伸びのびさせるというかいわば解放の次元と、もう一つ、林先生の提起されている、授業の中で日常的な次元を超えていくことによってはじめて達成されるものがあるという――いわば集中の次元、この二つの次元の相関の問題だなというふうに思うわけです。

これは芝居の場合でも同じことなので、ほんとうに集中したならば解放されてくるはずなのですけれども、しかし必ずしもそううまくいくとは限らないわけですね。解放されたからうまく集中していくというわけにいかないし、集中させようとしたからといってうまく解放するというわけにいかない。

どちらからかアプローチしなきゃならないし、それがある段階へ行ったときに、集中と解放がスッと一つになる。

私が芝居の演出をしてる立場から写真をパッと見たときに、これはもう、明日か明後日、芝居の幕があくというころの稽古の段階の顔だという感じがするわけですね。それほど高い集中の次元を示している。それを一時間の間に達成するとは一体どうしたらいいのだろう……。また毎日持続する授業の中でここまで高めてゆくというふうに考えたらどうなるか。その辺がまだよく私にはつかめないのですけれども。

林　それは例えば体育とか音楽だとはっきり出る。音楽なんか適切な手入れがなされれば、声の質が目に見えて変わってくる。体育でも、行進なんかでほんとうに腰のすわった無理のない歩き方になる。これはやっぱり一時間やなんかでは、そのときはあるところまで行っても、定着はしないわけです。その定着という要素を入れるとやっぱり相当時間がかかる。それに類したものはほかの分野でもあるのじゃなかろうか。猥雑なものには嫌忌を感ずる、すんだきれいなものが自然に自分に近しいものになるという、そういう変化が求めずして生まれるのにはやっぱり何回かの授業では無理で、斎藤喜博《きはく》さんが島小学校や境小学校でやったような学校を挙げての徹底した取り組みが必要じゃないでしょうか。

竹内　ただ子どもだからそこまでできるということはあるかもしれませんね。たしか先生はいつか、子どもは白紙だと思うのは間違いだと、おっしゃってました。とすると何かいろんなものがくっついてはいる……。

林　ええ、白紙じゃないですね。うんと汚《よご》れてるんです。ほこりまみれになってるんです。

竹内　でもやはり大人のほうが汚れているから……（笑）。

林　大人は汚れが深くしみているわけですね。子どもは表にいっぱいくっついているわけです。ところが、普通の授業では表にくっついているもので勝負している。「自然」というときはそういうものがどっさり入っちゃうんです。だから戸塚さんの考えと私のとではだいぶ違っているでしょう。私は、授業というのは、子どもたちだけでは到達できない高みにまで、しかも子どもが自分の手や足を使ってよじ登っていくのを助ける仕事だと考えている。だから教師がなければ授業は成立しない。ところが今は教師が引っ込むことが子どもの自主というふうに錯覚を起こしている。ところが、子どものその「自主」的な動きと考えの中に出てくるのは汚れたものが多いのです。いくらでも卑俗なものが出てる。それをつぶしてゆかないと美しい生地は出てこない。カタルシスが必要なわけです。

竹内　そのつぶすということが、外からそういうことを簡単に言っちゃいけないけれども、たぶん一番わかりにくいんじゃないかと思うんです、教師の方々にとっては……。

林　それはそうです。つぶすにはその裏にあるものが見えてなきゃだめなんです。いま表面に出ていないものがたしかにある、それが出てくるまでは、あれもこれもつぶしてゆく。いい加減なとこでは止めないのは、それを信ずることができるからでしょう。それに、つぶした後の手入れにたいして責任をとる覚悟と能力が必要なわけです。つぶした後の手入れをする力がふつう教師にはないわけです。だから、自分に都合いいものが子どもから出れば有難がってそれをちょうだいするっていうことになるわけですね。

竹内 だから逆に言うと、教師が、自分が安直にほしがっているものを一ぺん捨ててかからなければ、つぶすということの勇気が出ないということになる。教育理論だの授業記録だのを含めて、既成のパターンを、子どもからも自分からも全部つぶしてゆけば、だれもまだ触れたことのない、ゼロの状態から始めなければならない。それから先どうするか……これは勇気がいる。なにが出てくるかわからないのですから。しかし、実は、未知の領域にふみこんだなって感覚が生まれたとき、人ははじめて集中する。だから、集中するためには、危機感がなくてはダメなんです。そこに「つぶす」ことの理性次元でなく感覚次元の意味があると思うのですが……。

「思い込み」の汚れをつぶす

竹内 ただ話がそこにいく前にもう一つ、「つぶす」というのはどういうことなのかということが、例えば先生の授業記録を見たりなんかしてもなかなかピンとこないだろうと思うんですよ。そこをもうちょっとわかるように……私はきわめてプリミティブに感覚的にわかるところまでいかないと納得しないたちなものですから、もう少しうかがって食い下がろうと思っているのですが。

林 「つぶす」というのは、私はソクラテスの考えを、もう少し手近な問題に置き換えているわけですけれども、ソクラテスでは問答というのは反駁術です。その反駁術というのは、にせ物を取りのけちゃう仕事で、借り物とか、にせ物とか、たんなる思い込みとかを、きびしい吟味にかけてそれを破ってゆく仕事です。さっき子どもが純真だといっても、うんとよごれているという話が出ましたが、借り物をふりまわして平気でいるのがよごれです。物の本質にふかくふれたり、あるいは自分自身の生活の中に知識が根をおろしたりする経験は欠いているのですから、子どもの授業の中の発言は、自分の生活や経験の裏づけをもっていない。だから浮き草のようなもの、借り物で内容がない。そういうものばかりが、さしあたり子どもから出てくるわけです。

だから、そういう意見を吟味にかけるということは、何かを教えることではない。問題をつきつけて、子ども自身に、これでいいのかということを、考えさせる作業です。ソクラテス流に言うと一つの意見（ドクサ）の中にある自己矛盾を問答によって引き出してみせる。つぶすということが本当に成立するのは子ども自身がその問答を通じて自分の意見が、到底維持できないことを納得するときなんです。

だから教師がこれではだめなんだぞと言ってつぶしたんでは、ほんとうにつぶしたことにはならないわけです。だから子ども自身にこれでいいのか、これでいいのかと、いろんな問題点をとり出してやる。子どもはこちらから見てこうだと思い込んでいたのが、あちらから見るとまるで別に見える、違って見えるのを知って、固定したものの見方から解放される。ああなるほどこれじゃだめなんだということを子どもが自分で発見して心の底から納得すること、それがつぶすということなんです。

竹内　さらに食い下がりますと、方法論としてはそのとおりなんだけども、それは本物じゃないなということを感じ取れるものを教師のほうが持ってなければ、そのこと自体ができないわけでしょう。

林　だから教師が見えなければ、もう何事も始まらない。

竹内　だから問題はね、教師がそれを見えるようになるためには自分自身を捉えているドクサを何度でも改めて発見し、破っていくという作業を通じて、自分自身に対するきびしさを身につけていなければいけないわけですね。

林　ええ、そうです。教師が、やっぱり自分が教師になる前に大学の教育なり、その後の教育なりで自分で一つのものを追求した経験というのを持ってないといけないでしょうね。一つのものをほんとうに自分が納得いくところまで追求した経験、そこで苦しんで、これでいいと思ったのが全部だめになっちゃうというような、そういう経験を経て苦しみながら何か道をつけてきたという、そういう経験がないとほんとうはいけないのでしょうね。

竹内　というと、教師が授業で、「つぶす」作業をやれるようになるための一番基本的な条件は、何かやり方を習ったりなんかすることよりは自分自身でとにかく何か一つのことをとことんやってみるということになりますね。

林　そうですね。それを大学時代にやったってどうせそれほど密度の高いものはできないのだから、卒業してから、学ぶことへの志を持ち続けるということが必要でしょうね。私は実践でためされるまえの使命感もテクニックも信用しません。学ぼうとする意志こそが、私は教師であるための一番大事な決定的の条件じゃないかと思う。学ぶ気持がなくなったら、もう教師の資格はないと思います。

竹内　先生はサラッとおっしゃるけれども、例えば、私が演出して役者とふれ合っていくときのことを考えると、ある物言い一つ、身ぶり一つに、これは本物じゃないなっていうことを感じ取るっていうか、見分けるというか、もうほんとうにそこ一つが勝負だと思うんですね。非常に巧みな演技をやっているけれど、これはうそだ――うそ、っていうのは私たち独特の言い方ですが――外面的な描写にすぎない、とか、非常に稚拙だけれども、それはほんとう――つまり、なにかちゃんと感じているものがある、あるいはイメージが見えている、とか、こういう違いがその場でぴしぴしとわからなければもう勝負は負けだということがある。ところがそれが非常に難しい。

林　授業ではそれはしょっちゅう出るわけですね。この間七戸《しちのへ》で授業したときに、子どもにあてて、問いつめていったらその子が泣き出した。初めての経験です。様子を見て、一応はそこで矛をおさめました。しかし、そのあと、クラスへの問いかけにたいして何人かが手をあげた中にその子がはいっていた。それで、これなら大丈夫だと思って、しばらくほかのことをやったあと、もう一ぺんその子どもにあてた。今度は泣かないで、ずいぶん苦労してたようですけどポツリと答えました。

あとで聞きますと、その子はいまだかつて質問に答えたことがない子だそうです。いつも泣き出してしまうんだそうです。泣き出すんで先生はそこでやめてしまうわけです。でもその子にも何か言いたいことがある、私にそれが見えた。それで機会を待ったわけです。どんな子にも言いたいことはあるけれども言えない。大事なことは、それが見えるか見えないかですね。

竹内　言いたいことがあるっていうことを、教師がまず感じ取らなければ始まらないわけですよね。

林　そうです。

竹内　先生のお話を聞いているうちに思い出したんですけれども、私がレッスンする場合にもやっぱり泣き出す人がいます。最近英語の教師達の集会に呼ばれてレッスンをやったのですけれど、そのときに一人、声がまるでか細くて、聞き取れない女の人がいた。その人の声をひらこうとしてくり返しレッスンをやったのです。はじめはみんなの前でやらされるのが恥ずかしくて逃げようとする。それを逃がさない。声を出したくないかときくと、以前から悩んでいたと言うんですね、ぜひ声を出したい。ところがレッスンとなるとちぢこまって逃げようとする。とうとう追いつめられて泣き出してしまった。良心的ないい教師だけれども、非常に内に閉じこもった人なわけです。

それで、私はこう言ったんです。「あなたが声が出ないということは、あなた自身も人間的に苦しいことだろうから、それをなんとか手助けしようという気持はもちろんだけれども、それよりほんとうを言うと私は、あなたに教えられる子どもたちのためにレッスンしてるんだ。あなたみたいな発声で子どもたちに話したならば、子どものほうがどうなるか。どんなに勉強に集中しようと努力してる子どもでも、結局は先生のことばを聞きわけるのにくたびれて、だらけて、ぐたあっとして机につっぷしてしまうだろう。だから子どもたちのためにあなたは声が劈《ひら》かれるようにがんばらなきゃだめなんだ」。

かの女は必死にうなずいて、レッスン始めようとするんだけど涙が止まらない。それでしばらくおいといて、他の人々に対するレッスンに切りかえた。その日の昼間のレッスンが終って、私はもうその人は来ないだろうと思っていたら、そのひっこみ思案の人がその晩から熱心に食いついてきましてね、傍目《わきめ》もふらない。そして変り始めた……。

言いたいことは内にあるが、しかし逃げたい、それを追いつめ、泣くところまでいって、やっと無我夢中で日常的な自分を超えることができる。そこまでいかないと閉じこめられた自発性を切り開くことはできない。自発性とは日常的なものではなくて、根源的なものだと思うのです。すべてをかなぐりすてた時、深層からむき出しにされてくる自己の働きですから。

だから、林先生は、子どもさんの問題としておっしゃったけれども、これはむしろ、まず、子どもと向いあう教師自身が通過しなければならない事柄のように私には聞こえるわけです。

教師たちには子どもたちを見る余裕がない、しかし……

林　思うように物が言えない人間ほど、言いたいことはいっぱいむねにつまっている。だから、ドマドマしているからと、つきはなしてしまえばそれっきり閉ざされた世界に入ってしまうわけです。ところが根気よくきっかけをつくってやって、一歩踏み出させてやると、それが何度か繰り返されると、変化がうまれてくるわけです。思いきって一語を発することは、とっても大きな意味があるんですから、そのきっかけをつかむことにはどんなにでも骨を折る値打ちがあるわけです。

竹内　多くの教師たちにそれがわからないというのはどういうわけだろう……。

林　それはやっぱり授業がビジネスあるいは事務になっちゃってるからですね。またそうならざるを得ない条件がある。それを考えると、教師にたいして注文がましいことはいえないのです。一週間に二十何時間、しかもあらゆる教科について授業が課せられている。しかもこれだけのことは教えろという一種の至上命令がある。ふかい教材研究などやっている時間もエネルギーもない。絶えず仕事に追い立てられて子どもに何がどのくらいほんとうに入ってるかというようなことは問題にしていられないのが実情です。

竹内　問題にする余裕がないということですか。

林　ないんですね。

竹内　私に小学生の子どもがありまして、それの研究授業にこの間行ったわけです。その先生は、私は家庭訪問なんかで会ってかなり信用している人なんです。なかなかいい考え方を持ってて信用してるんだけども、しかし社会科の授業を見に行って、何か足りないなあということを感じた。

それは林先生の場合とちょうど逆で、お母さん達やお父さん達がいると子どもたちが全く黙っちゃうわけですね。

それで教師は「きょうはどうしたの、まるで眠ってるみたいじゃない」なんて言いながら授業している。それを見ていてどこか違う違うと思っていた。あとで考えたことを一口に言いますと、〝なまなましくない〟という感じがするわけです。全部きちんとしたことをやってるんだけれども何か子どもにふれていかない。なまなましくない。その先生は、子どもが何か話したがってるものがあるということになれば、そのことを引き出していこうという考え方自体は持ってる人なんだけれども、実際の授業のときにそういうなまなましさがないというのは一体何だろうと考え込んでしまった。

先生の今のお話だと、今はとても余裕がないということに尽きるんでしょうか。

林　余裕がないということからの直接の帰結と考えるべきでしょう。追い立てられて、何一つまともな取りくみができない、この状態がずうっと続いているうちに教師の仕事はこういうもんだというようなあきらめも出てきて、固定的な型のごとき授業をくりかえすことになる。だから結局デパートの食堂の飾り棚に並べてあるような、ああいうものに授業がなっちゃうわけですね。それを食べてどれだけお腹の足しになるかなどということははじめから問題にする立場にはないんです。並べて見せるのが仕事になってしまう。だからほんとうになまなましく切り結ぶということがない。

だが、そのことにたいして教師を責めるのは見当ちがいでしょう。

私は、実は、この頃かなり追い詰められた気持になっているんです。それは学校という「公共営造物」は、はたしてほんとうに人間を教育するための施設なんだろうか。それを教育の場と考えて、その立場からいろいろの願いをそこに託そうとするのは、実はわれわれの勝手な妄想なのかもしれないと、時々考えこんでしまうのです。現実に教師を十重二十重にしばりつけている、いろいろな制約を無視して、私は授業の可能性をさぐっているわけですが、私の授業の中で子どもが見せてくれる素晴らしい力が、ふつうの授業の中ではほとんど引き出されていない。その根本の原因は、教師の仕事は、うたがいもなく、高度の専門的な仕事であるのに、教育行政の現実の中での教師の位置づけは、明らかに「下請け」的なもので、その勤務の態様も、むしろそれを単純労働として捉えていると考えるほかないものになっている。だから私が授業について語っているようなことは、現実ばなれした空語とひびくのも、止むを得ないことなのでしょう。

どうも、思わず、「わが心境」を語ったりして失礼しました。話をもとにもどします。授業における教師の原罪ともいうべきものは、子どもが見えないこと、見ようともしないことです。だから、この山角君の写真を見れば、誰だってその豊かな表情の美しさに打たれずにはいられないんですけど、この山角君が、どうやら学校では、先生たちにあまり表情に出さない子だと言われているらしいのです。この授業を先生がたは見た。そのうえで、先生がたはほぼ一致して、この授業は小学校には無理だと考えていました。一方的に私が話をして、子どもの発言の場を与えていない。まるで講義で、あれじゃ子どもはとてもついていけない——これが、先生方の、私の授業に対する平均的評価でした。

私はそれに対して、「大丈夫です、十分に子どもにはいっています」って言ったんです。この写真は非常にはっきりした物的証拠になっているのではないでしょうか（笑）。だが、先生方は子どもを見ていない。子どもの中におきているものが見えない。結局、型で授業をやり、また評価するわけです。子どもが何人発言したかとか、そして発言の中身は問わないで、発言の量によっていわゆる活発な授業になっているか、いないかという、非常に形式的で一般的な議論に終始する。子どもの発言の内容の吟味もなければ、まして、授業が子どもの心の中にどういうものを引き起こしているかというようなことはおよそ考えようとしない。こういうやり方をしているかぎり、授業研究はむしろ子ども不在の授業を一層ひどくするだけでしょう。

竹内　何と言いますか、ちょっと私の分野に引きつけたことでうかがい過ぎるという気がするんですけど、さっき教えるということはこういうことだっていうふうに教師も思い込んじゃってるという言い方をされましたけれども、この頃私は演劇でも教育でも同じだなあと思うのです。結局何と言いますか、どちらの分野でも人間管理のしかたというか、その原型は結局近代工場のシステムじゃないかという感じがとてもするわけですよ。

たとえば演劇だと演出家という者がおりますね。演出家が工場長兼技師長あたりで、それで製品、つまり上演のやり方を全部設計して命令をする。そうすると役者っていうのは何だろう？　まあつまりチャップリンが映画「モダンタイムス」の中でやったネジを回している労働者か、もっとひどくなれば部品みたいになってしまう。そう考えると学校の先生もこの頃そういうふうに見えるわけです。結局単純労働で、例えば読み方を教えるなら読み方を教えるという単純労働をやる労働者ということにしかすぎなくなっているのじゃないか、もっとひどく言えば、子どもというプラスチックな素材をぎゅうと押しつける鋳型ですね。そういう管理のされ方をしている。そうしてみると、私達はばく然と戦前の教育はひどかったひどかったと思ってきたけれども……ひどくなかったとは思いませんけれども、何か今のほうがひどいんじゃないかっていう気がしてくる……。

林　たしかに、そういう面もあります。ですが話を芝居にもどして考えてみたいのですが、例えばある美しい表情をどうやったら出せるかという、いわば表情を作り出す研究を役者や演出家はやるわけでしょう。

竹内　いや、私はそういうことをやりませんけれども、……まあ一般的にはやりますね。

林　だけど例えばこの子どもに、授業の中でお前はこういう顔をしていたのだから、それをいまやってみろといったって絶対できないわけですね。こういう表情をつくるのでなく、それが自然に出てくるようなものをぶつけることが授業の問題です。あんな無心で美しい顔をして見せろなんていったってとてもできっこないわけです。

ひどく写真をほしがる先生がいます。こんなに美しい表情が見事に捉えられているのですから、不思議はないわけですが、この表情に魅せられるということは一つのことで、そういう表情を子どもから引出すような授業をつくるということはまた別のことです。これは授業の中で出てきたものですから、授業とのきびしい取り組み以外、それの再現はありえないわけです。

子どもの中で何がおきているのか

竹内　それができるようになるためには、教師の考えの中で授業とか教育とかっていうものの概念全体がひっくり返らないとだめだという感じがするんです。例えば演劇にひきつけて言えば、おっしゃったように演出家がこういう表情に、どうやって役者の顔を似させるかという苦労をしている間はこういう顔は出てこないわけですよ、絶対に……。

林　ええ、出ないと思いますね。

竹内　役者それ自体が、自分の役がその場、そのシーンで何をしたいのかということを自分の感覚でみつけ出してきて、そいつに集中し始めるときには、結果としてこういう表情が生まれてくる……。

林　だから竹内さんが『ことばが劈かれるとき』（ちくま文庫）に書かれたように、〝役に生きる〟んじゃなくて〝役を生きる〟ということになるわけでしょう。

竹内　ええ、そういってもいいですけど。

林　だからその役を生きるだけの内容をやっぱり役者が持たないとだめだと思いますね。

竹内　そのためには、基本的に言いますと、演出家が工場長みたいに偉くて役者が下で労働者あるいは部品として使われるものだという、既成の概念をぶっこわして、役者それぞれが舞台の上で創造する主体として生きる、それを助けかつ統合していくのが演出なのだと、こういうふうに考え方がひっくり返らないと、実際には役者が真に主体的になることができない、役を生きるだけの内容をもつことができない。それだけの基礎工事の上で、はじめて役者の表情は、自分の生き生きとした顔をとりもどす、あるいは発見する。

だから、先生がたが写真を見て、すぐに、今のままの授業の中でこういう表情をつくり出したい、つくり出したいと望むとすれば、それだけでもう、出てきっこないと私は思うんです。

林　こういう顔をつくりたいというのでは出てこないでしょうね。

竹内　つまり子どものために授業があるんだと、何かを教えるというんじゃなくて……林先生がどこでおっしゃったか忘れたけれども、たしか教育だか授業だかを、私流に翻訳して申し上げますと、教えるということじゃなくて一つの共同の創造の営みだと私は考えるということをおっしゃいましたね。そういうふうにつまり何かを教えるということじゃなくて、子どもが創造行為の中で日常の自分を超えていくというか……。

林　あくまでも、授業の主役は子どもなんです。いま立っているところよりはるかに高いところまで子どもは自分の手や足をつかってよじ登っていかなければならない。よじ登っていく意欲と努力があったときにこちらのちょっとしたヒントが子どもの力になるわけです。だけど、よじ登る意欲を持った子どもがそこにいなきゃだめだとは私は考えないんです。私はみんな持ってるというふうに感ずるんです。だから、よじ登らないではいられないような、場面をつくることに教師は責任があるのです。

竹内　みんな持ってると感じるという、そのみんな持っていると信じきって始めるということが、とっても難しくそして根本的なことのような気がします。

林　特殊学級にいた子がみんなといっしょに勉強をして、その感想こそ、二、三行で、尻切れトンボですが、言いたいことがたしかにある。そして写真にうつっている姿を見ると、誰にも劣らず、ものすごい集中を示している。この事実のもつ意味は実に大きいのではないでしょうか。

またこの間、岩手県のある学校で授業をしたとき、先生が全部集まっちゃったものだから、特殊学級の子どももいっしょに授業をし、いっしょに感想を書いてくれました。その感想がほんとうにすばらしいのです。次から次に心の内におきることがうつされているんです。ああいう新鮮さは、ふつうの子どもからはなかなか出てこない。

竹内　逆に出てこない。

林　非常に生き生きしてるんです。体ごと受けとめてくれたんだなあと、わたしは感じました。

竹内　正直言いまして、子どもが主役であるということは、ことばとしてはずいぶん言われているんじゃないか、しかし……。

林　いわゆる研究が、子どもを数だの量の中に解消する作業であったり、型や方式について話し合っている。子どもを見ようとせず、また見えないのでは、子どもが主役だっていうのは空語で、子どもがおしゃべりをしていれば、それが主体になるというのでは、子ども不在で、授業不在になってしまうのです。

竹内　ああそうか、教育の現場じゃそういうこともあるわけですね。

林　だから、何人かの子どもが、何でもいい、しゃべってればそれで活発なよい授業だということになるんです。だから私はそんなのは子どもの井戸端会議で授業じゃないというんです。ほんとうにどんなものでも吟味なしに通され等価値を与えられる。これは一つには組合の総会的な考え方が教育に持ち込まれていることになりませんか（笑）。組合の総会なら、すべての発言は同じ価値を持つものとして尊重され、どの発言もみんな生かして、結論を出さなきゃいけないのでしょうけれども。

竹内　ああそうか……。

林　子どものおしゃべり要求を充分に満たして、教師はそのまとめ役であるべきだという迷信がある。しかもそういう場では物が言えない子は平気で無視されているのです。

竹内　つまりその一人一人に可能性があり、その一人一人が主役だということと、そこで発されていることばがそのまままかり通るということとは全然別だということ……。

林　だから先生達は子どもを見ていないというんです。子どもの内部におきていることが見えないばかりか、発言の内容さえも見えない。発言の回数ばっかり、量ばっかり問題になっている（笑）。これを私は子ども不在だというのです。

竹内　私は、そういうことを言われるとだんだん学校では何をやってるかわかんなくなってくるけれども（笑）。

林　このへんで、ほんきになって授業を根本から考えなおさないと、学校には教育というものがなくなってしまいます。

竹内　やっぱり教師自体が子どもの一人一人の中に起こっていることを感じ取るというか、そこから始めなければどうにもならないと思いますね。

林　そうです。だからうまい授業をやるとか、いい授業をやる、まとまった授業をやるというようなことのための授業の研究だと、その授業の中の一人一人の子どもにとって、授業が何であるのかが問題にならない。本当は子どもが何を感じ、何を思っているかが問題で、ことば自体が問題なのではない。ことばになろうとなるまいと子どもの中に何かが起きてうごいている。それが何であるかをしょっちゅう追求していなければ、授業は授業にならないんです。

2　子どもが見えるとは

その場に「立たせる」ための語り

竹内　私は自分の参観した「開国」の授業の記録と、それから、「人間について」という、あれは私の参観した授業じゃないんですけれども、二つを今度記録で読み直しまして、先生の授業――というより子どもたちとの共同作業の方法に特徴があるということに気がついたわけです。それの一つを、また私の分野に引きつけて申し上げますとね、大変演劇的だというふうに考える。どう言ったらいいかな……たとえば「開国」で申し上げますと、歴史のその場に子どもを立たせるわけですね。つまり子どもに史実を教えるんではなくて……。

林　立ち合わせるだけです。

竹内　私に言わせると立ち合わせるというよりもその場に立たせちゃう。つまりおまえさんが阿部正弘だったらこの場合どうしますというところへ子どもを立たせるわけですね。その阿部正弘を取り巻いている一番重要な基本的な前提になる条件を子どもたちに与えておいて、その中で考えさせる。ビーバーの場合でも私は同じようなことを考える。あんたがビーバーだったらどうしますかって実際おっしゃいますからね、家の入口が水の底にあるのはなぜだろう……。

林　それからダムが流れちゃったらどうするかという問いをよく出しますが、なるほどこれで子どもたちをビーバーにしちゃうわけですか。

竹内　ええそうです。この、その場に立たせるということは、何事かを教え込むのと根本的に次元の違う作業なわけです。だから「教える」という観念が少なくとも直接的にあったときには成り立たないという気がするわけですね。

林　ところがそこが非常に困るところなんですが、私はその状況の中に子どもを立たせるためにいろいろことばを費します。ところが教師は、それを教えようとしているというふうにとる。授業者の発言量がああ多くては、あれは講義であって、授業でないというのです。講義の中で、聴講者が山角君（前出）のように豊かな表情になれるんだと学生も（そして教師も）幸せでしょう。

竹内　ああ、なるほど。

林　だから、私に先生方は教えようとする。もっと子どもを主体にしなきゃだめだというわけです。ところが子どもを主体にするためにはその状況の中に子どもを立たせなければならないでしょう。その作業が成功しないかぎり本当に具体的に子どもを考えさせることができない。子どもは授業の主体になれないし、したがって授業は授業にならない。子どもの井戸端会議も、教えこみも、私は授業と思えないのです。

竹内　そうすると、林先生の授業の読み取り方というものについて教師がたに注文をつけなきゃいけないわけだ。つまり……私が拝見した「開国」の授業は二時間に分けましたよね、一時間目は前提されている状況、そのシチュエーションの中に子どもたちを連れ込むための過程なわけですよね。

林　だから導入に四十分使ってもいいんだって私がいうのは、それなんです。

竹内　それで二時間目はそこでどういう行為を選択するかということを子どもたちに考えさせるということになるわけですね。

林　さすがやっぱり芸術家ですね。非常に構造的に摑んでいてくださる……（笑）。

竹内　いや。今度読み直して初めて発見したわけですよ。それで、はぁーと思ってほかの記録も読み直してみると、大体どの授業でもそういう方法でやられている。そうするとこれはやはり何かある事柄を教えるという作業とはまったく違う事柄である……。

林　これは非常に大事な点を指摘していただきました。私は「開国」の問題は七、八年自分でずいぶん一所懸命勉強して、まあ私自身が言ったことばですけど、開国問題という一つの大きい森の中のいろんな小径のようなところにも入り込んで歩きまわってみたわけです。だからその作業の中からおのずから自分の中に開国についてのイメージがつくられている。そして、これだけの問題を何とかして子どもに感じ取らせたいなあという気持があるものですから、それだからこういうものなんだという状況が子どものうちに成立することにしつように努力するわけです。

竹内　今おっしゃったように、感じ取らせようとしてらっしゃるわけでしょう。だから……。

林　歴史の肌にふれさせたいというのが、私のいつでもの願いなんです。

竹内　ですからある事柄を、このことだけは記憶させたいというふうには、全然考えていらっしゃらない。

林　そうなんです。ところが、状況を子どもに現前させようとして多くことばを費すと、それだけの事をみんな教え込もうとしてるというふうにとって、私ばかりしゃべっているからだめだときめつけるのです……。

竹内　それは、勝手なことを言うと……（笑）。「語る」ということの意味をまったく誤解していると思うのです。一連の写真のこの子たちは、だいぶ先生の「語り」で、催眠術じゃないけれども、「カタラレ」ている（笑）。「かたる」という行為は、本来相手を自分の話すイメージに感染させる、かぶれさせるということですから、その場に立つというか、誘い込まれるというか、そのことは「カタラレ」なければだめなわけですよ。つまり自分の想像力が喚起されて目の前にその場のイメージが映画のフィルムのように見えてこなければだめなわけで、その現前してきた状況に向って阿部正弘なら阿部正弘としてどういう行為を選ぼうかと苦労するということがはじめて出てくるわけですね。

自前の想像力の世界を開く

竹内　すると、先生がさっきおっしゃったドクサを破るという作業との関係はどうなるのか、あれは前提ですか、並行作業なんでしょうか。

林　ドクサを破るのにはプラトンの場合には論理でいくわけですよね。だけど授業なんかの場合はドクサを破る作業にはたとえば四十五分間のうち四十分使わなきゃならんことだってあるわけです。最後の二、三分のところでああそうかというふうになってもいいわけですね。だから斎藤喜博さんも何も子どもにしゃべらせないような授業をすることがあるわけですね。私のはかなりそれが多い。斎藤さんは私の三年、四年の授業より五年、六年の授業をおもしろがるんです。私が主となってやるのを……。だから斎藤さんにはそこがわかるわけですよ。何のためにあんなにことばを費しているのかということが。

竹内　つまりこういうことでしょうか。林先生がダイアローグということを言われるのは、一つの論理を構築していくために、一言に対する一言を追求し吟味していくんじゃなくて、子どもたちの概念の総体をどこかで構造的に突き崩すために、四十分なら四十分の時間をかけて追いつめてゆく。一つ一つのことばについて厳密に追求していくということになったら、たぶん子どもはくたびれてしまうでしょう。ありあわせの概念をこわされると、子どもは途方にくれてしまう。そこで初めて全く新しく自前の想像力を働かせなければならなくなる。つまりドクサを破ることは新しい想像力の世界を子どもにひらく作業であるわけですね。だからその作業が必然的にさっき言ったようなドラマチックな構造をもってくるんじゃないかというふうに、私なんかは感じたわけなんですけどね。

林　まさにそのとおりです。ところで、同じ私の授業でも、三年、四年の授業と五年、六年ではだいぶ違います。三年、四年のわりには短いフレーズ、短いセンテンスで勝負するところがあるわけですね。上の学年になると、相当まとまった「事件」をおこさせて、その問題をつきつけて、考えさせるわけです。幼い子どもは一時間の大部分をかけて、一つの大きい問題を追求させるということはちょっと無理です。それで問題を分節するわけです。でもやはり基本的には同じ構造かもしれませんね。

ただしその語るということにともなって私が、あんな派手な動きをしているとは小野成視君に写真を撮られるまでは全然気がつきませんでした。不覚でした（笑）。授業のときは、気恥ずかしくもなく、相当動いているんですね。まったくそれは意識にのぼりませんでした。

竹内　私流に言うと、語りかけるときには体が必ず動いているわけですよ。私も演出しているところの写真を見ると、ほんとうに恥ずかしくなるくらいとてつもない格好して、とてつもない顔をしているわけですね。先生はまだニコニコしていらっしゃるからいいけれどもぼくはすごい顔をしているわけですよ（笑）。般若みたいな顔になったり、たこみたいな顔になったり、とてもじゃないけど見られない顔をしている。林先生の体が授業中に実によく動いているので、先生の体はほんとに柔らかいなあと感じるわけです。これは大切なことじゃないか。さっき申し上げたなまなましさがないという教師ね、あの先生はとてもきちんとしてていい先生なんですね。きちんとしすぎてるわけですよ。教師自身の体が生き生きと動かないと、実はいくら努力しても子どもにふれていかない、子どもが見えてこないという部分がある。林先生はオトキチだという噂を前にうかがったけれども（笑）、やっぱりオートバイキチガイでぶっ飛ばすみたいなことがないと、どうもやっぱりほんとうはちゃんとした授業はできないんじゃないかという非常に乱暴なことを考えたんですけれども。

林　スピードは私は大好きで、だからジェット機に乗るのが大好きなんですけれども（笑）。

竹内　先生、オートバイっていうのは、いくつぐらいのときから……。

林　いやオートバイは間違いです。誤伝です。

竹内　誤伝ですか（笑）。

林　あれはおそらく市井《いちい》三郎君のが誤りつたえられたのです。

竹内　なんだ。どこで私は勘違いしたのだろう（笑）。この話はどうしても今日よく聴こうと思って……。

林　私はオートバイは乗ったことはないが自転車は好きでかなりの年輩になってからもわざわざ急な坂を降りるようなことをしました（笑）。

竹内　なるほど。仙台の坂というのは相当危ないでしょう。

林　北山のいま私の家のあるところが元はこんな急な坂だった。わざわざそこまで乗りに行った。

竹内　そういういたずらなところがあるわけですな（笑）。

子どもが見えるためのからだ

林　ところで、竹内さんが『ことばが劈かれるとき』の中で見えるということを言われたのは、とっても私、身にしみてわかったんですよ。教師に何かが見えるというのはただ目の問題じゃないんですね。だから見えるときはこちらの働きかけがすでに始まっているんですね。

竹内　そうです。

林　子どもとこちらとのダイナミックな関係の成立する中で子どもが見えてくる。だから見えてから初めてどうするかということが考えられるのではないんですね。見えるときはすでにもう行動が始まってる。

竹内　働らきかけが相手のからだに伝わると子どものからだの中で動き始めるものがまたこっちに伝わってくるという構造になっている。相手のからだの中で動いているものが感じとれるということが「見える」ということで、その時は子どもの方にも、こっちが「見えて」いるわけですね。だからそのときには写真みたいに林先生も子どももこういうふうに動いているわけですよね。

林　授業をしている者の動きに応じて、子どもの中に瞬間ごとに動きが生まれている。こういうつながりが出来なければ見えないんですね。

竹内　そうですね。それで私はいつも考えるんだけれども、先生は子どものことばっかりほめていらっしゃるけれども、林先生自身の生き生きとしているというか、そのすばらしさを私は……。

林　そこはすこしちがう。私が生き生きとしているのでなくて、授業で子どもに対したときに私が生き生きとするのです。子どもと向き合ったとき、そして授業しているときに。その相手がなきゃだめ。相手が私を生き生きとさせてくれるんです。だから、管絃楽の合奏や合唱の指揮なんかもそうだと思うのですが、やっぱりこちらから、特にスコアから動きが始まってはだめじゃないかと思う。やっぱり指揮する相手から引き出されて、指揮棒が動くという、そういうことでないと向こうがほんとうに動いてくれないんじゃないかと思うのです。

竹内　そこで私がもう一つうかがってみたいことは、教師の問題としては普段のからだが子どもたちと一緒に動くだけのなまなましさというか、生き生きしさというか、そういうものを失っている人が多いのじゃないかということなんです。授業でも遊ぶときでもすべてを通じていきいきした柔かいからだを回復する努力をしていないとだめなんじゃないかという感じをすごく持っている。林先生は具体的にどうされてるか探り出したいのですが。

林　昔流の考えだとそれをしちゃいけないとされていた。要するに教師は一段高いところから教えるものだ、手本（師表）だという観念があった。距離を保つことによって、教えるということが成り立つと考えられていた。だから子どもと一緒になっちゃっちゃいけないというような考え方があったわけです。そいつがまだ残っているように思います。子どもの行儀をやかましくいうのもその変形でないでしょうか。私ははじめから子どもの中に飛び込んでしまう。まったく一つになった上でのリーダーシップだけが教師のリーダーシップだと思うわけです。権威によりかかっては、授業の中のリーダーシップは成り立たない……。

竹内　小、中学校で授業をなさっているときの林先生御自身の写真ですね、先生はあるときは大きく手を拡げて、全体に呼びかけようとし、あるときは指を立てていっしょに考えようと注意を集め、あるときは一人を指さして問い詰めようとなさっている。実に手の表情が豊かです。これはオーケストラの指揮者の手ですよ。そしてその手と、お顔の表情がぴたりとひとつになっている。子どもたちといっしょになって呼吸している。先生は子どもはすばらしいといわれるのですが、教えるものと教えられるものとの一体感が、そうしたみずみずしい感受性をひき出すことにつながっているのだと思うのです。それでいて林先生はそのことを少しも意識されていない。大切なのはそこだと思います。

林　そう、たしかに意識はありません。意識がはたらけば、その瞬間に子どもとの間のコミュニケーションが切れてしまいますよ（笑）。

（季刊『コミュニケーション』vol.16 冬、一九七六、日本電信電話公社編集、より）

まごまごさせる授業法

竹内　そういうことの理解の上でもう一ぺん授業に入る前の先生の準備のしかたをうかがいたいんです。というのは、今、子どもたちによって生き生きとさせられるとおっしゃったけれども、私はそれは信用しないわけですよ（笑）。それはね、そうだったらどんな教師だって生き生きとできるはずなんで、そうはいかないわけだ。つまりそれは最初に子どもたちとふれ合う瞬間の先生のほうの何かの準備と、それが子どもたちに伝わっていって子どもたちの内に動く何かとがスパークするからそれが始まるわけなんで、ですから先生が授業を始められる前の準備のしかたについてうかがいたい。

林　少し論点がずれるかもしれませんが、私は先日一九〇回目の授業をしました。授業は主に「人間について」で、「開国」が二四、五回になるでしょうか。だから「人間について」が圧倒的に多いわけです。でも一六〇回以上も同じものを繰り返したという意識は全然ないのです。というより、これは繰り返しようがないんです、相手が違うんですから。だから、子どもが授業の主人公である以上は一九〇回やれば一九〇回が、その都度新しい経験であるわけです。テーマが同一かどうかは関係ありません。相手になる子どもの前に立ったとき、授業はその都度新しくはじまるわけです。

竹内 そこで、何がおこるか……。

林 ええ。そこで何がおきるか、それが私にはとってもたのしみなのです。子どもが主人公であれば、授業はかならず、意外性をもっています。そのことが私をつかまえて放さないのかもしれません。

竹内 私はまさにそれは創造行為だと思うのです。

林 それともう一つ。今の創造行為というのに結びつくのですけれども、私の祖父が絵かきなんです。文人画で、絵がかきたくて侍をやめて京都に修業に出たのです。福岡藩士でしたが。その祖父の絵なんかで文人画っていうものに子どものときからずいぶんなじみがありました。

東洋画の神髄というのは、たくさん見て、たくさん忘れることだということばがあります。これは実は里見弴《とん》に聞いたことです。里見弴が芥川が自殺した年に一緒に講演に仙台に来たんです。そのときに里見弴から聞いたことばですけれど、それからずっと何かというとこのことばを思い出すのです。東洋のすぐれた山水画は、たくさんの美しい山河を見て、それをすっかり忘れるところに生まれるのだと言うのです。形を失って血肉化されて内部から生まれるものでないと絵としての高次の生命がないというのでしょう。

こういう考え方が竹内さんの本にも、ことばは全然違いますけれども、そういう意味のことはあると思うのです。その場に臨んで自由に動けるためには精密に緻密にあらゆることを検討しつくして、まあ計算もしておく必要はあるわけです。それは計画どおりに事を運ぶためじゃなくて、事に臨んで、何ものにもとらわれないで、自由に動けるためなんです。とらわれないで自由に動くためには徹底的に微に入り細をうがった準備がいるということです。

竹内　芝居の稽古とはまさにそういうことですね。まあそれが現実の教育現場の今の状況でどれだけできるかという困難を無視して勝手なことを申しますと、授業が、先生がやられているような、あるいはまた望まれているような一つの創造行為として行なわれるためには、教師のほうがそれだけの準備をしなきゃいけないと思う。

それで、私が演出者として考えますと、例えば稽古するときに、自分があるレベルに達していないときには稽古場へ入れないわけですよ。演出者というのは教師とたぶん同じ機能を持つ部分があると思いますけれども、演出者が集中度が非常に高いとか、どこかだらけているとか、どのレベルにいるかということによってもうその日の稽古の質が決まっちゃうわけですね。ですからどうしてもそこまで行けないときには、遅刻してもなんでも私はその状態を何とかしてつくろうとするということがあるわけです。

そうすると林先生の場合、すみからすみまで徹底的に納得できるまで、どこからどういう問題が出てきてもかまわないまで調べておいて、……もっとも林先生の場合たとえば「開国」の授業に入るときには、もう七、八年考えてこられたことだから何が出てきても大丈夫だということだけれども、一般の教師の場合なかなかそうはいかないでしょうが……とにかく自分の教材を全部消化して、さて教室に入っていくときに、あるレベルを自分の中に保っていないと子どもたちも日常的な次元から超えさせることができないんじゃないかという感じを持つ。その点についてちょっとうかがいたいんです。

林　これはそのとおりだと思いますけど、私は普通の先生方とまるで違ったぜいたくな条件でやってるものですから、私のやっているようなことをそのまま先生方に注文として出すなんてことはとてもできない。またその気はまったくありません。

ただ、私は一つの特別のケースとして、「人間について」というような手づくりのテーマで、百何十回というように「繰り返し」――いわゆる繰り返しをやっているわけですけど、そのためにやっぱり今度はこのへんに重点をおいてやってみようかとか、今度はこうやってみようか、前にやったときはああだったから、こうやってみようかというようなことは漠然とながらずいぶんいろいろと考えます。いろいろととめどもなく思いめぐらしているうちにああそうだ、これでいこうというふうに、何か一つ落ちつくところが出てくる。それがないとやっぱり踏み出せない……。

竹内　やっぱりそうですね。

林　だからそれが出ないままやると、ひどく気が重いし、たいていあと味のわるい仕事になります。

竹内　やはりそうですか。何か一つ非常に単純なイメージがはっきり見えてこないといけないんですよね。

林　ええそうです。ここを今度は中心にというような焦点が出てくるわけです。だからそれを紙っぺらに乱暴な見取図みたいなのをかくわけですけど、その見取図がかけるようになってないとだめなんですね。指導案みたいなものがあってはぼくはとても授業はできない。ああいうものがあったら私は邪魔になって動けません。

竹内　ピーター・ブルックという世界的に有名な演出家がおりますけれども、これが二十歳代の終わりだと思いますが、ある町の劇団で演出を依頼されてはじめて遠出をするんです。初めての大演出だから一所懸命勉強して行ったんだそうです。もうすみからすみまでプランを練って。模型舞台を作って、人形を作って、こう動かして、こうやってこうやってと全部作り上げてそれで出かけていくわけですよ。そしてそのとおりに精密に稽古し始めて、そうしたらにっちもさっちもいかなくなってしまった。ここで失敗したらおれはもう演出家をクビになってしまうと思って、彼はゴチャゴチャになってしまう。ついに全部プランもなにも捨てて役者の中へ入っていくわけです。それでしょうがないから、いきなりその場で役者と一緒になって動き始めた。そうしたら舞台全体が生き生きし始めたというわけですね。たぶん先生がおっしゃっていることと同じことだと思うのです。

林　たくさん見てたくさん忘れていれば、子どもと出会ったときに何が自分から出てくるかはそのときの子どもとの関係で自由に決まるわけ。それが固定した一つのものがあると全然だめなわけです。

竹内　子どもとの出会いというのは、授業の始まった最初の瞬間に何か感じられますか、それともやっぱり対話というか、質問に答えるときに始まりますか。

林　子どもたちと対面した瞬間に感じとられるものの影響も小さくはないでしょうが、具体的に授業の形がきまるのは、やっぱり最初の質問に対する答えが一つのきっかけになりますね。だからさいしょの子どもがなるべくドマドマしてくれるとありがたいのです。

竹内　最初の質問で、この答えじゃちょっと先に行かんなということがやっぱりありますか。

林　それはあんまりないんです。斎藤喜博さんなんかは、よく国語をやるものですから、誰に読ませるかということが非常に大事なんで、何回も何回も声を出して読ませて、あの子ならいい読みをするというように見当をつけて読ませる。その朗読で基調ができるわけです。だけど私の場合はそういう必要はないわけです。なるべくまごまごしてもらったほうがいいのです（笑）。わたしも一緒にまごまごすればなおよいのです。そうするとみんながそこへ入ってくるわけです。明晰にぱあっとやられるとみんなついてこられない。まごまごしてるとみんな入ってくるわけです。エッサエッサとみんな集まってくるわけです。そういう状態が私には一番好ましいわけですね。

竹内　まごまごさせる授業法ですか（笑）。

林　いや、私自身がまごまごさせられれば、一番なんですが、せめてはさいしょの子どもにまごまごしてもらわないと授業がトントン拍子にすすんでしまって、みんなが一緒に動くことにならないので困るんです。

こんな言い分は、やっぱりちょっと普通の現場では通用しないわけでしょう（笑）。

竹内　そうか、なるほどなあ。

林　わたしはそれぞれに個性をもった子どもが、それぞれの個性をもちながら、わあっと授業にはいりこむそのきっかけをつくる作業を「導入」と考えています。授業はみんなでつくり上げるのが本当なのですから。こういう状態にならないと困るわけですよね。みんながわあっとはいって集中する。そこで授業が成立するわけです。

竹内　しかしそれは普通の現場ではだめなことですか。というのは、例えば演出してる場合にこういうことがあるわけですよ。最初からプランニングを役者に理解させて、こういうふうにしたいんだからこうだということでやっていくという場合がありますね。そういうときっていうのはきちんと出来上るけれども、本質的に生き生きとしてこないというふうにぼくは思う。

で、問題は、役者の一人一人と言いますか、それを訓練するのに……ぼくはよく彫塑家が粘土を練るのにたとえるのですけれども、つまり練るだけ練ってしまえば舞台をまとめるのは例えば五日か一週間でできる。その練るという期間がちゃんとできてないと、どうにも闊達な舞台にならないわけです。

林　私がよくいう子どもの意見を吟味にかけるという作業は、これがやっぱり練ることでしょう。それをやってるうちに子どもの思考の次元が変わってくるわけです。子どもの、何でもいいから知ってるものは出せるという状態じゃなくて、ほんとうに自分で考えたものを、自分がほんとうにこうだと思うことだけが出せるという状態をつくり出さなければならない。それは練ってるうちにそれができるわけ。それをやらないでやるものだから子どもの井戸端会議になるわけです。ほんとうに練るというのは決定的に大事なことらしいですね、陶器をつくるのには。粘土は、それはもうほんとうに徹底的に練る。

竹内 いや、そこは知らないんですけども、先生は出身が益子《ましこ》に近いからご存じでしょうけど。

林 粘土を練り上げる作業は本当に大変な仕事のようですね。

竹内 私はどういう状況に入っても役者のほうがばちっと自分なりのある想像力を起こしてパッと反応してくるという状態まで練れれば、もうあとはどう持ってったってかまわないという感じ、そこまでなかなか行けませんけれども、行けたときは幸せですけれども。

林 私もそういう授業をしたいんですね。ほんとうに練って……。

竹内 しかし先生の場合にはほぼ毎回そういってるから。

林 昔、帝王学なんていうのがあったわけですけれども、帝王学の一番の神髄というのは自分から何か積極的なものを出すのじゃなくて、その人が上にいると、下にいる者のもつ一番いい面だけが引き出されるという資質、そういう人間的資質を養う学問であったわけです。

竹内 「将に将たる」というやつですか。

林 私は学長をやっていくらか感じたわけですけれど、自分が有能である必要は全然なくて、みんなの持ってるもののうちでほんとうに一番いいものが出てくるようになれば一番いいわけで、宮城教育大学なんかその点非常に恵まれていた。私は何にもしなくてもみんながしてくれる、そういう具合になっていたわけです(笑)。授業だってやっぱりそうだと思うんですよ。教師によって子どものうちからの、いわば子どものいろんな層がたくさんあるわけですから、上つらの層、借りものやなんかいっぱいゴタゴタとおいてある層と、だんだん深くほんとうに自分自身のものを、自分でも気づかないようなものがしまってあるところとあるわけですね。そのうちのどのへんの層のものを引き出すかっていうことは、やっぱり授業の質によって変わるし、逆にそれが授業の質をきめるわけですね。そのへんがやっぱり演劇なんかと授業は同じだと思うんです。

竹内　先生の授業の中の子どもの表情の変化に、二通りの型があるように思います。一つは、沖縄久茂地小学校の四年生で、まるでビーバーそのままの表情になった子で、なん枚かの写真を見るとじつに自然にだんだんとビーバーになってゆく過程がたどれますが、もう一人は、ある時点ではげしく変化しているようです。この相違を、どうお考えになりますか。

林　両方とも同じ内容の授業の中での表情なのですが、表情を支配する二つの要因があると思います。一つは四十五分間の授業の過程の、どの時点での表情かということです。

もう一つは、ある程度まで子どもの個性がかかわっているようです。一般論として、自然に抵抗なくすうっと授業の中にはいってしまう子もあれば、どこかで重く問題を受けとめて、それをどこまでも追い詰めてゆく子どももいます。こういう子どもの場合の方が、変わり方もはげしいといえるかもしれませんね。非常な飛躍がある。ビーバーの子の方は、なめらかにもう自然に授業に入ってしまうのでしょう。

竹内　そうですね。あの子はとっても感受性がいい。

林　あの子にもなかなかつよい個性があるようです。が、この写真を見るとほんとうに自然に授業の中の世界に入ってしまっていますね。こちらもほんとうに積極的で、明るい、活発な子どもなのですが、この写真で見る限り、自分の中に壁があってそれを乗り越えていったという感じがありますね。

竹内 役者だったら、こちらは強い集中によって明確な造型力を獲得していくタイプでしょうか。こういう子の顔が変わる瞬間は心を奪われる……。

閉じたこころが開かれるとき

竹内 授業の話とちょっと外れますが、昔は役者になりたいっていう人はスターになりたいとか、いろいろ華々しく活躍したいという憧れを持ってきた人が多かったんですが、この頃は少なくとも私の教室なんかに来る若者たちはそうじゃなくて、対人恐怖に苦しんでいたり、むしろ自閉的な人が多いのです。閉ざされている自分を全身でもっと開きたい。からだ全体を叩きつけての自己表現を何とかみつけたいという願いを持って来る人が非常に多いわけですね。だから役者になることよりも、そういう意味でクリエーティブな何かが自分の中で動き始めて、それで表現する何かがみつかればいいという感じの人々が来るのです。

何が子どもたちを自閉の状態に追いこむかという問題で、私は最近とっても考えこまされているのです。いわゆる自閉症児（後註・当時の用語法による。当時は一般に対人関係に障害がある様子の子に対する呼称であった）の問題ですが、一つの例はお母さん方ですね。自閉症といわれる児童のお母さん方に私が会った少ない例で言いますと、いろいろ例外もありますけれども、かなり共通したところがある。どういうことかと言うと、一様にインテレクチュアルなんです。受け答えなんか非常にきちんとしていて知識もわりかしあって、だから社会的な人間としては優秀な人が多いんですよ。特に学校の先生とか、企業の管理職などの奥さんとか、生花などのお師匠さんとか。一様に、わりかしかん高い声で単調にキチンとしゃべる。脇の下をきゅっとしめている。昔からの言い方をかりれば「ふところがせまい」。計画した通りに事を運びたがる。さっきなまなましさという話をしましたけれども、がらっぱちのお母さんの子どもには自閉的な子はいないようですね。

そこで、教師のからだつきやふるまいを見ていると、このお母さんたちに似ている人が非常に多い。つまり子どもたちを、先生のおっしゃるようにドクサを吟味したりあるシチュエーションに追い込んでいってそこで必死になって何か考え込ませるというふうに開いていくよりは、逆に子どものからだの反応を読みとれずに子どもたちを自閉的に追い込んでいくような、固まったからだの先生が多いということを非常に感じるわけです。

つまり、自閉症児というのはまさに現代の日本が生み出したもので、これからますます増えるのじゃないかという気がするし、ある意味では人間の体が現代の文明に対して反撃してるというか、抵抗してるっていうか、自分を守るために閉ざしちゃってるという感じがするんですね。だから自閉症の子というのは、そのカラというか鎧《よろい》の中へ入ってみるとものすごく敏感で、熱くて、ものすごく動いているわけですよ。

林　そうでしょうね。

竹内　外部にはまったく反応を示さない。だから林先生の言い方をかりればまだ人間になっていないのだけれども、生きものとしてはものすごく敏感に生きてるわけですね。それをどんどん外側から殺していくのが現代だという感じが非常に強いのです。それに反撃して、子どもが内からその鎧《よろい》を破るにはどうしたらいいか……。

そこで、ちょっとおうかがいしたいのですが、授業の中で子どもが飛躍するときというのは、どういうときなのか、何か先生、具体的にお感じになったことがございますか。

林　授業のプロセスの中でどういう時点でどういう子に飛躍的な変化が生ずるかということは、確かめられるとおもしろいと思うんですが、そこを私は確かめておりません。「開国」のときにも内面の悪戦苦闘をそのまま表情にあらわしている子がいますね。まったく自分がこうだと思いこんでいたことを突き崩されて、やっぱり自分の考えを持ち続けようとしてもそれがまた危ないといったようなときに、こういう顔になるんじゃないかという気がします。

竹内　そうすると、まずギョッとしなきゃいけないわけだ（笑）。

林　そうです。これなんかほんとうに典型的で、内面にこういう経過がなければ、実は本当に何かを学ぶことはできないというのが私の考えなのです。

これはほんとうに急な授業でした。このクラスをやる予定ははじめはなかった。担任の野村先生が「私のクラスでも子どもがどうしても先生に授業を受けたいと言っているから、やっていただけませんか」というので、「やりましょう」と言ったら、今度はカメラマンの小野君が、是非「開国」をやってくれって言い出した。だからこの授業は教師も子どもも全然予想していなかった。この子は野球をやっていて遅れて来たんです（笑）。授業がはじまってから教室に駆けこんで来た。それがまたたく間にこうなっちゃった。授業へのはいりこみ方のはやさに私はびっくりしてしまった。この顔は、自分自身と格闘している顔ですね。

竹内　それは表情でかなりはっきりわかる。何か「とまどい」していて、だんだん「おかしいなあ」ということになってきて、ついに「うーん」と追い込まれているということですね。

子どもの内部に切りこむ

林　中には、知識のある子がもちあわせの知識で応答しているのもある。そういう場合には、つぶされてもそんなに深刻に「追い詰められた」という意識はない。また、もちあわせの知識にたよって正解を出すのと、授業の中で問題にぶつかり、それと取り組んで、一つの事が解けた、あるいは見えてきたという経験とは、まるで違うのです。

授業において重要なのは、子どもの出す答えが「当って」いるかどうかではなくて、その授業の中で、学習が——すこし大げさなことばを使えば、自分を賭けた学習がおこなわれているかどうかなのです。ことばをかえていえば、答えそのものでなく、答えの「根」にあるものが問われているのです。教師にことばの背後にあるものにたいする感覚というようなものがないとほんとうはきびしい吟味はできない。

竹内　ということは、教師は、第一に、その子どものことばが無意識のうちにどんな常識的な考え方に支えられているかを見破れなきゃいかん、と同時に、というかさらに深く、子どもがどれほど創造的なカオスの下でもがいているか、を感じとることが大切なのだということ……。

林　そうなんです、問いをかけるのは、内部の状態を見るためなんです。この点で、一般に教師の発問が、ひどく恣意的、無目的に行なわれているような気がします。ほんとうは発問は医者の問診ですね。だから表に出ていない内的な状態がどうなってるかを確かめるためにいろんな探りを入れる作業です。聴診器をあてたり、いろいろの検査をしたり、レントゲンで調べたりという補助手段もつかわれますが、問診は、診断をたしかにするうえで決定的な役割をもっているようですね。

だから、それによって肉眼では得られない、見ただけではわからない内部の状況に関するインフォメーションを集める。そのインフォメーションを集めるための技術、方法、手段というものは十分なきゃならないし、それから得られた情報をほんとうに読み取る力がなきゃ何にもならない。一番肝腎なのは知りたいことが、明確になっていることです。

竹内　たぶんその情報というのは、私はそこが一番難しいと思うんですけれども、多義的なものだと思うのです。解釈しようと思ったら右にも左にもなるものだと思うんですね。

林　それをいわゆる科学的に何でも処理できるように思っちゃう。その情報というのも、先生がたが直接に子どもの中から得た情報じゃなくて、何とか心理学だの教育学だのの非常に一般的な入門書によって得られる程度の一般的なものですから、教師の目を子どもから、そらさせることになるのが「おち」です。

竹内　ほんとうは心理学者も、一流の心理学者はそれを戒めているわけですけどね。ユングなどを読むと、兆候は、それを独立して確定的な意味をあらわすものとして受け取ってはいけない、その人の内部の状態を示す全部の系列みたいなものだけがその意味を確定できる、それ自体としては多義的なものであって、その人の生活を内外ともよく理解しないと非常に危険だということを繰り返して言ってると思うのですけれども。

林　でも普通はもうほとんどそこまでいってないですね。きわめて一般的な知識で個々のケースが解明できるように思っちゃうんですね。事実が切り捨てられているので「明快」で、そこには子どもがいない。そこに子どもがいないから手ぎわのいい授業もできるわけです。どうも憎まれ口ばっかりになって……（笑）。

竹内　たしか雑誌『総合教育技術』（一九七五年十一月号）に「『子供が心を開く授業』を読んで」という投稿の中にあったけれども、ある年輩の教師が林先生の〝授業〟のことを「学長自身による教育への殴り込みである」というふうに書いていたけれど、やっぱりこれは相当殴り込みじゃやのうという感じが、今うかがっているとしますけれどもね（笑）。

しかし逆に、演劇的な感覚から言えば、まさにこうでなければこちら側と向こう側が働きかけ合って創造行為が起こるということはあり得ないという感じが、うかがってますます強くするわけですね。

林　切り込まなければ何事も始まらないですよね。現場の先生がたと授業について話合ってみて、私が感ずるのは、ひどく突き放した言い方になりますけれども、変ったのはスタイルで実質的には戦前の授業観からあまり抜け出していないのではないかということです。要するに何か教えるべき事がきまっていて、それを教えるという営みであるわけです。

戦後教育に欠落したもの

竹内　私は戦前のことはわからないので、この頃はちょっと逆な感じがする。戦前のほうがまだよかったんじゃないかという感じがすることがあるんですよ。

林　私もそんな気になることがあります。たとえば校長なんかも戦前は一国一城の主で、責任はおれがとるからほんとに思うようにやれというふうに部下に臨んだ校長が相当多かった。またそういう人が校長になった。

竹内　そうらしいですね。

林　ところが今はどうもそういうのは非常にまれになってしまった。

竹内　つまりさっき言いましたように、先生が教えるマシーンになってきてる。ということはその対象になってる子どもは人間ではなくて物として扱っているということになっていくわけですね。戦前はどうもそういう意味での近代的な人間管理の細分化みたいのはなかったような気がする。むしろどっちかと言うと、私の感じでは農本主義的なものが多くて……。

林　まあ、そうですよ。

竹内　子どもは自然にもどしてやればいい、人間というものは自然と同化し、自然と一緒になってるところで人間になるのだという、非常に漠然としたベースみたいなものが考え方の底にあったんじゃなかったか。

林　それはありましたね。これは私なんか特に学校から帰ったらもう勉強というのは絶対やらなかったですから（笑）。遊びが生命ですよね、子どもは。しかしそれが許容されるだけの度量や寛容が学校にあったわけですね。私はほんとに予習復習なんていっこうにやらなかった。中学になっても試験勉強らしいものをしないものだから、いつも落第しそうになって低空飛行をやっていた（笑）。

竹内　そういう話をなさったほうが役に立つのじゃないか。それでも大学の学長さんになれるんだと言うと親が安心するんじゃないですか（笑）。

林　ほんとうに私は意味がないと思うことは頑固にやらなかった。暗記っていうのは意味がないと信じていたから暗記ものは全然やらなかった。だから白紙で出すことを余儀なくされることもある。そうすると、白紙の出しっぷりがよかったと言って四〇点くれる先生なんかがいたわけです（笑）。

竹内　そういうところで自閉などは起こりようがないですね。

林　しかも、中学で校長がわざわざ親父を訪ねて来てくれて「成績は悪いけど見どころがあるから大事にしろ」なんて言ってくれた（笑）。だからそういう時代だと子どもの生活の中の学校の位置っていうのがそれほど大きくないわけです。子どもが人間に成るためにいろいろのことを身につけてゆく余地があった。

竹内　「師」とは、まさにそういうものとして期待されていたわけでしょう。子どもの、人間としての素質を見抜き、それを育ててくれるもの……。知識は、世間に出てそれぞれの職業の中で身につくよりほかはないと覚悟してたから、知識を伝達するマシンなどと、親の方も思ってない。

林 それがなくなっちゃったということは、決定的に文明と人間の退廃ですね。

竹内 ということは、つまりそれは教育界の、というより体制全体が教育に期待する機能の概念がひっくり返らなければどうにもならないようなことで、今の状況の中で、現場の先生が何とか例えば先生の授業なんかに学んでいこうとしたら大変なエネルギーがいるという感じがしますけれども。

林 いや、しかし六十八歳の老人がほかに仕事がないわけじゃない、その間にやってるのだから、客観的には片手間の仕事です。

竹内 だんだん厳しくなってきたな（笑）。

林 いま私は、私の授業は片手間の仕事ではないかと「放言」をしましたが、まともに授業にとりくんで、ちょっとでもその質を高めようとすれば、それは実に困難な仕事です。どこに突破口をもとめればよいか。斎藤喜博さんは、一日一時間でもいい、自分が一番やりたい教科でいいから、まともな授業をする努力をすべきだと言うんです。私はそれは無理だ、一年に一度でいいから（笑）、一年に一度でもほんとうに自分がこれでやりたいというものでやってみる。全力投球をやってみる。十分な準備を時間をかけてやってみる。一年に一回ならそのくらいの時間はひねり出せないことはないでしょう。さらにその作業を全校を挙げてバックアップするというふうにすればいい。それで一ぺんやってみると、この子どもにこんな顔があったのかという、美しい顔にふれるということで、教師はそこに生きがい、張り合いが見出されるに違いない。それに、一ぺんその味を子どもがしめたら、もう子どもは離すはずがない。かならずまたあれをやってくれと言う。だから、そういう自分の内部からのうながしと、それから子どもからの要求なり期待なりというものが一つになって、やっぱり教師はそっちのほうに進んでゆくにきまっている……。

竹内　それをうかがっていますとね、さっきの先生の、私はいらないと思ったことは一切やらなかったという落第すれすれの話と、統一しないとあかんという感じが今しているのですけれども、つまり……。

林　それはちょっと補っておきますがね、やりたくないことは絶対やらなかったという頑固さがあったために、やりたいものが出たら今度はそれにうんと集中できたわけです。

竹内　ですから、つまり休んでなければ集中できないんですよ、非常に簡単に言うと。年がら年じゅうこれもやらなきゃいけない、あれもやらなきゃいけないというふうに思ってたら絶対に人間は深い集中はできないわけですね。筋肉を考えればわかるわけで、だらっとしているからパッと力が入るわけで、初めっから力が入ってたら、これに力をまた入れるということはできない。ですから教師はもうちょっと休まないと、ほんとうに一年に一ぺんだか、一月に一ぺんだか集中してほんとうにいい授業をするということはできないのじゃないかという気がするわけです。

林　いや、そこは……。

竹内　違いますか。

林　いっぺん弾みがついちゃいますとね。ただ私はいやなことはやらなかったというのは、それの裏側のことは、いわゆる先生たちのお気に入りのいい子どもたちというのはどんなつまんないことでも我慢して聞いている。一所懸命聞いていているという、それが集中のまがいものなんですけれども、形の上では脇見なんかしないわけですね。そういうふうな結局一つのものに本気になって自分を賭けて取り組むということができない、そういう心性をつくり上げちゃうわけですね。だから優等生は大したことはできない。もっとも竹内さんも優等生だったらしいので、申しわけありませんが（笑）。

竹内　私は高等学校で二年連続落第という珍記録を作りましたが……（笑）。

林　アメリカの二世、三世を見ると日本的傾向が非常にはっきり出ているらしいです。もう四世、五世でしょうが、私が十何年か前に行った頃は、二世、三世というのはほとんどみなトップクラスなんです。それはしかし大学の学部段階までで、大学院に行くともうだめになっちゃう。

竹内　なるほどね、それはよくわかりますね。

林　クリエーティブなものは何にもない。それから自分のやりたいことがないわけです。何でもやらなきゃならんものはまじめにやる。だから学部まではうんと成績がいい。圧倒的にいいんですね。

竹内　私、高等学校へ入ったときに、一年の間は東京の例えば府立一中、今の日比谷ですか、そういった中学から来たやつが断然成績がいいんですよ。だけど三年目ぐらいになると地方から来たやつがダーッと上ってくる。そのときにそれを非常に感じましたね。東京の連中は高等学校に入るまでに短距離競争で全力疾走しきったやつで、もうあとのエネルギーがないんだなあという感じをとっても持ちましたけれども。

林　やっぱりほんとうにやりたいものを持つということがうんと大事なんですが、いまの学校教育では、そういうもののない人間が幅をきかすわけですね。

竹内　それを私は子の親としてこの頃一番感じるわけです。何か自分が夢中になって集中することが一つでもあれば、それをやらせればいいし、それに援助したいと思うけど、そういうものをみつけにくいような状況に追い込まれていく。

林　何かそういうものに片寄ったら、置いてけぼりを食っちゃいますからね。われわれの頃はまだ白紙に四十点をくれる先生がいましたけれども。

竹内　よく「落ちこぼれのない授業を」という言い方を聞くんですが、私は非常にひっかかるんです。落ちこぼれのない授業ということを考えたら、どういうふうに良心的に考えようが全部あるレベルに持ち上げていこうという発想にならざるを得ない。ということは、結局今の体制に順応する形の授業の中に押し込んでいってしまうんじゃないか。むしろ、落ちこぼれたっていい、その子なりの能力が開ければいいくらいのつもりじゃないとだめだ。親として考えることは、親が落ちこぼれては困るということを考えた瞬間に、もの凄いプレッシャーを教師にかけることになる。そのとたんに教師は全然身動きができなくなる、ほんとうの教育はなんて考える余裕はふっとんでしまうだろうと考えるわけです。

林　私はちょっと角度をかえて同じ問題を考えてるんですけど、落ちこぼれがない授業というのは普通の先生方の常識だと、例えば出来ない子どもは出来ない子どもとして出来る子どもと区別しておいて、この子どもでも答えられるような問題があるときはそれを出して答えさせる。それが落ちこぼれがない、あるいはみんなを大事にする授業というふうに考えてるわけです。ところがそんなことはないんで、第一、成績の優劣が出るような授業をやってちゃだめなんです。私の経験ですと、一番根本的なところにもどして問題をつきつけると、成績の差などはなくなっちゃうんです。オール一の子どものほうがほんとうにまともにその問題に取り組むという場合がしばしばある。とてもいい受けとめ方をしている。だけど成績のいい子はとまどいしちゃうわけです。パターンがありますから、それと違っているものにあうとまごまごしちゃうんです。だから普段の授業の中でお荷物になっているような子どもが、私の授業のときにとても生き生きと動き出すわけです。

竹内　私は演劇においてもまったく同じだと思うのです。一般的な意味で頭が良くてちゃんとした人というのは演劇表現をつくり出すことがほとんどできないということです。あべこべに、いつもおしつぶされるような思いでいる人こそ今人間的に生きるとはどういうことかっていうことを何とか見つけたい、自分の中からひきずり出したいという衝動を強く持っているわけですね。そういう連中がダッと出してくるとあっけにとられるほどすばらしい。ところがそうなるまでが大変で、先生がおっしゃるみたいなわけにはなかなかいかないんですけれども。

林　私の祖父が幕末に栃木県の矢板で塾を開いていたんですが、その祖父の頌徳《しょうとく》碑《ひ》があります。その文字を書いたのははじめ塾中で一番字の下手だった人なんです（笑）。その人に外の人と同じ手本を与えてやらせると、体《てい》をなさないんです。で、祖父が中国のいろんな法帖《ほうじょう》をたくさん集めて、これならいいだろうというのを選んで与えたら、それに一所懸命になって、ついに塾中第一の書家になった。はじめから器用な字を書く人は大したものにならない。はしにも棒にもかからない不器用な人がほんとうに習い抜くとほんとうにいい字を書く。器用な人じゃだめなんですね。

竹内　そうですね。

林　それと同じことが学校教育でも演劇でもみなあるわけですね。

竹内　そうですね。

子どもの可能性をひき出す——産婆術

林　一つの例をあげますと、ある学校で授業をしたときにこういう感想を書いた人がいる。

竹内　読みましょうか。（原文のまま）

「今日姶《はじ》めて林し先生と、授業をしました。授業の、だいは「人とは、人か」。さいちょはひんと（ヒント）おくれました。それは、跬（蛙）の子は跬、それから写貝（真）のおかみ（狼）になた写貝（真）とか、その話しとかいろいろなこととお（を）話してくれました。そのうちいろいろな先生がきました。私はきんちょうなとしました。でもとてもをもろいようなきもしましたが、きびしい先生ん先生だとおもし（思）ました。私はこんなに先生と授業をしたのははじめてです。こんな先生先生いがいたらいとおもいます。」

林　この文章は内容からいうとずいぶん豊かな内容をもっているのだと思うのです。ところがこの授業に対して受持ちの先生は、子どもの発言の場がなかったので子どもはずいぶん不満だったようだといって、次のような感想を見せてくれました。この子（Y君）は普通、授業の中心になっている子だと思います。

「カマラとアマラ（注、「人間について」の授業で素材として扱っているインドの二少女）のことを聞いてびっくりした。まわりの人や環境によってこんなにかわるとはおどろいてしまった。林先生の教え方はとてもうまい。うまいというのは、一つのことからいろいろなことを教えてくれるからだ。でも発言をあまりさせてくれないところがよくなかった。発言のとくいなぼくたちにとって、あまり発言できないのは苦しかった。お父さんやお母さんのお説教を聞いているようだからなるべく発言出来るようにしてもらいたい。」（笑）

まあ非常に傲慢なわけですね。このY君は授業の中で普段のように幅をきかすことはできなかったので不満ですが、そういう授業の中で、前の感想を書いたような子はまったくよみがえったように喜々として学習する。

竹内　緊張しておもしろいという、これが一番、これだけ言えばこれは最高の状態ですよね。

林　「こんなに先生と授業をしたのは初めてです」というのはほんとに切実な声ですね。だからこういう子は普通の授業の中から締め出されているわけです。発言の得意な「ぼくたち」を授業の花形として、たくさんの子を授業からしめだしていることに、先生は気がつかないで、Y君が喜ぶような、満足するような授業をするわけです。その同じクラスの子で、こういう感想を書いてたのがいました。「林先生は静かな先生なのであまり大きな声でしゃべらないし、ふざけないのであまりおもしろくありませんでした。もう少しにぎやかな先生だったらいいなと思います。でも、なぞなぞみたいなことをしてくれるのでおもしろいなと思っています。今までにこんな勉強をしたのは初めてです。もっともっと教えてくれたらいいな。また勉強してみたいなと思います。」

異質の授業に初めは抵抗を感じても、だんだんやっぱりおもしろいなと思うようになる。さらにこんなのもありました。「林先生の話を聞いているとたいくつでしょうがなかった。でもたいくつのようでたいくつでなかった。林先生の話を聞いているとたのしかった。先生の話しはすごくききやすいでした。先生にも《(ママ)》とあててもらいたかった。おわり」これなんかほんとに素直に物を言っているので、その心境の推移をずうっとたどることができる。どういうものを子どもがおもしろいと感ずるかということを教師が決定してしまうこともわかる。教師のやっている授業の影響がかなりハッキリと感想にうかがわれることがある。教師の仕事の恐ろしさですね。

竹内　先生のお話をうかがって一番こわいと思ったのは……。これは逆に私のことを申し上げるのだけれども、いつかこういうことを言われたんです。「あなたはほんとの声が出てない」って言って、レッスンを始める。見てる人はハラハラするんだそうです。あの人はいくらレッスンしたって声は出ないのじゃないか、つまり竹内は失敗するんじゃないか、と心配するんだそうです。ところが私はその人が声が出ないなんてことはてんから考えもしない、出るにきまっていると信じきってレッスンしてるって言うんです。ぼくは言われて初めて気がついてびっくりした。なるほどその通りなんです。私に言わせれば声はちゃんとそこにあって出たがっているのに、あるところでつっかえてしまっている。その障害を一緒になんとか取りのけようとしているだけなんです。たとえその時のレッスンで豊かな声が出なくても、それはまだ障害を除ききれなかっただけで、失敗というようなこととはまるで違うことだ。声はそこに見えているわけです。そこで先生のさっきからのお話を聞いて私が一番こわいと思うのは、さっき林先生は子どもたちの中に可能性があるということを信じているという言い方をしましたけども、つまり信じているという次元じゃないんだな。見えてると言ってもちょっと違う、あるにきまってるわけで……。

林 あるんですから(笑)。

竹内 あるものがただ出てない、出る手助けをしようと。今初めて気がついたけど、つまりこれは産婆術ですね。そういう確信みたいな、確信と言っても足りない何かが授業の中の先生に確立してるということが一番こわい。いわゆる教師達はたぶんそれがないというか、見えてないというか、むしろ教師達のほうはしり込みして、そんなものがあるんだろうかと思ってるんじゃないかという感じが非常に強く今しているのですけれども。

林 産婆術というのはソクラテスがいろいろな角度から規定してますけど、産婆術の中で一番大事なのは、卵の場合、有精卵か無精卵かを見分けることのできることです。無精卵を全部捨てる作業が、すなわちドクサの吟味です。

竹内　なるほどね。これはえらいことだ。

林　それがもっとすすんで、この男とこの女が結婚すれば一番いい子どもが生まれるだろうということまで見通すのも産婆の仕事だって言っています。だから産婆術というのは実に大変な仕事なんです。とにかくほんとうに妊娠してるかどうか、擬似妊娠もあるわけですから、ほんとうに妊娠してるかどうかを見分けて、それから生まれたものが本物かにせ物かを見分けるということ、それからどうしたら出産の手伝いができるか。陣痛を起こさせるというのも産婆のうんと大事な仕事です。ところが陣痛を起こさせるようなことは授業の中ではしないわけです、普通は。そういう抵抗なしになめらかに進行するのがいい授業なんです。陣痛なんて以ての外《ほか》です。

さっき引いた感想ですが、さいしょひどく粗末な複写でしか持っていなかった。それではさらにコピーをつくるのに困るので実物を送ってもらいました。ところが、送られてきたのは、間違いが直されていました。

竹内　清書ですか。

林　私は貴重な資料として原物が貴重なものに感じられたのです。ところが先生が手を入れてしまった。

竹内　作文なんかでもそういう例が多いようですね。

林　だから、ほんとうに大事な宝物にきずをつけられたという感じでやりきれない気がしました。そこに先生たちの業《ごう》がある。生徒をかばうきもちかもしれませんが、私はたんなる資料としてだけでなく、子どもの美しい心情がそのまま、たどれる原形のまま保存したかった……。

竹内　人間として大事なことと、今授業で要求されてることは全然食い違っているということを、まず教師のほうで覚悟し見極めなきゃいけないということですね。

林　書道の先生にも同じ問題がある。先生になると書が卑しくなりがちです。見せる手本を示すとなると、どうしても万人向きを考えなければならない。

3　子どもの可能性を拓く

からだの内から湧きあがるリズム

竹内　とにかくこれは大変な仕事とぼくは思うんですよ。演技のレッスンを自分でやってるからわかるのですけれども、子どもたちを普通の意味で生き生きとさせたり、活発に話し合ったり、ワァーワァー言わせたりというところまで持っていくということはかなりの教師ができると思う。けれども、ある集中をもってドクサを吟味しながら子どもたちを追い込んでいって、一つの次元を超えさせて創造的な集中状態に持ち込むということは、よほどの鍛練がいる。これは何べんうかがってもなかなか秘密を解き明かすというようなことにはならないと思うのですけれども。

林　斎藤喜博さんがやっている音楽の指導とか体育の指導を見ていると、奇蹟のように子どもが変わるのです。しかも、ここをこうしたんでこうなったんだということがある程度たどれる。事実があれば、必ず法則がそこにある。そのことが非常にはっきり見える。明白に因があり、果があって、その脈絡がたどれるのです。斎藤さんの授業指導を見ているとあれは疑いもなくドクサの吟味だと思うのです。音楽や体育の指導をみていると、それが手入れという積極的な作業になっている。よけいな乱雑な運動を全部除いていく作業です。

竹内　ああ、なるほどね。

林　踏切りなんかで、それから助走のときどのくらいの力をそこへ入れるか、それから踏切りをどうするか。それからとびばこに初めの手をどうつくか。そういうことの非常ないろんな乱雑ないらないうごきがいっぱいある。デッサンのときのように、それを除いていくことによってああいうきれいなフォームが出てくる。

竹内　「取り除く」というと、算術的に動作を減らしていくみたいに受け取られそうですけれども、実はよけいな力を抜いていくわけです。一つの行為にとって必要な動作だけを子どものからだが選び出してゆく、それを手助けする作業なのですね。乱雑な動きがあるとからだに統一感が生まれない。必要な動作が選ばれ始めると、集中が始まって、呼吸とリズムが一つになってくる。よけいな力が抜けてくる。そうなると、単純な動作が実に微妙に生き生きと豊かな表情をもって成り立ってくる。

さっきもおっしゃったけれども、みんなが腰が座ったちゃんとした歩き方ができるようになるっていうことは、かなり驚異的なことだと思うんですよ。一ぺん拝見してみたいと思うのですけどね。それはひとりひとりの体の中によほど深い集中と統一感が成り立たないとできないですよ。

林　これは私もこの間、室蘭で定時制の室蘭啓明高校で昼働いている人達のを見たのですけど、行進がほんとに立派でした。普通歩いてるときはそうでもないですけど、退場のときにキッとなるとほんとうに見事です。力んだところが全然ないのです。しかもディグニティ（高貴さ）がある。

竹内　その場合こういう問題がある……。どうも話があっちこっちへいって申しわけありませんけれども、芝居の演技にこういうことがあるんですよ。特にこれは面をつけた演技の場合ですけれどもね、音楽を聞いて音楽によって触発されて動くというレッスンがある。その場合、音楽にいわゆる「乗る」っていうことがありますね。「乗る」とだめなんですよ。乗ると死んじゃうんですよ、演技が。からだ＝主体の動きが外的なものに規制されてきちゃう。で、からだの中から湧き起こってくるリズムは死んじゃうわけですね。だから中から動き出してくるものを触発したり増幅したりする契機として音楽を受け止める、そういう感じ取り方が用意されていないと、ほんとうに生き生きとしてこない。

林　だから合唱でもそうだと思う。私は日本人の合唱は聴いていてあまりたのしめない。盆栽みたいにつくっちゃうでしょう、デコボコを全部のぞいてね。

竹内　アメリカもかなりそうじゃないですか。

林　ところがロシアだのドイツでは違うのでないでしょうか。私はラインを船で下って民衆の合唱を聞く機会があった。その合唱はかなりデコボコがあり破調もあるのでしょうが、それが素朴で力づよくたのしい合唱になっている。内からわきあがってくるものがあって、それがハーモニイを生む。ほんとうに自分の中から出てくるものがあって、それが自己を律するのでなきゃだめなのでしょう。

竹内　そうなんです。

林　指揮者がそろえたんじゃだめなんですね。

竹内　ですから、行進で足がそろうというのは、一、二、一、二、って号令かけてそろえるんだったらすぐできるんだけれども、それでは決してディグニティは生まれてこない。個人々々の体の中から湧いてくるリズムがまとまっていくというか全体が一つのリズムで動いてゆく、そういう状態になることは非常に難しいことではあるけれども、しかしそれが成り立たないとほんとうに生き生きとはしてこないですね。

林　足がそろってないんですよ。見てると足は必ずしもそろってないですよ。

竹内　そうでしょうね。そうだったら私は非常によくわかるのです。

林　それで少し話がそれるけれども、竹内さんの書いた本で、暗い中で弓を射る話があるが、あれはドイツの哲学者ヘリゲルが書いたものにやっぱりほとんど同じことが出ている。ヘリゲルは東北大学の講師になって来ていた。ドイツ人だから理屈っぽい。それが東洋の弓道に挑戦したのです。

竹内　思い出した、思い出した、私はあれは十代に読んだのでその後読んでいませんけれども。

林　理屈で理解しようと思ってくどくやるわけです。それでとうとう阿波研造師範は、それじゃついてこいといって、夜道場へ連れていって火を消して、そこで的に向かう。そして当たる。

竹内　なるほど。オイゲン・ヘリゲルにそういう文章がありましたか。

林　『弓について』というのが、福村出版から今、出ています。

竹内　『弓と禅』とかいう題でした、昔は。
林　初め岩波書店から出たんです。
竹内　ええ、そうです。
林　はじめ私の友人の柴田治三郎君が訳したんですけど、今は別な人の訳のが福村出版から出ています。ヘリゲルはそれでシャッポ脱いだんですね。
竹内　私があの体験を書いたのは、ああいうことをわりかしみんな神秘化するわけです。
林　だから神秘化するのはおかしい。
竹内　神秘化することに対する抵抗感から私はあれをわざわざ書いたんで、神秘的な極意じゃないと思うんですね。体そのものの中に力のバランスが成り立つということは、それほど精確なものなんで……。
林　ほんとうにねらって当てるものとは違うわけですね。
竹内　まっくらなんですから……狙うんじゃない。ただ集中を満身の気合で支えるだけです。
林　だから要するに行進なんかも足をそろえるのはねらって当てる発想でしょう。
竹内　そうですね。ああそうか、足がそろわないで、しかし見ていると一つの統一感があるわけですね。
林　だから私はやっぱり合唱でもそれぞればらつきがなきゃつまんないんですよ。
竹内　ほんとはそうだと思うんですよ。リズムというのはもともときちんと同じ秒数の間隔でやってるものじゃないわけで、例えば一、二、三、一、二、三とリズムを取ると、この一、二、の間隔と、二、三の間隔は厳密にいうと違うんですよね。一に強いアクセントをおけば一、二の方が必ず長くなるわけです。ウィンナ・ワルツをウィーンで演奏すると必ず最初がタアンと長くてタンタン、タアン・タンタンとなる。ところがアメリカに行くと全く違う。タッタッタ・タッタッタとメトロノームみたいに正確になるわけです。アメリカ人がウィーンの演奏を聞くと、あんな不正確なのはだめだと言う。ウィーンの人がアメリカのを聞くと、ありゃ音楽じゃないよと言うんだそうですけれども(笑)。

林 アメリカの放送局のシンフォニイがありましたね。「シンフォニイ・オブ・ザ・エア」ですか。あれだって奇麗に整然と何もかもそろっちゃってて、私にはおもしろくなかった。

竹内 あれがやっぱりアメリカ的な管理方法なんでしょうね。教育システムでも同じでしょう。

林 ええ、何というか近代工業の生産の方式が、あらゆる場合のモデルになってしまっている……。

自分のことばをさぐりあてる授業を

竹内 まったく原型がそうなってしまってると思いますね。さっきも少し申しましたが演劇なんかの演出という仕事はやっぱりそれを原型にして近代になってから確立してきた。私は近代というものが越えられるときに、演出という作業は一ぺん消えるか、でなければ変質して名前が変わるかしなければならない作業だと思うのですけれども、たぶん教師というものの意味とか名前も、近代工場の技師長的な原型のイメージから、近代というものの変貌あるいは崩壊につれて変わらざるを得ない時期にきているのじゃないかというふうに思うのです。

林　私はこの頃だんだん少し弱気になって一体こういう難しい注文を現場につけることにどういう意味があるのかと考えてしまうことがある。私は現場の手伝いをしているつもりなんです。模範授業じゃないんで、授業の可能性を探っているつもりなのです。まったく自由な立場にいるからこそ、その立場を利用して、一種の実験をやっているといってもよい。たとえば、落ちこぼれの問題にしても、問題を根底から捉えなおす手がかりもつかめるような気がしているのです。すこしでも手がかりがつかめれば、現場の教育の中にもちこんでためしてもらうということも可能になるでしょう。

竹内　ただ、現在の人間が追い込まれているところから人間を回復するためには、やっぱりこれしか突破口はない、非常に難しいけれどもそうなんだというふうに、お話をうかがっているとやっぱり思いますね。

林　私はいわゆる落ちこぼれをつくっているのは、授業の貧しさ、質の低さだと思うのです。もっと本質的なものをぶつけると、もっともまともな取り組みをするのはかれらです。それを、どこかで仕入れた知識が物を言うような授業しかしていないものだから、ほんとうに深いところで問題を受け止めようとしたり、要領よく簡単にまとめる能力がなかったりする子どもがいわゆる「落ちこぼれ」になる場合がけっして少なくないように思います。しかしそういう子のほうがまともに考えたり、たしかに見たり、取り組んだりする力を持っている場合が少なくないのです。

竹内　私は、旧制中学のときに耳が全然聞こえませんでしたから、ほとんど啞であった。十六の秋から耳がよくなって少しずつことばを発することを学んでいったのです。その体験からいいますと、自分の中から外に現れたがっているものを見つけ出し、なんとかそれにことばとしての形を与えて発声するまでの模索というものはものすごく大変な作業なのですね。

いわゆる健全な方々はもの心ついた時からペラペラしゃべれるのがあたり前だと思っているから、その過程に気がつかない。詩人とか文学者でなければ、内部の創造的な混沌状態や、調整作業に苦しむことはなくて、ありあわせのことばのパターンの組み合せで日常実務をすごしてしまっている。だから例えば、こういう子どもたちがこうやって考え込んでいる状態は、自分の中に動いているものを名づけることによって、自覚したい、ことばとして形を与えたい、という人間としてもっとも大切な創造作業の最中にあるのだということを理解しない。この作業は人間にとって一番根源的な大事な作業の一つなのであって、それはどんなに大切にしてもすぎることはない。

林　私にドマドマするような子どもの存在が貴重なのはそれなんです。子どもはやっぱり何としてでも自分でその場その場でいろいろと探ったり、考えたり、つくり出そうとしている存在なのですね。

竹内　ありあわせのことばを持ってない子どもこそ、自分のことばをつくり出さなきゃならないわけですね。ありあわせのことばを持ってるとそれでパッと代用してしまう。

林　だから、子どものことばの中から、子どもがようやくさぐりあてたことばと、容易な借り物とを教師が鋭く見分けることができなければ、やっぱりほんとうの教育はできないわけですね。

竹内　そのような、疎外されたものの内にこそ、大きな可能性が潜むということの発見は、根源的に人間であることを回復する仕事で、斎藤さんの島小学校での仕事とかその他、多くのすぐれた教師の仕事とは、みなそこにつながるんだと思うのです。ただ子どもを先生のいわれるように「見る」ためには、教師の側に日常性を超えた深い集中が要る。私はここ数年レッスンをしてきた経験から、教師の方々が深い集中にほとんど無経験であることに気が付いてびっくりしているのですけれども、——それは、ふつうの意味でことを一所懸命やるということとは全く違うことなんですね——集中を知るためには、先生がおっしゃったように、一つの研究とか一つの授業とかを準備し実施することの中でも、汗みどろになって苦労し、どうにもならぬところに追いつめられ、そのはてにアッとなにかがわかってくるという経験をしてゆくことが、やはり根本的な出発点だろうと思います。

とにかく、先生の授業がキッカケとなって多くの教師が協力しながら、子どもの可能性を劈《ひら》く授業を広げてゆけたらほんとにすばらしいと思うんです。

［第二部］

〈対話〉

学ぶことと変わること——

林 竹二
竹内敏晴

1　学ぶことへの激しい飢渇《きかつ》にふれて——湊川・尼工体験から

湊川高校の悲願と私の授業

林　私の「人間について」という授業は〝人間を人間にするものは何か〟という問題の追求です。〝人間が人間になる〟ということをずいぶん執念ぶかく追求してきた。小学校から大学まで、一貫してその問題で授業をやってきました。

ところが、湊川高校の生徒のように、この、人間が人間になるという問題を、文字どおり正面から、重く、ふかく受けとめてもらった経験を私はもっていないのです。小学校でも生徒は、この主題の授業はふかく集中して聞いてくれました。しかし、湊川や尼工（尼崎工業高校）の場合のように、自分が根底から揺すぶられたというような感じで聞いてくれることはまずない。まして一般の高校生には、はじめからそれは期待できない。そこにいまの高校教育の歪みがあるわけですが、いまはこの問題には立ち入らないでおきます。

だが、あの授業を湊川や尼工の生徒が、あれほどふかく受けとめたということを、どう理解したらいいんだろうかということは、私にとって大変大きな問題なのです。それでいろいろ考えているうちに、あの話が、本当に彼らがふかいところで手探りしたり、さぐり求めたりしていた問題にかかわっているのかもしれないということに気づきました。それを自覚するしないにかかわらず、彼らの内に痛切に求めているものがあり、あの授業の中に何かそれにふれるものがあったのかもしれない。あるいは、彼らが、眼を外《そ》らすことのできないものを突きつけられたと感じたのかもしれない。彼らだけがあの授業をうけてそれを感じた。反対に、彼らはそういうものにしか動かないということもあるのかもしれない。

　これをやれば成績があがるとか、これをやっておけば損はない、立身出世に役立つとかいうようなことは、彼らにとってはほとんど無関係なんです。そういう、いわばこれは覚えておいた方がいいぞ、これは試験に出るんだぞというようなことでは、彼らを動かすことはできない。だから、そんな動機に訴えて勉強させようとしても無益で、現在の普通の学校教育を一貫して支配している実利主義、功利主義というものは全然通用しない相手なんです、あの湊川に集まっている生徒たちは。それで私のような重い話が、むしろ彼らのふかいところまで沁みこんでゆくということになったのかもしれない。そんな気がするのです。

　湊川の教師たち、殊に西田（秀秋）君なんかの、身を焦がしている「悲願」は、人民の中の最底辺を形成するように運命づけられている常民の子どもたちを、実利とか、社会的上層志向とかいうものと全く切れたところで、まっとうに生きる人間に育てたい――彼のことばを借りるなら、「この人生を逃げない――少々のことがあっても首をつらない、薬をのまない――人間をつくる」ことであるわけです。この悲願に導かれて、「落第生教室」以来の湊川の二十年の苦闘がつづけられてきた。これが、最底辺層の人生を生きる常民を「賢くする」ための努力であった。そういう意味で、湊川高校の存在というのは実に貴重だと私は思うのです。

私は福地（幸造）さん以来の湊川の教育を考えると、谷中の残留民をつき動かしていたものに通ずるものをそこに見るように感じます。染宮与三郎夫婦が、買収に応じて楽な生活をしたらどうかと親戚から勧められたときに、彼らは、「われわれ夫婦は好んで正しく貧しきにおるもので、他人《ひと》の迷惑になることはしない」と言って、この勧告をはねつけた。福地さんや西田君の胸を焦がしてきた悲願は、部落から逃げないで、あえて部落の人生を選択するつよい人間を育てたいということではないか。「好んで正しく貧しきにおる」が、福地さんや西田君にはこんなふうに読みとられているのではないかなあという気がするのです。貧乏や不幸から逃げないで、そのまっただ中で、人間としてまっとうに生きることのできる人間をつくることに人間の解放の可能性を賭けているのではないか。

少しここでつけ加えておくと、自由な立場にいてそれを選択するということは、非常にむずかしい。ただ権力を楯に谷中を追いたてる――無法非道に追いたてようとするものに対しては、その力に屈してここを立ち去るよりは、この人間の住む所でない土地にされてしまった故郷の谷中で生きることを選択する、これが人間なんだというところに追いつめられて、谷中に残留した十八戸の人民はそこに生きる道を選びとったわけです。その選択には、辛酸きわまる日々の生活がつきしたがっている。谷中を選択することは、その辛酸の日々を選択することであった……。

あの湊川と谷中との間に見られる類似は、やはり生まれつきそういう差別の中に置かれている所で、そこから抜け出すか、そこに踏みとどまるかという選択が、ちょうど谷中村の残留に当たるようなものが、構造的にはあるように思いますね。西田君は「村」の人ですから、それに耐えて生きることのできる人間を、どんなことをしてでもつくることに解放教育の成否がかかっていると見るわけでしょう。

湊川における「人間について」の授業

竹内　『教育の再生をもとめて——湊川でおこったこと』（筑摩書房）に「人間について」の授業記録が載っていますが、あれを読んで行くと、湊川の生徒たちがどんなにふかいところで動いていったか、その激しさがひしひしとわかる気がするのです。で、そこのところからきょうはお話ししてみたいのですが——。

授業が始まってじきに、先生は「人間の子は人間といえるか」という設問を出されますね。そうすると、だれかが、「そうばかりは言えない」といった。なぜだ、と問われて、「人は環境によって変わるからです」という返事が出ます。実に切実な、彼らの生活の中で見えた現実そのままを語っている、と思うのです。もうここで、これから先生が差し出そうとしている話の世界がすでに受けとられている。ただし、それはいわばネガの形でと言ってもいいかもしれませんが。そして、カマラの話に入っていくのですが、それをずうっと読んでいると、生徒たちは、カマラのシチュエーションに自分を重ね合わせて話を聞いているのじゃないかなあということを強く感じるわけです。これはやはり今まで授業されてきた小学校の子どもたちとまるで違うと思うのですね。シチュエーションといっても、客観的な環境の相似ということではなくて、私が読んでいて感じたのは、カマラのさびしさです。育ってきた狼の社会からむりやり人間の社会につれて来られて、それに入りきれないカマラのさびしさみたいなものを、生徒たちは深く感じていたんじゃないか。

というのは、あとの方に朴《パク》（隆章）君の感想文が出ていますね。「妹（アマラ）が死んだ時にはなみだ一粒だった……」。

林　「横（仲間）はずれにされたときには涙が出なかった。だけど、自分の妹が死んだときはちがった、涙がざーと出た。」妹ぶんのアマラが死んだとき、カマラは両方の眼から一粒ずつしか出ないのですね。これは、横はずれされたときの悲しみと、妹が死んだときのそれとを対比しているのですね。

竹内　あれを読んだとき胸を衝かれたような気がしたのですね。彼がカマラにどんなにふかく共感しているか、カマラのさびしさと重ね合わせて、自分の体験に気づいたという激しい心の動きが文のリズムにあふれていると思うのです。

第二時間目に入ると、一人ぼっちになったカマラが人間の社会に入っていくか、いかないか、どちらか一つを選択しなければならない羽目になった、さあどうするだろうということになりますね。これは「開国」の授業も同じですが、その選択の場に生徒を立たせるという先生の方法が二時間目のアタマでいきなりぶつけられたなあと思ったわけです。うん？　と思って読んでいくと、人間の世界に入っていく、人間の仲間になることのむずかしさというか辛さというか、そのプロセスに生徒たちがずっと入りこんでいっているという感じがとても強く伝わってくるのです。カマラがおかれていた辛さ、あるいはさびしさが、彼らの気持の非常に奥底のところでシーンとわかっていたのではないか。

人間の仲間になっていく辛さというのは、これはやはり彼らだからいっそう身にこたえてわかった部分があるのではないかという感じがしたわけです。

林　そうだと思いますね。私は、正直いって、授業をするまでは、湊川の生徒があの教材にどんなことを感ずるだろうかということはじゅうぶんには考えていなかった。授業をして、彼等の反応をみて、改めてずいぶんしんどいものをぶつけたなと済まないような気がしました。

彼らはある意味でジャングルの掟の中で生きてきたわけです。力の強いものにはどう抗しようもない。西田君の書いたもの（『教育の再生をもとめて』二五七―二九〇ページ）を読むと、病弱の田中吉孝君なんかはまさにそういう生活を強いられて、ジャングルの掟の中でなんとかして生きてきて、今度はまた全く別の掟の支配する社会の中に入ることを求められているわけです。彼らが普通の社会に適応するためには、自然にその中で成長してきたものとまるでちがった、越えがたいものを越えていくような作業をやらなければならない。カマラにとって「二本の足で立つ」ということが、どれほど辛い仕事であったか、本当に身にしみてわかって、いわばカマラの苦痛、さびしさをそのままわが事のように感じながら授業の中に入っていったんだなということを、写真を見たり、感想文を読んだりして、はじめて私はハッと気づいたような始末で、心ないことをしたように思います。

竹内　たぶん先生は、話しながら、それを意識ではなくて、身体で感じていただろうということが読んでいてわかるのです、独断かもしれませんが。というのは、その直前に私は、沖縄の小学校で先生の「人間について」の授業を受けている、というか、見ているわけです。それと比べると、話している相手が年齢が上だから話し方や内容も違えてあるということも確かにあるけれども、違いはそれだけにはとどまらない。

一つのことを言うために、まずこれを言うという、次々にことばを重ねていかれる過程を読んでいると、ああ、これはこの子どもたちと非常にはっきり対応されているんだなあ、と感じたのです。ここは未解放部落の子どもたちがいるんだから、こういうふうにしゃべろうと意識された部分も多少はあるかもしれないが、そういうことよりも、その場で生徒たちに話をわからせていくために、ことばを探し、選び、くり返しながら語りかけてゆくという作業の中で、ほとんど無意識に生徒たちの心や身体の動きを受けとり、生活感にふれていっている。カマラがだんだん他の子どもにくっついて歩くようになり、やがて仲間はずれにされたとき、ポロポロ涙をこぼして泣くようになった過程とか、デュルケームのことばを引いて社会の大事さを説くあたりとか。とくに後半にいくにつれて、そういうことが色濃く出てきているみたいです。生徒たちの生活の具体的な事象は一つも取りあげてはいないが、しかも生活感の根っこにふかくふれていたということだったんじゃないか、と思います。

林　そういう対応関係が生まれていなければ、生徒はほんとうに授業に入っているとは言えない。したがって、厳密には授業は成立していないわけです。

竹内　教師にかぎらないが、普通、この子どもたちはこういう環境でこうだから、こういうモチーフを拡大してしゃべろうとか、そういうふうに考えたがるわけですね。ところが、この授業の場合、そういうことよりも、その場の生徒たちの反応によって先生の話が、ここのところは諄々《じゅんじゅん》として説き、ここのところはむしろさびしさに寄りそうようにたくさんことばを重ねていくとか、ここのところはどんどん抜いていくとかということが出てきている。私はこの直前に別の授業を見ているから、それがかなりよくわかるような気がします。

林　それは頭でやってはだめなのでしょうね。幸か不幸か、私にはそういう能力がない。

竹内　そこにもう決定的に人間と人間とのふれあいが、出会いが成り立っていると感じる。朴君や田中吉孝君の感想文（朴君の感想文は一〇〇頁、田中吉孝君の感想文は一一五頁参照）が出てくる所以がわかったような感じがします。

話をもどしますと、その次に、選択したあと社会へ入っていく実際のプロセスの辛さという問題がある。二本足で立つとか、スプーンを手に持ってたべるとか、カマラにしてみれば全く意味のわからぬことを無理に詰めこまれる。人間になるということは、人間の社会を受け入れなければならないということだ。これは大変辛いわけです。受け入れたくないけれども、受け入れなければならないということ。そこまで生徒たちが追いつめられて、さてどのようにして受け入れるか、という窮地に立たされている。

そこへ、受け入れるということは、何でもかんでも我慢して全部を受け入れるんじゃないという話が出てくるのですね。社会遺産の中から、これこそが自分にとって価値があると感じられるものを相続するんだ、つまり生き方を選択できるんだということ。そして、そのとき選びとるものは所有主のないものである——これが子どもたちには非常に大きな衝撃ではなかったか。彼らは所有主のあるもの前で弾《はじ》きとばされつづけていたわけですから、所有主のないものを自分が選びとることによって人間になるんだということが、どのくらい意識され、感想文にどのくらい反映しているかわかりませんけれども、非常に大きかったんじゃないかということを……。

林 それは感想文にかなり顕著に反映が見られます。

竹内 そうですか。

林 ええ。所有主がないものを、しかも選択して相続して、人間は自分で自分をつくることができるということに、特に尼工の生徒はつよくふかく反応しています。

竹内 人は、その環境によって決定されるのではない、自分で選びとることによって人間になりうるんだという、そのことは彼らにとって非常に新しいことだったんじゃないかと思います。

授業の最後に、理性をもつという問題が出てくるわけですが、その際、理性をもつということは、こうすればいいんだとわかるだけではだめなのだという話をされる。わかったとおりに実行できなければ理性をもったとは言えない。考えたとおりに行動できる力は、学校で学べることではなくて、実生活の中できたえられて獲得できるのだ、と言われますね。この、実生活で学ぶんだということばは、今までの先生の授業の中では出てこなかったんじゃなかったかなと私は思ったのです。それは、明らかに湊川の生徒たちと向かい合っているときに先生の中で動いてきたことばではなかったか。あるいは、学校とか教育ということばの意味が、この地点から先生の中で知らないうちに変わりはじめたのかもしれない、と今になって思うのですが——。そのことばが子どもたちに確実に届いている。そして、力づけている。これが、『教育の再生をもとめて』を読みなおしたときの私の印象です。

学ぶことへの飢えと変わること

林　福地さんは、湊川や尼工の生徒のもっている飢餓感覚ということを言います。私も湊川ではじめて授業をして、まさしくその飢餓感覚が、学ぶということに対して働いているという実感をもちました。これはいったい何なのか。その根にあるものは何かを知りたいという思いが私にはあります。

竹内　そういう原初的な心とからだの動きを、「学ぶ」ということばで呼ぶものかどうか、私にはまだ納得できないところがあるのですが——。とにかく、そのような、からだの芯から湧き上ってくるような欲求が働きはじめたからこそ、たとえば朴君なんかは、あのように目覚ましく、持続的に変わっていくんでしょうね。変わるというより成長していくといった方がいいかもしれない。「人間について」の授業の写真では、机に頬づえついて横だおしみたいになっていたし、四月の、私の授業の時も床にねそべってゲラゲラ笑いころげていた。それが、いつしかしゃんと背筋が立ってきて、少年から青年になりつつある。

林　私はくり返して、授業は子どもの中に一つの事件を起こすことだと言いつづけてきました。そうでなければ子どもは変わるはずはない。しかし、一回きりの授業が、現実に根本からの、持続的な変化が生まれるきっかけになったのは、湊川高校の授業がはじめてでした。

朴君は、大体一ヶ月か二ヶ月の間をおいて神戸に行くたびに、前と変わった、成長した姿がある。

それは、去年（一九七七年）二月の初めての授業を起点として、彼のうちに生まれた変化の継続と私には感じられるのです。

竹内さんは、松尾君の中に継続的な変化をつくり出していますね。

竹内　つくり出したということではないと思います。ただ私のレッスンが、何かがひらかれるひとつのきっかけにはなったでしょうが。

私がはじめて授業で、話しかけるレッスンをしたとき、三組目ぐらいかな、ひどく硬いからだつきの暗い表情の女の子がひっそり出てきて一番前の列に座った。これが松尾君で、あとで聞いたのですが、彼女は転校してきたばかりで、友だちと話もしないし、笑顔を見せたことがなかったというんです。ある女の教師がこのとき話しかけ手になったのですが、何回目かに後ろむきに座っている松尾君に向かって声をかけた。そのとき私はからだの具合がわるく、耳の病気がぶり返していてよく聞こえなかったのですが、目で見ていて、うまく話しかけられたなと、つまり松尾君のからだにことばが触れたな、とわかったので、松尾君の前へ行って、どうだった？　と聞いたのですね。そのときの写真が、このニコッと笑った顔です。写真を見せられて、私はびっくりしたんです。ほんとにキレイだ。だけど、それよりも驚いたのは、彼女が笑ったということを、私は目の前にいながら全然知らなかったんです。ただ彼女のきつく閉ざした顔しか覚えていない。ただその顔の中にポッと灯がついたようなおぼえがあるだけなんです。

おもしろいのは、笑ったことを知らなかったのは、私だけじゃなかったんですね。彼女自身も知らなかった。西田さんに写真を見せられて、ひどく驚いて恥かしがっていたそうです。しかし彼女は、自分でその顔が好きだ、と言ったそうで、それを見てから彼女は笑うようになったという話です。次の月に湊川へ行ったとき、松尾君のお母さんから教員室へ電話が入っていて、家でも笑顔を見せるようになったと喜んでいたという話を聞いたのです。

他人がほんとに自分に話しかけてくれた、触れてくれたと感じたとたんに、どれだけ人の心とからだが動きはじめるものか、まざまざと教えられたですね。これはたまたま写真があったからはっきり見えるが、林先生の授業の中では、こういうことがたくさん起こっているんだと思うのです。朴君もそうだし、また加藤好次君なんかもぐんぐん変わっていく。細胞が増殖していくみたいに、自力でひろがっていくんですね。彼らは自分に必要なものを、むしゃぶりつくみたいに吸収しているにちがいない、とも思います。

林　彼らのふかいところ——からだと心とを一つに貫いてふかいところ——に、それと捉えがたい欲求がある。それに答えるものがつきつけられると、はげしい動きがはじまる。それが何であるかは、自分にとっても明確でないが、しかし一方、彼らのがんとして受けつけないものもそこから出てくるわけです。これじゃない、これじゃない、おれが求めているものはこんなものじゃないと、厳しく拒否する。そういう厳しさも彼らに特徴的ですね。

竹内　そこのところが、学ぶということにつながるのでしょうか。

林　おれの求めているのはこんなものじゃない。それだから、「先生、何を言いたいんや」というふうになってくるわけです。ずばり言いたいことを言ってくれ、という。受けつけないものがはっきりしている。これじゃない、これじゃないと、もういい加減なものは受けつけないという、それがやはり私は学ぶ意志のとても大事なものだと思う。まがいものでは承知しない。ほんとうに求めているものがきたときには飛びつくが、擬似的なものは全然受けつけない。

一般の人は、そのはねつける能力を、いわゆる「文化」の中で、学校教育のなかでだんだん失ってきているわけです。だから、石でもなんでも食うようになっている。

湊川体験とは何か

竹内　昨年(一九七七年)十一月に、湊川高校の学校祭の前夜祭に私たちは芝居をもって行ったのですが、芝居が終ったあと、すごい拍手で、舞台を片付けにかかった頃になってもなかなかお客が散っていかないんですね。朴君がやって来て、「よかったで先生、来年なにやる?」っていきなり聞くんです。むちゃなことを言いよる、そんなこと今からわかるもんか。ほかの生徒たちが、「むつかしかったけど、おもしろかった」と言ってくれたんですが、これは、林先生の最初の授業のときの反応と同じだと、だれでしたか教師の一人が言いにきてくれたり、それからうれしかったのは、「役者たちがいのちかけてやっているのがようわかった」と言ってくれた子がいた。これを聞いたときは、もうだれになにいわれてもいいと思ったですね。こういう受けとめ方をしてくれたんだなあ、と思ったら、シンからあったかくなった感じでした。私たちが芝居に、とくにあの時の舞台にかけていたものが、ああいうことばで、まともに受けとめられるなどということは、東京の、一般のお客からは考えられないことなんですね。林先生は、自分の授業をこれほどふかく重く受けとめてくれたところはなかった、という言い方をされますけれども、私はその気持が、これらのことばや、藤田君とか木谷君の感想を聞くうちに身にしみてきたのです。

私は、二十五年芝居をやってきた。しかし、これほどなまなましくというか荒々しく、またこれほどあたたかくというか繊細に、そしてこれほど集中してまっこうから受けとめてくれたお客というものに会ったことがなかった。今まで何回か自分にとって決定的に重い舞台がありますけれども、客との出会いということにおいて、これほどふかい体験はなかったと思うのです。

私たちが湊川へ芝居をもって入ったのは——時々誤解されるのですが——、なにかの教育的効果をねらったわけではないし、また解放教育運動の応援をするといった思いあがった志でもない。今まで探ってきたことがある次元まで来て、次へどう発展していくか、いくつかの可能性の分岐点のようなところに立っていた時なんです。しかし、なにか根底で支えきれないものがある。自分が二十何年芝居をやってきて、そこでいろいろな観客に出会った。労働者にも見せたし、農村でも見せた。そしてさまざまなことを学んだけれども、一たん、今までの芝居はほんとうのリアリティがなくなった、これじゃだめだと思って壊しにかかったときに、新しく出てくる表現方法は、やはり小市民的なあがきにしかすぎないという感じが心の底にわだかまっているわけです。前衛的な試みもやったし、伝統芸能もさぐってみた。それぞれのあがきみたいなものをお客にぶっつける。お客から反応が来る。受けてくれるのはいいけれども、自分と同質のものが反応してくるだけなんです。そうすると、こういう同質なものに賛成されたって何になるか、もうちょっとおれは違うものがほしいんだ、ということでお客を切るというか、お客に対して喧嘩を売るような芝居をやってきた。そういうようなことのくり返しなわけですね。もっと豊かな土壌があるはずだ、という感じがいつもあった。湊川に何べんか行っているうちに、ここにほんとうに自分たちと異質だけれど、しかし……。

林　一緒の振動があるという……。

竹内　そうなんです。そういう感じをとてもはっきりと受けたですね。持っていった芝居があれでいいなんて全然――ここの人たちがあんなに真剣に受けてくれたけれども、――あれでいいなんて全く思わないのですが。

木谷君――レントゲン車の運転手をやってる――と階段の所で会ったのですが、「先生、この間の芝居はとってもよかったです。ありがとうございました」と言ってくれたんです。むずかしかったけれども、びしびし自分たちを突いてくるというか、打ってくるものがあるというのですね。ああいう芝居を見たことはなかったけれども、あれだけ一所懸命やってくれると、自分の身体にびりびりくるともいうんですね。ともかく、私にとって夢みていたことが夢でなくて、それこそ現実であって、そこにいのちを燃やすことが根源的なドラマだということを教えてもらった。これで原点に立てた、これから芝居というものにほんとうに出発できるという感じなのです。

林　私も湊川に入る前に教育現場に絶望していました。そして湊川に入って、ただ自分の全部をぶっつけてみました。すると生徒が、そして何人かの教師が、ふかくそれを受けとめてくれた。私は蘇生しました。

竹内　蘇生した、という言われ方がほんとによくわかります。『教育の再生をもとめて』のはしがきで書いておられることですが、一昨年の秋に倒れられ、仙台に帰って入院された。私がお宅にうかがったのは十二月でしたが、先生はまだ字がよく書けない状態で座っておられた。そのときの先生の相貌はすさまじいものだった。髪も乱れて、絶望を知らないやつはだめだ、と言われたときには鬼気迫るものがあった。日本の教師は絶望することを知らないと。「憤《いきどおり》を発する」という古語の姿を目のあたりに見たという感じがしたのです。同行した横須賀薫氏もひどいショックを受けて、ああいうことを言い出したら人は死ぬんじゃないか、と言ったくらいだった。その絶望の中で先生は湊川の教師団の感想文に出会われた。先生にとって、湊川は「これしかない」ところであった、先生は湊川に出会ってほんとうに絶望の底から生き返られたのですね。

芝居のときの話にもどします。幕を開けるときに役者はふるえたそうですが……。

林　武者ぶるいですか（笑）。

竹内　とにかく非常に荒々しい反応で、笑いもくるし、野次もとぶ。ガタガタ遠慮なく途中から入ってくるし、出ても行く。こうもりがさかなんかでドンドン床をたたいているのがいる。これは、そばで見ていた人によると、芝居に夢中になりはじめると始まるんだそうです。かと思うと、河内音頭をとり入れたところへきたら、一せいに拍手して、一緒にくちずさむのもいる。非常にあったかいというか荒々しいというか——。それが後半になるにつれて、シーンとしてきて、身じろぎもしない。このときの写真が数枚しかありませんけれども(客席が暗いから、カメラマンの小野成視君は大変苦労したようですね)、生徒たちはにこにこしたり、きつく見据えていたり、しかし、とてもいい顔をしていますね。近藤完一さんが、芝居でも林先生の授業と同じ顔になるじゃないか、と言ってくれましたが、すごい集中です。

林　カタルシスは本来芝居のもつ機能でしょう。授業でも、それが不可能でないということです。

竹内　この芝居は、かなり凝った文体で書かれていて、名文句の長ゼリフが、とくに後半はいくつも重なっていくんです。それが湊川の子どもたちに通るかどうか、私たちの一つの賭けだった。いつ、あかんと言って出ていかれるかと、私は客席のうしろで息をつめていました。ところが、生徒たちはピタッと芝居についてきている。びっくりしました。小野君なんか今でもわからんと言っています。しかし、微妙なんですけれど、役者が名文句を朗々としたセリフまわしでやりはじめますね、そのときことばをただセリフとして見事にしゃべってみせるという気配がちょっとでも見えると、客席の中で反応がぱっと動く、すうっと落ちはじめるというか、そこまでいかない何かが動くんですね。そうすると、それが舞台にピンとわかってくるわけです。役者は、ちきしょうめ、とこう思うわけで……。

林　そういうすごさですね。結局それは、私流に言えば石を食わないできた、竹内さんから言えば文化みたいなもので毒されていない身心がそこにあるということでしょうか。

竹内　まったくそうですね。普通のお客だったら見過ごすというよりは、なかなかよくしゃべっているじゃないか、あの役者はうまいぜ、と思うかもしれない。ところがそのことばを発するときに、身体の中がいっぱいに人間的に動いていないと、サッとしらける方向に動くんですね。それはもう厳しいというか、何というか。だから、それと触れ合っているうちに、役者は、発することばの人間的根拠といいますか、それを問われっぱなしになる。それを満身の力をこめて充溢させて、持続しなくてはならない。私たちのことばで言うと、自分の次元をピッと上げていく、上がっていくわけですよ。もう絶対に落とせないわけです。これはすごい勝負ですよ。

林　私も湊川の授業では、いつも追いつめられる。ですから、「創世記」でも、生徒に追い詰められてとんでもない高みまでのぼりつめた。あそこまで登ってゆくなんてことはまったく考えていなかったわけで、相手との絡み合いの中でいつの間にかだんだん高くのぼっていってしまうわけです。

竹内　ですから、私は二つのことを考えます。一つは、生徒が支えてくれているということですね。こちらが一所懸命になったものを、生徒が、先生のことばを借りると哀れんでくれて、「ようやってる。お前たちもそれだけ一所懸命なら、おれたちも付き合うよ」というのが一つですね。それからもう一つは、ほんとうに自分の中で人間的に動いているものが、ちょっとでも欠けていたなら途端に捨てられるという怖さですね。これは、さっき林先生が「こんなものじゃない、こんなものじゃない」と受けつけない激しさということをおっしゃったのと同じことだと思うのですが。

林　形ばかりということを、絶対受けつけませんね。つねに中身がぴしっとつまっていなければだめなんでしょう。

竹内　その怖さというか、温かさというか、それは、私も一、二度授業をしてその中で受けとめたものも多少あるけれども、芝居をもって入ってみて、ほんとうによくわかりました。そのなまなましさというものが、湊川の決定的なものだと。

林　芝居をやっている人と、観る人とが一緒に生きているという、それぞれに生きているということですね。そのきっかけを芝居がつくった……。

竹内　授業でも同じものだなあと思えるのです。人間が人間になるということについて考えるとした場合に、人間になるということはどういうことかということを、その授業の中で知るということではないわけですね。つまり、人間が人間になるとはどういうことかという疑問を、教師が投げかける、そして生徒たちも一緒になってその疑問を生きる、ということだけであって、答えがあるわけでもなんでもない。それで、その時間を過ぎたあとで生徒たちは成長、あるいは形成されていくことがあるであろうという、そういう営みなんだなというふうに少しわかってきたんです。

林　私は、私が説いたような考え方を彼らがしてくれることなど、ゆめにも期待していない、全然それは関係ないわけです。おれはこう思うんだ、君たちはどうだ、というようなことで、それぞれに考えてくれればいいわけです。

また、授業の中で、疑問を投げかけて、その疑問を一緒に生きることで成長するのは生徒だけではないわけです。

竹内　授業のそういうあり方が一番あざやかに私に見えたのが「創世記」の授業です（『教育の再生

郵便はがき

料金受取人払郵便

牛込局承認

7587

差出有効期間
令和5年3月
31日まで

162-879

(受取人)

東京都新宿区
早稲田鶴巻町五二三番地

株式会社 藤原書店 行

ご購入ありがとうございました。このカードは小社の今後の刊行計画および新刊等のご案内の資料といたします。ご記入のうえ、ご投函ください。

お名前	年齢
ご住所 〒 TEL　E-mail	
ご職業（または学校・学年、できるだけくわしくお書き下さい）	
所属グループ・団体名　連絡先	
本書をお買い求めの書店 市区郡町　書店	■新刊案内のご希望 □ある □ ■図書目録のご希望 □ある □ ■小社主催の催し物案内のご希望 □ある □

読者カード

のご感想および今後の出版へのご意見・ご希望など、お書きください。
PR誌『機』「読者の声」欄及びホームページに掲載させて戴く場合もございます。)

をお求めの動機。広告・書評には新聞・雑誌名もお書き添えください。
でみて　□広告　□書評・紹介記事　□その他
の案内で　(　)　(　)　(　)

読の新聞・雑誌名

の出版案内を送って欲しい友人・知人のお名前・ご住所

ご住所　〒

申込書(小社刊行物のご注文にご利用ください。その際書店名を必ずご記入ください。)

冊	書名　冊
冊	書名　冊

書店名　住所

都道府県　市区郡町

をもとめて』一二二～一五六頁)。これはすごいドラマだ。

授業がどんどん変わってゆく

林　私はこのごろひどく不思議でしかたがないんですが、湊川で授業を一ぺんやるたびに授業が変わってくるようなんです。自分でつくづくそう思うのです。この間、「田中正造」をやったときには、まるで前とちがったものになってしまって、どうしてこんなに変わるのか、わからない。やはり向きあっている生徒からいろいろなものをもらったり、向うから引き出されたりして、自分なりに太っていくのかなとも思ったりしているんです。

竹内　先生から見るとそういうことになるんだろうと思うのですが、横から見ていますと——。先生が最初に湊川に入られたとき、私は授業に立ち合えなかった。私がはじめて先生の授業を湊川で聞いたのは、プロメテウス神話について話された「言葉について」なんです(その後を引き継いで私が「呼びかけのレッスン」をやった)。その次の授業が「開国」の第一回目です。そして、生徒たちの批判や感想に基づいて先生は補講をされた(『教育の再生をもとめて』参照)。この間うまくいったり、いかなかったり、先生は子どもたちにどういう教材で触れていくかをずーっと探っておられた、そんな気が私にはしているんです。その中で湊川の教師たちの努力の貴さを再発見されもする。そうして、先生のことばですと、実習生になって入りなおすわけですね。そのあとで、「創世記」が出てくる。先生が子どもたちと一つになるために、先生の方でも苦労されて、身じろぎしながら近づいていったというふうに見えるんですね、私には。

しかし、先生が子どもたちとのつながりの中で、解放されたというと変ですけれども、ほんとうに子どもたちとどうやっても大丈夫という地点に立たれたのは、私は「創世記」のおしまいのところではないかという気がするのですが、どうなんでしょうか。

林　そうかもしれません。

竹内　あそこのところの先生は、やはり子どもに追いつめられていますよね。

林　私は一所懸命生徒とまともに向き合おうとしていますから……。

竹内　そう。そうしてもう絶体絶命でね、教材もへったくれもないんだな。たったひとりの……。

林　自分で裸で闘うよりほかないわけですよ。

竹内　そうです。一個の人間が裸で立って、雨あられとくる矢を受けている。

このときの授業記録を読むと、穴井君や米田君が大変のびのびと質問していますね。はじめから遠慮のない交流がおこなわれている。「人間について」では個人個人がふかく集中して、先生のことばを引き受け、考えこんでいるというふうに見えますが、ここでは、生徒たちが、自分の中で動いてきた疑問や発見をそのまま先生にぶつけたり、また他人のそれを自分の心の動きにとりこむというか、教室全体が、あっちでもこっちでも動きながら一つに渦巻いているといった感じがするんですね。先生もそれに立ちまじわりながら思考をすすめている。

ところが、重野君がいきなり「先生としては、ここでいったい、何が言いたいんや」と出てくる。

私ははじめてあそこを読んだとき、先生が一瞬棒立ちになったような気がしたんですね。今まで生徒たちと立ちまじわりつつ、自在に対象を追いつめていた主体が、いきなり一対一の対決の場に引き出された、ということです。ここで、林先生と生徒たちとの対話の次元が一気に飛躍した。これまで、生徒の考えや、先生の提出した聖書の文章や盤珪《ばんけい》禅師やを吟味しながら思考を深めてきたわけですが、突然そういう思考のプロセスや内容と、言い切ってしまえば無縁のところに、林先生がむき出しに立たされた、ということですね。

ここで問われているのは、思考内容というより、人間として把握している世界の深さ強さ明確さといったもので、だから次の先生のことばは、極端に言えば何を言ったっていい。重野君の鋭さにぱちっと向かいあう林先生の裸の人間が立っている。それが声を発した。先生が授業の計画を立てられたときには、それは考えていなかったことばであるかもしれない。

林　それは全く計画されたことと無関係。無関係になれたから向き合えた……。

竹内　そのとき、林先生の人格において凝集した学問の核心がむき出しに現われた。そういうところへ一気に持ち出していく、体当りというか破れかぶれというか、その力がすごいなあ、と思うのです、湊川の生徒たちの、そしてそれを受けた林先生の――。

先生にしてやはりあそこのところで、絶体絶命に子どもたちに追いつめられ、それに正面きって向かいあえたから後が自由になれたんだなあという感じを、私は芝居のあとで改めて持つのです。

林　それとこの間の「田中正造」の授業は、単に私が変わったということだけじゃない。竹内さんの芝居を見て、わあっと一緒に動いたのが、そのまま私の授業につづいたんですよ。だからあれは、竹内さんの芝居の続きなんですよ。私が教室（食堂）へ入っていったとき、ちょっと誇張していえば、総立ちで出迎えるみたいな感じでした。

竹内　芝居の影響はあったかと思います。授業というものの感じ方が変わったかもしれませんね。芝居をやったあと、次の日に私は学校祭を見たのです。そのときの講堂の感じがすばらしくよかったのです。ほんとうに洗い清められたみたいで、きれいで、和やかで。舞台と客席との触れ合い方が、私はあんなにきれいな劇場というものを見たことがない。あのときの自由さとつながってきているという感じはしますね、もともとあるものだったかもしれないけれども。

林　私はそれをほんとうにぴんと感じました。まるで違っていた。それから三宅（正一、当時衆議院副議長）さん一行を迎えた生徒の態度にも感心した。あそこの生徒には「偉いさん」たちに対しては、いわば本能的に反撥があるのです。ところが、三宅さんが入ってきたら、その姿を見て李雪寒《イツロファン》が拍手をはじめた。ずいぶん政治家だなとか、大人だなというような見方もあったわけですけれども、私は、そうじゃない、三宅さんを見た途端に、ここに人間がいるということを感じ取ったんだと思うのです。それで拍手が自然に出たんだと……。

竹内　そういうやさしさというのは、ほんとうにすごいものがありますね。ほんとうにそれはそうだと思う。私は二回目の授業のときはじめて、あっち向いたり、こっち向いたりして座っていて全然こちらを向いていない生徒たちに会ったわけです。じきにこっちを向いてくれるようになったけれども、どうしても歌を歌うとかなんとかというふうにはいかない。そのときに中田（加代）君が病院から出てきて入ってくれた。あれは、こちらから言うと、ああ、おれが授業をすると来てくれるのか、と喜ぶわけです。ところが、あとから考えてみると、どうも心配でしようがなくて出てきてくれたんじゃなかったかな（笑）という感じがするんですね。つまり、生徒たちを中田君とか木谷君で組織して支えてくれているわけですね。私の方がえっちらおっちらどうもうまくいかないということになると、向こうからさっと声をかけてくれたり、おたがい同士、こういうことやろ、おまえやれ、と生徒仲間に声をかけたり、といった具合で……。

林　それが全然意識しないで、そういう動きが出てくるのだろうと思うんですよ。

竹内　私は、あのときの授業は失敗だったという気持が非常に強かったんですが、あとで考えてみたら、あれを失敗だと思うのは自分が傲慢なんだというふうにこのごろは思うようになりました。ああいう形でえっちらおっちら行くよりしようがないんで。先生が、たとえば「言葉について」のときとか「開国」のときですね、先生はある見通しをもってやっておられるにちがいないんですけれども、やはりあの辺でだいぶえっちらおっちらやっていたんじゃないかなと思うのです。そして、「創世記」になる。あの記録を読んで、仰天した。あれはすごいですね。あれが林先生自身の創世記ですよ、やはり。

林　この間の「田中正造」の授業で、授業と劇はやはり根のところでどこか通じているのかもしれないなと思ったんです。あの授業がはじまるとき、三宅さん一行が入ってきた。そのとき李雪寒が拍手して、それにつられたように生徒たちが拍手した。三宅さんが立ちあがって二度会釈した。ああいうことで空気がすっかりなごんだ。その空気に乗っかって、はじめて私のあの野放図ともいうべき授業が生まれたような気がします。

竹内　あのときの田中正造についての授業はほんとうに野放図ですね（笑）。しかし、野放図だけれども、構造は「人間について」や「開国」の授業と全く同じだと私は思うんです。つまり、田中正造の授業といえば、まずたいていは田中正造そのものについてしゃべるわけでしょう。ところが先生は、田中正造についてはほとんどしゃべらなかった。

林　おわりに近くなって、はじめて田中正造自身が登場した……。

竹内　ええ、そうですね。つまり、田中正造が向かいあったもの、農民であれ、当時の政府であれ、そういうものについて次から次に話していく。だから、聞いている方はようわからないところもあるけれども、いつのまにか田中正造の位置に立ってものを見、決断を迫られるようになっていた。そういう構造があるから、あのくらい野放図になれるんです。そして、それを生徒たちがまたよく知っているわけですね。

林　感じ取っているんだね。

竹内　もう知っているんです。この辺になるとそろそろなにか出てくるぞ、とか、ようわからんけれども、もうそろそろ変わるだろうということで待っているわけだ、ちゃんと（笑）。わからないところは、しばらく待っていて、うんわかった、というふうにね。

林　そこがやさしさであり、また彼らの即物性ですね。わからなくなったら、普通はその授業を捨ててしまうんですね。むずかしくってだめだと思ったら、だめだといって捨ててしまうわけです。ところが、そのときはむずかしい、わからないといっても、次にわかるものが出てくると、そこのところだけわかるわけで、ちゃんとつないでしまうんですね。

竹内　だから、たとえばこの写真集を見て、学ぶということを、どれだけ集中して厳しい顔をしているかというものさしだけを見つけて判断しようとすると、また違うと思うのですね。学ぶということは、もっと広い、ふかい、豊かな、人間としてほしいものをあるだけ吸いとっていくみたいな、全身的な働きだと、少なくとも先生がつかう「学ぶ」ということばは、そういうものではないか、と思うのです。

2　人間になること——授業と学問とのかかわり

学ぶことと出会うこと

林　湊川での私の最初の授業で、あのもっともしんどい人生を生きている若年労働者の中に、私の授業があれほどふかく入っていったことは、私にとって一つのショックでした。その事実から出発して、その事実に即しながら、授業と学問の問題を考えてみたい。

それで、今回の話の出発点として、竹内さんが学問というものにふかい不信をもっている。そんなものにだまされるものかというような気持でずっといたといわれる。その竹内さんを学問というものを考えざるをえないところに追いつめていったものは何だったのでしょうか。

竹内 そういうインタビューがとつぜん出てくるとは思わなかったので（笑）……ちょっと考えさして下さい。

林 私にしてみれば、一回の授業があれほどふかく入って、しかもそれがきっかけになって、持続的な変化——いわば自己自身のなかに発展の契機をふくんでいるような、そういう変化が生じてきたということは、やはり彼ら自身の内部にふかく根づよく巣喰っている何らかの要求があり、私の授業のなかに何かそれに応えるものがあったのだろうと考えざるを得ない。そういう要求、あるいは希求、あるいは衝動があったにちがいない。それは、福地さんのことばを借りれば、一つの飢餓感、私流にいえば、学ぶことへの飢餓感ということになると私は思うのです。

その学ぶことへの飢餓感というのは、原学問みたいなものにつながってくるんじゃないかと思います。それが原型的な形で、彼らの中にそこなわれないで残っていたのではないかと、私は考えたいわけです。その異常に強い根深い衝動があるのに、それに応えるものがどこにも見出されなければ、狂暴な表現をとるのは、むしろ人間として正常な形でしょうね。

そういう意味で、湊川の子どもたちが、私の授業を最もまともに、ふかくうけとめてくれ、そしてそのことが一つのきっかけになって、今まで自分の手で自分のなかに埋めこんでしまっていた、あるいは閉じこめてしまっていた積極的な力が働きだしたと、そういうふうに考えるほかないんじゃないかという気が私にはしているんです。とにかく、彼らを動かしたものは授業の形態ではない。それは、授業の内実を支えるものだ、と思うのです。もし私が何か学問につながって生きてきたとすれば、それが授業に生命を賦与したと言うことはできないだろうか。

竹内 私は最初、先生が学ぶということへの飢餓感とおっしゃったことを、納得しきれなかったのです。私は、「学ぶ」というよりもっと切実な欲求として、ほんとうに人にふれるということへの飢餓感がある、というふうに感じていたわけです。

林先生の授業で子どもたちが驚くほど独創的な思考をみせたり、湊川の生徒たちが持続的な変化をおこすということにしても、私から見ると、学問ということより前に、ほんとに人間が人間にふれるということが、そこで起こっているのだ、そこではじめて子どもたちが人間と出会ったと感じたのだ、だから子どものなかに動き出すものが始まる、これは奇跡といっていい、すてきなことだという思いがあるのです。

林 そのふれることへの希《ねが》いみたいなものが、やがて学ぶことへの欲求に転じていくんでなければ、それだけで終わってしまうわけですよ、ふれたという満足感を得るだけで。その満足感が次の段階で、今度はもっと学ぶという方向に動きはじめるときに、持続的な変化がつくり出されるのではないでしょうか。

竹内 私には満足感だけで終わるとは思えないのです。そこではじめて人間の世界が彼に向かって開かれたということなので、その驚きへ、喜びをもって踏みこんでゆく、ということ――それが「学ぶ」とか原学問ということとつながるのかもしれませんが……。

林　私と竹内さんと少し違うところは、竹内さんはひとつひとつのふれあいというような次元でとらえて、そこから出発するわけです。私の場合は、ひとりひとりの人間のなかに根深くひそんでいる原形質としての衝動みたいなものと結びつけて考えるわけです。そういうことをこのごろ強く考えるのは、これはやはり年をとっているということで、なおあざやかに感ずるんでしょうか。ほんとうによちよち歩きをはじめたばかりの幼児、それからもう少し成長してかなりよく歩けるようになった子どもなどを見ていると、その歩くこと自体にとってもふかい喜びがある……。

竹内　ええ、そうですね。

林　喜びにあふれているわけですね、二本の足で歩くこと自体に。それで、ああいうものがなかにある——その延長線上でやはり学ぶ、あるいは人間になるということを捉えることができないだろうか、と私は考えるようになったのです。

竹内　私も全くそう思います。ただその子どものなかでですね。たとえば、立てたというときに、笑いますすね。自分のなかの満足と同時に、それが、まわりに生きている人に向かっての笑いであったり、それから他の人たちと同じ位置に立てたという喜びであったりするわけですね。

ですから、人にふれたいということを、私はやはり非常に根源的な衝動みたいなものとして捉えたいと思います。自分が幼いころ耳が聞えず、しゃべれなかったから、ひとから切り離されている思いが強かった。他者に到りたい、ほんとうにふれたいという気持が切実だったから、今でもそちらの方向に気持が強く向かうということはあるだろうと思いますが。

林　幼い児が立って歩くということは、自分を身をはって守ってくれると感じている、そういう人が周囲にいるということがないと、できないのかもしれない。

竹内　その人の方へ立って歩いていくわけです。

林　ええ、ええ。猿なんかが、生まれて何ヶ月かたったあとに、冒険をはじめる。あたりを動きまわって、いろんなものにふれてみる。ためしてみる。そういうとき、母猿が近くにいないと、それができない。たえず母猿にさわっていながらやる。ちょっと離れてはすぐかけ戻る。はじめは身体のどこかで、母親の身体にふれているわけですね。しっぽでさわっていたり、足でさわっていたりしながらやっている。

ですからそういうものがなければ、あたらしい行動、冒険ができないという基本的な事態がある。そういうものが、幼いものが成長してゆく過程で、たえずつきまとっている。いつでも恐ろしいことに会えば、すぐかけ戻る、無条件に信頼できる存在がそこにあるということが前提で、冒険も実験も可能になる。それがないと、全然それができなくなるということがあるわけです。

竹内　私は、そういうものが満足させられたときには、その人——猿なら猿——のなかで動いてきた衝動みたいなものが自然に成長して、いろいろなものを獲得していく力が発揮されるであろうというふうに思っているわけです。ですから、まず第一前提として、そういう自分が安心して自分のなかで動いている自然な力をのばせるような状態や環境を創りだすということを重視してきた。ところが、現代社会は、そう簡単にその条件がつくり出されることを許さない。当然そこに葛藤が起こる。……

林　少し話が逆もどりしたり、ずれたりするかもしれませんが、人間が立ちあがって二本の足で歩きはじめるという、その二足歩行というのは、やはり文化なわけですね。人間の社会でつくり上げられたものです。

竹内　そうです。あれはたいへんなことですね。

林　ええ。それから、ことばというのももちろん文化なわけですけれども、やはりそういう文化というものがよりどころになって、人間らしい形での発展というものが可能になってくると思うんです。その場合に、その文化というものが実にピンからキリまである、いやらしいものも非常に美しいものもある。そのうちの何かを自分で選択して相続することが人間にはできるんだということを、私は湊川や尼工で強調した。生徒がそれに非常につよく反応した……。

竹内　先生が、立ちあがったことが人間の文化の基本だとおっしゃった。それがおそらく、寝ころんでばかりいた朴君の背がしゃんと立っていくこと、と先生のやってこられた学問とのつながりを解き明かす根底だろうとも思います。おそらく、先生が原学問といわれるようなこういう基本的なことは、いわゆる高度な学問にまで、つねにいのちの源のように、敏感なリズムを送りつづけているものだろうと思うんです。

最近、重複障害児の問題をある方と話をしていて、人間が立ちあがるのに一番最初に何が基本的に大事かという話になったのです。その人によれば、それは触覚だというんですね。手が握られたままで、縮まっていたらダメなんで、まず手の平がちゃんと物に触れるということができなければ、床に手をついて、腕をつっぱって上体をおこすことができないというんです。

そのような原始的な「学び」が達成されたときにおこる子どもの喜びですね。たとえば、目が見えなくて耳が聞こえない、自分一人の力では立てないというような児が、ものにつかまって立てたときの喜び、これは、いわば外の物が、私流にいうと世界が、自分のなかに取り入れられていく、あるいは自分が世界に向かって広がっていく、それを感じとる喜びですね。

それに気づいたとき、私はああなるほど、「学ぶ」ということには、こういう側面があったんだ。世界がわかってくる、世界が自分のものになっていくという喜びがなければ、人間になっていけないということが、確かにある、と思ったのです。

ただ、小学生くらいの年齢の場合には、その喜びだけでも、確かに大きく成長するだろうし、これまでの先生の授業の記録にはそういう部分が多かったような気がするのですが、湊川の授業記録で生徒たちが変わっていくというのは、それとは質がちがうと思うんです。

林　ええ、ちがいますね。

ドクサの吟味とからだの目覚め

竹内　先生の口から学問ということばを初めて聞いたのは、二、三年前になるかもしれません。たとえば、教育の仕事でも、いわゆる実践は貴重だけれども、それだけではだめだ、学問がなければ根底がない、というふうに。しかし、私の耳に入ってないわけです。学問とか、理性とかということばを聞いたとたんに、てれくさくなって、そんなこと知るか、と言いたくなる。

私には、ひとつの偏見があるわけです。人を、からだの、というか魂の奥底から解き放って、人と人とがほんとうにふれ合うような、ある生き生きとしたものを喚起してくるような力は、芸術にはありうるだろうが、学問になんかあるはずがない。学問は権威で人をおそれ入らせたり、論理で人を縛ることしかしていないじゃないか。戦争中だって今だって、時代の支配体制の提灯もちしかしてないさ、という思いですね。

既成の学問――哲学や心理学――の内容の多少の批判を通って、私はようやく「からだ」の問題に気づいたんだという思いもあります。「からだ」の問題に気づきはじめてみると、現代の学問は人間を殺すものだとしか感じられない、ってことです。先生が、教師は子どもたちに石を食わせているといわれる現象も、現代社会では必然のことなんで、私なんか演劇の世界にいたからまだ多少勝手に身動きできた、しかし、教師にでもなっていたら、みごとに良心的に全く疑わずに、石を食わせていたにちがいないと思うんです。一番鋭くそれに反抗しているものの一つが湊川の生徒たちであり、その矛盾のとばっちりを手ひどくうけているのが湊川の教師たちだと思うんです。

ところが、世間の通念や自分の思いこみをきびしい吟味にかける力としての学問、という先生のことばがある。これは私などがもっていた学問の概念とまるで違うものですね。私は、そういう力は学校教育とか学問とかとは別の世界で発見できるものだと思っていた。私のレッスン（「からだとことばのレッスン」）も、からだを通して多少はドクサの吟味を試みているつもりでした。だから、今まで先生が小学校などでやってこられた授業は、管理社会が既成の学問なんかを通して子どもたちにいつの間にか持たせていた通念、概念みたいなものを壊していく、そして新しいものに気づかせていく作業なんだなとパッと感じたわけです。先生の学問の概念に立ってみると、これは学問というものの方法が授業の場で生かされているということになるのだろうか、と改めて考えこむわけですね。

ところが、いま湊川で先生が実践しておられる作業は、これまでやってこられたことともちょっとちがうという気がします。うまく言えないかもしれませんが——ほんとうは感じているのだが、あまり辛いから感じまいとしていたことに直面させる仕事ではないかという感じが、今度の「人間について」の授業を読んでみるとするわけです。

この授業のときの写真を見ると、生徒たちがみんな言いようのない厳しい顔をしていますが、そこには「身につまされる」というだけではすまないなにかがある。とくに写真で授業中の中田君の顔をはじめて見たときは、背筋がふるえるような気がした。林先生に、一緒に湊川に入れとお誘いを受けていたときでしたけれども、これらの顔に向かい合えるような何をおれは持っているだろうか、と思いました。すさまじい集中で、生活をまっすぐ貫いて、その底に思考が動いている——こんなふうに福地さんに手紙で書いた記憶があります。しかし、どうもそういう言い方ではまだ足りない気がする。あれは、自分が感じてはいるが、まともには見ていなかったことに向かい合わざるを得なくなって、のっぴきならずに見すえている眼だろうという感じがするわけです。

林　眼をそむけていることを見させるといっても、私がしているのは、狼に育てられた人間の子カマラの話なのです。

竹内　その素材が、人間のどれだけふかいドラマとして差し出されているかでしょう、問題は。受けとる方は、鏡の前に立たされたように、そこに自分の生活の矛盾を発見する。差し出されたものがふかければふかいほど、広ければ広いほど——。つまり、この場合の授業とは、さきほど先生が「学ぶ」ということについて言われたような、自分に必要なものを選んでいくというだけではなくて、というよりむしろ、そのためにこそどうしても直面しなければならない自分に直面させられるところに追い込まれるという作業なのです。それを可能にする力は、やはり学問の力というよりほかないのだろうか。

林　私は、生徒たちを自分に向き合うところに追い込んでいく力は学問によって養われるものではないかと考えます。しかし、私が驚くのは、学問というようなものと無縁に生きてきた湊川の生徒たちが、実にふかく私の授業を受けとめて、そしてその内部に持続的な変化がはじまっていることです。これはエリート校などの生徒にはおよそ考えられないことでしょう。私は中田君に、最初の授業の中の自分の顔を見て、どう感じたかと訊いたら、「こわい」といっていました。

竹内　ところが、湊川で実際に会ったときの中田君は、写真で見た印象とはまるでちがうんですね。私はそのころからだをこわしていて、耳が聞こえなくなっていた。補聴器をつけても急には役に立たないような状態で、先生の「言葉について」（プロメテウス）の授業からバトンタッチをして、「話しか

1989年11月創立　1990年4月創刊

月刊
機
2021
7
No. 352

発行所　株式会社　藤原書店©
〒一六二-〇〇四一　東京都新宿区早稲田鶴巻町五二三
電話　〇三・五二七二・〇三〇一（代）
FAX　〇三・五二七二・〇四五〇
◎本冊子表示の価格は消費税込みの価格です。

編集兼発行人　藤原良雄
頒価　100円

「在日を生きる」詩人、金時鐘氏と鉛筆画の世界を切り拓いた木下晋氏との対話

生とは何か

詩人　**金時鐘**
画家　**木下晋**

木下晋（1947-）　金時鐘（1929-）

今号は、『金時鐘コレクション』全十二巻が刊行中の詩人・金時鐘《キムシジョン》さん、初の自伝『いのちを刻む』を出版された鉛筆画の第一人者、木下晋《すすむ》さんの対話を収録する。金時鐘さんは来日後、「在日を生きる」とは何かを考え続け、『長篇詩集新潟』『猪飼野詩集』『光州詩片』などを出版して来られた。木下晋さんはハンセン病元患者の桜井哲夫や最後の瞽女《ごぜ》小林ハルを、二十二段階の鉛筆を使って作品化し、「生きるとは何か」の根源を鉛筆で表現し続けてきた。　**編集部**

●七月号目次●

決定的な出会い

木下　僕は、申し訳ないですけれども、金時鐘先生のことを全然知らなかったんです。藤原書店の三十周年のパーティで、先生からのメッセージ（「……感銘がそのまま石刻《せきこく》されているような本。学歴社会には目もくれず、ひたすら鉛筆画に生涯をかけて鬼気迫るほどの写実作品を妻を看取りながら描きだしている、木下晋自伝『いのちを刻む』……」）が読み上げられたときに、僕の名前が出てきたので、えっ、と思って。友人に聞いて、「何でもいいから、君の一番感じたものを、断片的でいいから送ってくれ」と言って、本当に先生の作品の一部でしかないんだけど、送ってもらったんですよ。それを読んで、ものすごく感じたものだから、藤原社長にぜひ会わせてくれとお願いしました。

金　本当にありがたい。こんなところまで、わざわざ。木下先生の、よく知られている何点かの作品のはがきを持っている友人らが、周りに割と居るんですよ。家内も展覧会に行って、その感動のほどは聞いていたし。

自伝を読んだら、木下先生も大学も出んと大学の先生をやっとると。僕も小学校も出た証明がない、日本では学歴証明が何もないんですよ。大学も行かんと大学の講座を持ったと言うて、冷やかされたりしたんですけど。

木下　（笑）僕はいつも、相手のことを情報的に知っても、あまり意味がないと思っている。僕も作家の端くれであるわけだから、自分の内側から出てきたもの、その部分でまず触れたいと思った。

金　二〇年以上前、信濃デッサン館で、木下先生の「ニューヨークの路上生活者」を見たのが初めてやった。大阪文学学校で教えていた時、年に一回は、新しい学生らを連れて行くんですよ。無言館だけは見せようと思って。あれほど読書してる、物書きを志望している人たちでも、学徒動員のこと自体を知らないんだよね。学徒出兵の遺作を見たら、本当に凍りつくみたいに考え込む。

木下先生の『いのちを刻む』を読んだんですけど、人には決定的な出会いがあるんだな。というのは、荒川修作が、先生の悲嘆も悲嘆、苦嘆も苦嘆の家庭の実情を聞いて、「作家として非常に恵まれているな」と言われた。あれは、やっぱり神のお告げだな。僕にとっては、小野十三郎の『詩論』という本が、そういう摂理であったような気がするわ。木下先生も、荒川のあの一言がなければ、もう。

木下 だめになっていたでしょうね。

金 耐えておれんわな。特別だもんね、木下先生のご経験というのは。

「抒情は批評だ」

金 本にも書かれていた長谷川龍生とは、私は同い年ですけどね、大阪万博のときまでは彼は大阪におって、しょっちゅう会っていました。とにかく言うことむちゃくちゃで、彼は詩より話の方がずっとドラマティックで面白い（笑）。また博識ですからね。古代ローマから日本の鎌倉時代に至るまで。

長谷川龍生は「自分の師匠は小野十三郎一人だ」と、小野十三郎の一の弟子をもって任じているんですよね。僕は日本に来たての折、小野先生の『詩論』を古本屋で手に入れて、生き方が変わった。考え方、天地がひっくり返っちゃった。長谷川龍生が直系の長男なら、俺は傍系の長男だなと思っとった。

小野十三郎の『詩論』には、「抒情は批評だ」とある。つまり人間の古い、新しいは、抒情ではかる、抒情が証明するというんだな。知

木下晋《凝視する男》1994 年　190.0 × 100.0 cm
鉛筆・ケント紙　信濃デッサン館蔵
モデルはニューヨークのホームレス

金時鐘 氏

識人は何ぼでもおるけど、何ぼ博識ぶっておっても、古いのは古いんだと。家に帰って、夫中心のことを嫁さんに強いたりする人たちは、何ぼ知識人であってもな。

抒情というと情感と一緒に思われるけど、人の感覚、好き嫌いの触感にまで影響を及ぼしているのが抒情。その七五調のリズム感に出会ったら、みな無防備になって共感してしまうんだ。吟味することを度外視して、それがさも社会の通念のようにやすやすと共感を共有し、和合する。それが日本の短歌俳句である。短歌的思考感覚が、ひいては自然観まで差配しているのよ。抒情は批評だと喝破した小野詩論はわかりにくい論理ではあるけど、でも具体的に考えると、いっぱい得心のいくことですよ。批評を起こさせないのが、日本の短歌、日本の抒情だと。つまり、七五調の音調がとれておったら、もう既に生理感覚がそこにぞっこん埋没してしまうわけよね。

歌を歌いながら侵略した

金　小野先生は『詩論』の中で、「歌なくして復古調は始まらない」と。今盛んに、「昭和は輝いていた」というようなテレビ番組が続いていますけれども、「勝ってくるぞと勇ましく」の「露営の歌」の作曲家の古関裕而を称賛したりするんですよね。古関は戦後途端に「長崎の鐘」などを書いているが、それまでどれだけ軍歌を作りだしていたのか。つまりそれが情感をほだす抒情なんですよ。人間の音感性、響き性というのは、一遍身についたら生涯揺るがない。だから歌なくして復古調は始まらない。小野は七〇数年も前にそう言い切っているんですよ。だから右翼は街宣車を走らせると軍歌をかき鳴らすんだな。みんな眉をひそめながらも、生理はちゃんと共感し合っているんですよ。

木下　ああ、そうか。

金　抒情こそ批評だと。僕の周りでも、口を開けばマルクス、エンゲルス、演説もすごいやつらがいっぱいおりましたけど、家に帰ったら李王朝残影そのままやね。ふんぞり返って、怒鳴りつけたりな。そういう人に限って、これまた演歌が好きでもある。

しっかりと身について心情をほだすものを温存させるのが、抒情でもあるのですよ。今、本当に思い返されるのよ。**歌なくして復古調は始まらない。そのような歌がいま跋扈してきている。**

日本の童謡とか小学唱歌に見るような歌は、世界に類例がないぐらい豊富ですし、いい歌ですよね。いまでもよく唄われる童謡や抒情歌と言われるものが一番はやり出したのは、大正末期から昭和初期にかけてですよ。西條八十とか、詩人たちが歌詞を書いて。日本の十五年戦争

木下 晋 氏

が始まるのは一九三一年、昭和六年。満洲へ、満洲へ、王道楽土だと関心を向けさせ、満洲に移民が始まる。日本で童謡、小学唱歌が一番たくさんつくられた時期ですよ。

満洲歌謡という一連の歌があるんですよ。北原白秋の「ペチカ」という歌、よう歌われるでしょう。でも考えたら、ペチカは日本にないものだもの。

木下　なるほど、そうですね。

金　つまりあれは、満洲に対して親近感を持たすことにものすごい威力を発揮したのよ。天皇陛下の召集令状で兵隊に行った日本の兵隊さんは、戦争の合間には故郷を思い、妻を思い、子供を思ってそういう歌を歌ったはずなんよ。こんな歌を歌いながら、想像を絶するような残虐なことをやって、残虐をこうむった人に対する思いはこれっぽっちも働かない。歌というのはそういうものでもあるんです。

つまり批評を生ましめないのよ、抒情は。今テレビ番組で戦時歌謡の歌がどれだけはやっていますか。これは前兆、兆しですよ。必ず、もう一遍ぐるっと曲がってきますね。僕は、日本の名の知れた歌で知らんものはほとんどないですよ。克明に歌詞も覚えてますしね。そんな歌を歌いながら中国侵略してね、縁もゆかりもないところまで行って。

だから**僕は七五調にならないように、流麗な日本語に背を向けている。イントネーションも朝鮮人まるだしの日本語である。それでも僕は日本の敗戦で何から解放されたんだろうと、いまもって自分に問いつづけている。日本語から解放されない限り、解放はないわけだから。言葉は意識ですからね。**

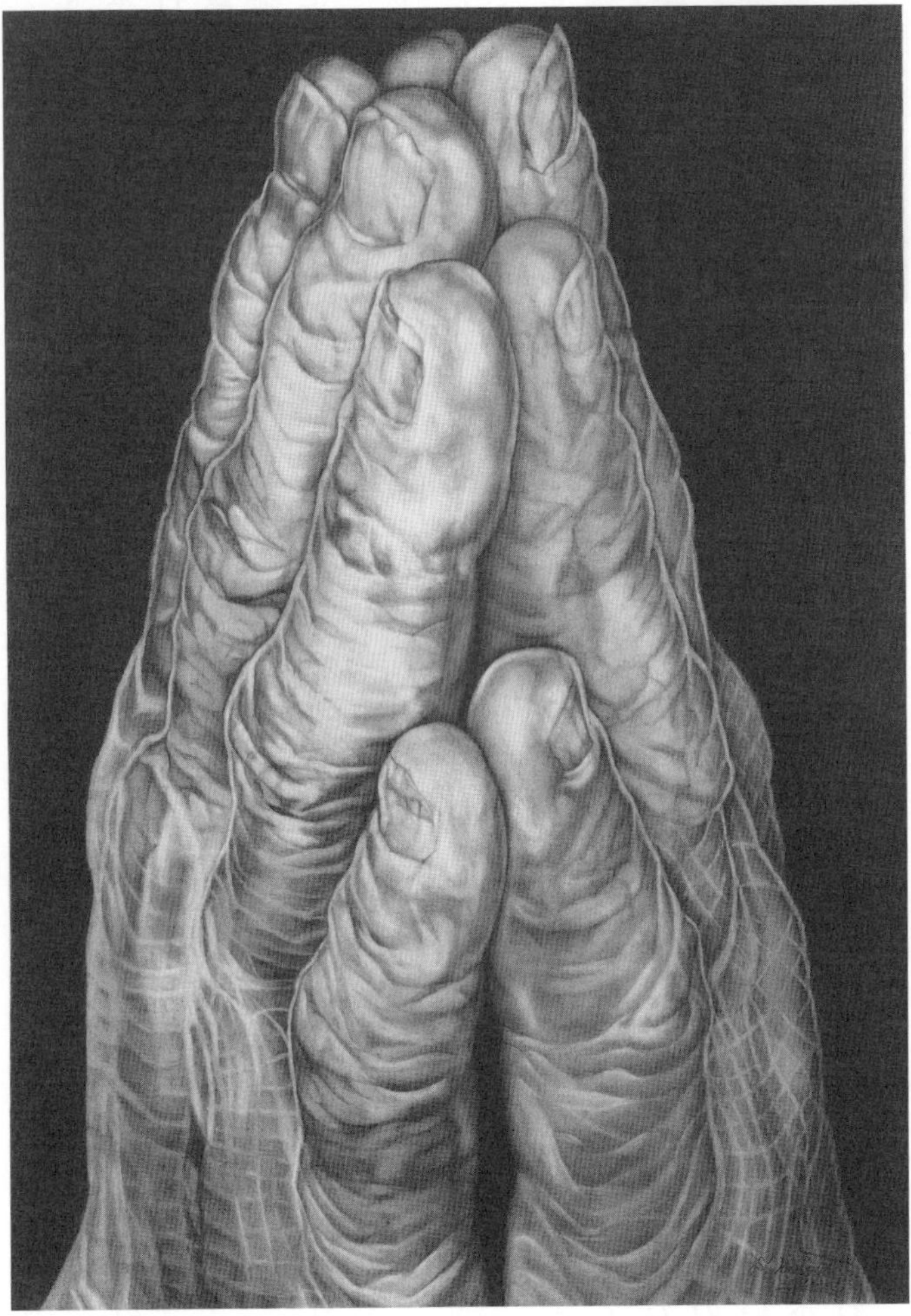

木下晋《鎮魂の祈り》2011 年　103.0 × 73.0 ㎝

言葉というのは、暗がりの中の一点の明かりみたいなもので、その言葉の及ぶ範囲が光りうちなのです。僕の認識をつくり上げたのは日本語だったんだ。日本が戦争に負けるまで日本語で勉強したからね。家の中でも日本語ですよ。学校でそう教わるんだもん、天皇陛下の赤子《せきし》になるためには、日本語をしゃべらないといかんと。

うちのお母さんは、ハングルは読み書きできましたけど、日本語はほとんど知れへんのよな。でも僕は「水」とか「ごはん」とか言うから、ほんと、どうしようもなかった。

差別の構造

木下　僕は三年前に、中国から出すパンダの絵本の取材で、四川省に行ったんですよ。四川省から毛沢東の行軍が始まっているんですが、抗日戦線の博物館があるんですよ。そこに連れていかれて、「とにかく日本語をしゃべらんでください」「日本人であることがわかると、責任持てませんから」と言われて、入ったんです。そこで日本軍の南京の大虐殺と言われる光景の写真を見たときに、僕は小さいときのことを思い出した。

僕は、僕自身の体験で、本当は日本人である自分をものすごく憎んでいるんです。それは先生の体験と同じにするわけじゃないですけど、僕はああいう貧しい生活だったたですから、同じ日本人からも差別を受けたりしたわけです。

あるとき、トタン屋根の家で同じように育った在日朝鮮人の親友がいて。

金　夏、暑いわな。

木下　彼が「木下、やっと瓦屋根のアパートに住めるようになったんだ」と。いいなと、見に行ったんですよ。同じ父子家庭だったんですけど……。そうしたら家財道具が外に全部投げ出してある。そこでおやじさんが土下座して何か許しを必死に乞うているわけですよ。アパート管理人のおばはんらが「おまえらみたいなのが来るところじゃない」と叫んでいる。僕とその友に、「おまえ達も一緒に土下座して謝ってくれ」と、おやじさんが。僕はそのとき地面に這いながら、この女だけは死んでも絶対に許せない！と思った。

自分は日本人なんだけど、どこかで日本人を憎んでいる。だから中国で抗日戦線の資料を見たときにも、幼き体験が蘇って、僕は当時中国人に対し、日本軍兵士の残虐行為は幾ら戦争中とは云え、とうてい許せるものではない！　同じ日本人の血が流れている自分に憎しみさえ

木下晋《願い》2019 年　133.0 × 204.0 ㎝　モデルは妻

感じました。

脱皮していく生

金　木下さんの絵は……乗り移っているな。描きたいものが自分に乗り移っているんだわ。そうじゃないと写実があんなに鬼気迫るものとはならない。らいの人の、肉の塊みたいなもの、見ておられん。自分の奥さんも、お母さんも。

僕は絵画といえばすぐ絵の具を使う色調の絵を思い浮かべてしまうけど、初めて見た木下先生のあの路上生活者の絵で、迫真の鉛筆画を知った。色というのは余計な飾りみたいな気さえした。木下先生の作品は、ほんと見る者の眼底で色がちゃんとつきますよ。大変なことをなさった方で。

木下　そう言われちゃうと何かこう……。今女房は、パーキンソン病でだんだん末期に近くなってきているんですけど、壊れていく——今日できたことが明日できない、明日できたことが明後日できないということになってきている。

小さいときに、蟬とか蛇の脱皮を見たんです。脱皮というのは、成長のためのものだとばかり思っていたんですよ。ところがそうじゃなくて、いや、そういう意味も含めてだけど、**脱皮というのは、生まれてから死ぬまでずっと間断なく続く、死に向かっての脱皮もあるんです。脱皮していく状態が、まさに生きているということだから。**

だから今、僕は観察ですね。前は絵を描くことよりも、自分にできないことをやってきた人たちに対するリスペクトやオマージュ、それ以上に、何でそういうことができるんだという、自分にできないことをやってきた理由、それを知りたかった。絵を描くことなんて、僕は絵描きだから、身過ぎ世過ぎ的にやっているだけのことで、これは何であってもいい。だけど女房を描いていくと、「知りたい」ということから「知らざるを得ない」ということになってくるんです。

金　僕は振り返って身につまされますけど、木下先生、本当に絵を描いてよかったですね。僕は、本当に詩に取り付いてよかった。僕なんか、詩を除くと何もないもの。

　木下先生の鉛筆画は感傷など取り付く島もない。それでいて生きていることの悲しみがひたひたと迫ってくるんだ。そのどうしようもない、もだえるしかない悲しみの怒りが僕の心に食い込んでくる。自分の詩もそうありたいと神妙に思います。

　脱皮の話をなさったけど、**僕は人生が終わるということは、極めて個人の問題であって、終わりというのは存在しない、いつも過程や。終わりは、いつも終わらないうちに終わってしまうのよ。終わったはずのものは、道程、ひとつの過程にすぎないんですよ。**

木下　そうそう。

金　だから脱皮していって終わったと思っても、終わってないですよ。別に行く道程、道すがら、道中ですよ、終わるというのは。

（二〇二一年五月二十三日、於・奈良県生駒）

金時鐘（キム・シジョン）四八年、済州島四・三事件に関わり来日。五〇年頃から日本語で詩作。元大阪文学学校校長。

木下晋（きのした・すすむ）十七歳の時、自由美術協会展に最年少で入選。鉛筆による新しい表現手法の開拓者。

いのちを刻む
鉛筆画の鬼才、木下晋自伝
木下　晋　城島　徹＝編著
A5上製　三〇四頁　二九七〇円　口絵16頁

金時鐘コレクション 全12巻
編集委員＝細見和之／宇野田尚哉／浅見洋子
四六変上製　各巻解説／月報ほか　内容見本呈

3 **海鳴りのなかを** 長篇詩集『新潟』ほか未刊詩篇　解説・吉増剛造　予三九六〇円
1 **日本における詩作の原点** 解説・佐川亜紀　詩集『地平線』ほか未刊詩篇、エッセイ　三五二〇円
2 **幻の詩集、復元にむけて** 詩集『日本風土記』『日本風土記Ⅱ』　解説・宇野田尚哉、浅見洋子　三〇八〇円
4 **「猪飼野」を生きるひとびと** 『猪飼野詩集』ほか未刊詩篇、エッセイ　解説・冨山一郎　五二八〇円
7 **在日二世にむけて** 「さらされるものと、さらすものと」ほか 文集Ⅰ　解説・四方田犬彦　四一八〇円
8 **幼少年期の記憶から** 「クレメンタインの歌」ほか 文集Ⅱ　解説・金石範　三五二〇円
10 **真の連帯への問いかけ** 「朝鮮人の人間としての復元」ほか 講演集Ⅰ　解説・中村一成　三九六〇円

歴史家・岡田英弘が鋭く見抜いた、「漢字」の用法の特殊な事情とは。

漢字とは何か
——日本とモンゴルから見る——

宮脇淳子

なぜ本書を編んだか

岡田英弘は歴史学者である。その守備範囲は幅広く、漢籍を史料としたシナ史から現代中国論、シナを取り巻く朝鮮、満洲、モンゴル、チベットの歴史と文化、日本の学校教育における世界史の枠組みの見直し、大陸から見る古代日本など、学問分野は多岐にわたる。しかも、すべての分野において、これからも後進に影響を与え続けるだろう画期的な業績を残した。二〇一六年に完結した『岡田英弘著作集』(藤原書店)全八巻はその集大成である。

本書の編者である私は、京都大学文学部を卒業後、大阪大学大学院在籍中の一九七八年に二十代で弟子入りしてから、二〇一七年五月に岡田が満八十六歳で逝去するまで四十年近く、途中からは妻として生活をともにしながら、間近でその学問を学んだ。

二〇二〇年一月から藤原書店のPR誌『機《き》』に、岡田のシナ学に基づいた短いエッセイ「歴史から中国を観る」の連載を始めた私に、藤原良雄社長から呼び出しがかかった。**中国人にとっての漢字が、日本人にとっての漢字とはまったく異なるものであること、これこそが、日本の文化と中国の文化の決定的かつ根源的な違いであり、言葉がなければ概念はその言語社会に存在しない、**という岡田の理論を、私は説明した。藤原社長はその内容に感嘆し、岡田の漢字論がいまだほとんど世に理解されていないことを惜しんで、著作集からその部分だけを抜き出し、一書として世に問うことを決めた。それが本書である。

シナ(チャイナ)の誕生と漢字の役割

本書は、著作集ではいくつかの巻に分かれていた論説を、**シナにおける漢字の歴史、日本語の影響を受けた現代中国語と中国人、日本における仮名の誕生**その他について、三章に編集し直した。

本書を編むにあたって、著作集に収録済みの岡田の文章と私の解説だけでは、新しい本にするには物足りないと考え、京都大学文学部の私の同級生で、モンゴル語を一緒に学んだ言語学者、樋口康一・愛媛大学名誉教授に終章の執筆をお願いした。樋口氏は、**言語学者から見た漢字論や、ユーラシア大陸における文字の変遷**など、興味深い論を展開してくれたので、本書刊行の意義も高まった。岡田も喜んでいるに違いない。

岡田英弘(1931-2017)

最初に、シナ(中国)における漢字の役割を理解するために、**岡田の中国文明論を概説**しようと思う。歴史上、「中国」という名前の国家は、一九一二年の中華民国まで存在しない。紀元前二二一年に天下を統一した始皇帝の「秦」が、「漢訳大蔵経」に記された音訳の漢字「支那」、そして英語の「China」の語源である。であるから、正確を期すなら、一九一二年以前は「中国」ではなく「シナ(チャイナ)」と呼びたいが、戦後の日本ではChinaを「中国」と翻訳してきたから、目くじらを立てても仕方がない。岡田自身の一般書も、『中国文明の歴史』(講談社現代新書)という題名である。

さて、**秦の始皇帝による文字の統一は、「口頭で話される言語」の統一ではなく、「漢字の書体」とその漢字に対する読み音を一つに決めたことだった。**その結果、読み音は、漢字の意味を表す言葉ではなく、その字の名前というだけのものになった。このあと二千年以上、**シナ文明では、文字と言葉は乖離したままだったのである。**

漢字にルビがふられるようになったのは、一九一八年、中華民国教育部が、注音字母《ちゆういんじぼ》という、カタカナをまねた表音文字を公布したのが始まりである。これが、口で話し耳で聴いてわかる言葉としての中国語の第一歩だった。

それまで長い間、シナには共通の話し言葉はなかった。**読み音が地方によってばらばらである漢字を使いこなすためには、一つずつの漢字が持つ意味がわからなければならないが、それを説明する文字はない。だから、漢字を習得するためには、古典の文章をまるごと暗記し、文脈を思い出しながら使うしかない。**儒教の経典である「四書五経」が、国定教科書になったために、科挙を受験するようなひとにぎりの知識人は、これを丸暗記し、その語彙を使って文章を綴った。そのために漢字を使う人びとが儒教徒に見えたのであって、儒教が宗教として信仰されたわけではない。

「漢字」学習の困難と、利点

文字が漢字しかないということがシナ人（中国人）にとって何を意味したか、ふりがなのまったくない漢字を勉強するということがどういうことかは、日本人の想像を絶する。私の知っている限り、このような見方をした日本の東洋史学者は岡田以外にはいない。なぜこんなことがわかったのか、今もなお不思議に思う。

漢文は、日本人やヨーロッパ人が考えているような「言葉」ではなく、「中国語」の古典でもない。漢人にとって漢字を学ぶのは、外国語を使って暗号を解読するようなものなのである。

漢文は、漢人の論理の発達を阻害した。どういうことかというと、表意文字の特性として、情緒のニュアンスを表現する語彙が貧弱なために、漢人の感情生活を単調にした、ということである。

漢人にとって、自分が話すとおりに書くことは極端に困難であって、まず絶望的と言ってもよい。また、もし仮にこれができたとしても、その結果は、きわめて難解な、おそらく当人以外には読めないようなものになる。だから、日常の自然言語から遊離した語彙と文法を学んでこれをマスターしなければならない。

文字のほうが圧倒的に効果的な伝達手段であるため、言語が文字に圧迫され、侵蝕され、その結果、感情や思考の表現力が劣り、結局は精神的発達が遅れることになる。だから、古くから仮名文字を発達させ、おかげで国語による表現力にそれほど大きな個人差のない日本人と違って、漢人のあいだには一見、知能の極端な個人差が存在するらしく見える。これはじつは漢字の世界へのアクセスの差なのである。

それでは、漢字の使用方法を完全にマスターしたエリートである「読書人」にとって問題はないかというと、これがまたそうではない。彼らがなにごとかを文字によって表現しようとすれば、儒教の経典や古人の詩文の文体に沿った表現しかできないからである。

教育程度が高ければ高いほど、文字によるコミュニケーションの領域が拡大して、音声による生きたコミュニケーションの能力が低下する。漢字を基礎としたまったく人工的な文字言語が極端に発達したため、それに反比例して音声による自然言語は貧弱になってしまった。

しかし、見方を変えると、漢字のこの性質は、異なる言語を話す雑多な集団にまたがるコミュニケーション手段としては最適であって、全人類の四分の一にのぼる巨大な人口を、一つの文化、一つの国民として統合することは、漢字の存在なくしては不可能だった。

文字と言葉と感情

さて、岡田の漢字論・シナ文化論については、日本の知識人ほとんどが同意し、最近では海外の中国社会でも盛んに翻訳されているが、本章の〝日本語は漢語を下敷きにして人工的につくられた〟という岡田の論は、日本の保守系文化人には嫌う人が多い。漢字の影響を受ける前から、話し言葉としての日本語は厳然とあった、と思いたいからである。

しかし、岡田が引用している高島俊男氏の説明にあるように、漢字が日本に入ってきた当時の日本語は、「雨」「雪」「風」とか「暑い」「寒い」などの具体的なものを指す言葉はあっても、「天候」「気象」など、それらを概括する抽象的な言葉はなかった。

言葉がなければ、その言葉が指し示す概念はその言語社会には存在しない。人間の感情も、言葉によって規定されているのである。

話し言葉を文字に写すことで書き言葉がつくられるのではない。書き言葉を学ぶことで話し言葉がととのえられてゆくのである。一般に、人間は文字を通して学ばなければ、言葉を豊かにはできない。

（序章より抜粋／構成・編集部）

（みやわき・じゅんこ／東洋史学者）

漢字とは何か
日本とモンゴルから見る
岡田英弘
宮脇淳子＝編・序／特別寄稿＝樋口康一
四六上製　三九二頁　三五二〇円

岡田英弘著作集 全8巻
四六上製　各巻四三二～六九六頁
1 歴史とは何か　［4刷］四一八〇円
2 世界史とは何か　［3刷］五〇六〇円
3 日本とは何か　［3刷］五二八〇円
4 シナ（チャイナ）とは何か　［3刷］五三九〇円
5 現代中国の見方　［2刷］五三九〇円
6 東アジア史の実像　［2刷］六〇五〇円
7 歴史家のまなざし　［附］年譜／全著作一覧　七四八〇円
8 世界的ユーラシア研究の六十年　［残部僅少］九六八〇円

親を亡くした子どもたちが綴った悲痛な作文の数々に刮目せよ！

何があっても、君たちを守る——遺児作文集

——「天国にいるおとうさま」から「がんばれ一本松」まで——

玉井義臣

なぜ「あしなが運動」なのか？

「玉井さんはどうしていまの仕事、〝遺児の救済〟運動（あしなが運動）を選ばれたのですか」と多くの人が聞かれます。私が交通評論家として毎日のようにTV、ラジオ、新聞、週刊誌に出ていた一九六五年から一〇年か二〇年を知る人は、その〝なぜ〟をご存じでした。あれから五五年も過ぎると、ほとんどの人は私の原点となる動機をご存じではないし、それどころか、時にはウサンクサイ男と思われることもあります。そこで、その点だけはご理解いただきたいと、遺児作文集ではありますが初めに書くことをお許しください。

二人の輪禍《りんか》

あしなが運動を語るに欠かせない岡嶋信治さんのお姉さんが、新潟長岡で酔っ払い運転のトラックにひき逃げされ亡くなってからちょうど六〇年がたちます。岡嶋さんは怒りと悲しみを『朝日新聞』の「声」欄に投書し一三〇人の人々から励ましの手紙を受け、彼はその一人ひとりに返事を書き文通する中で怒り、悲しみから癒《いや》されていきます。

その痛ましい事故の二年後の一九六三年一二月二三日、私の母は大阪・池田市の自宅前で暴走車に轢《ひ》かれ、一カ月余り、治療らしい治療も受けずボロ雑巾のようになって死んで逝《ゆ》きます。売れない経済評論家だった私が、家族で唯一〝時間持ち〟、つまり時間が自由になったので昼夜の看病を引き受けました。頭部外傷の知識が皆無《かいむ》の医師は、手をこまねいて、昏睡《こんすい》の母を危篤と私たち家族に告げるだけでした。私は緊張の連続で枕辺《まくらべ》にいました。

ある夜半、母は突然目を見開き、私に何かを訴えたげでした。私は思わず言いました。

「わかってるて、お母ちゃん、この敵《かたき》はきっと僕が討《う》たるから、今は眠っていて頂戴」

そして、その言葉を堅く心に誓いました。まもなく母の担当医は教育されたことも、経験したこともない頭部の手術を行い、母は一カ月静かに昏睡していたのに、一声動物のようにうなり声を上げ、七四歳の一生を終えました。その情景を今も忘れることができません。私が二七歳の厳冬の早暁でした。

一篇の作文が日本を動かす

TV、ラジオへの出演も増えました。中でも、当時最高視聴率だったNET（現テレビ朝日）「桂小金治アフタヌーンショー」では、私は足掛け三年、毎週プロデューサー、ディレクター、出演コメンテーターと三足の草鞋《わらじ》をはきながら、とりあげるテーマを交通事故防止対策にまでも間口を広げていました。そのころ、冒頭の岡嶋信治さんから、交通遺児を励まし、奨学金で高校へ進学させるという母親たちの唯一の願いをかなえましょう、ぜひ一緒にやりましょうと口説かれ、その気迫に負けて、「やりましょう」と言うしかなかったのです。でも、岡嶋さんにはよく誘ってくれたと、すべての遺児救済が天職になった今では深く感謝しています。

▲玉井義臣氏（1935-）

「桂小金治アフタヌーンショー」では、大げさではなく私が「時代が変わった」と実感したことがありました。一九六八年四月一五日、お父さんを交通事故で喪った一〇歳の中島穰君が、TVカメラの前で泣きながら作文「天国にいるおとうさま」を読みあげたときのことです。全文をご紹介しますから、まずお読みください。

天国にいるおとうさま

中島 穰（一〇歳　東京）

ぼくの大すきだった　おとうさま
ぼくとキャッチボールしたが
死んでしまった　おとうさま　もう一
度あいたい　おとうさま
ぼくは
おとうさまのしゃしんを見ると
ときどきなく事もある
だけど
もう一度あいたい　おとうさま
おとうさまと呼びたい
けれど呼べない

どこにいるのおとうさま
もう一度ぼくをだいて　おとうさま
ぼくがいくまで　まってて
もう一度ぼくとあそんで　おとうさま
おとうさま　ぼくといっしょに勉強してよ
ぼくにおしえてよ
おとうさま　どうして三人おいて死んだの
ぼくは
今までしゅっちょうしていると思っていた
おとうさままってて　ぼくが行くまで
おとうさま　おとうさま
もう一度「みのる」って呼んで
ぼくもおとうさまと呼ぶから
ぼく「はい」と返事するよ
ぼくは　かなしい
おとうさまがいないと

このわずか三一三文字の作文を中島君が声を震わせながら読みあげたとき、ブラウン管の内外を問わず涙であふれました。一家の大黒柱を喪《うしな》って、進学の夢を断たれた交通遺児の子らに、日本全国から暖かな目が注がれました。大げさではなく、日本の政財官界、マスコミが遺児救済へ動いたのです。同時に、あしなが運動は、「あしながさん」というなにより強い味方を得たのです。

それから半世紀のあしなが運動は、災害遺児、病気遺児、自死遺児と対象を拡げて、今では世界各国のＡＳＨＩＮＡＧＡにまで大きく成長しています。

あしながさんの「無償の愛」

あしなが運動を振り返ってみますと、多くのあしながさんに支えられてきたことを痛感します。きっかけは一九七五年ごろのオイルショックでした。奨学金が底をつき、広く世間に教育的里親として「あしながさん」を募集しました。反響は凄まじく、多くのあしながさんの「無償の愛」が遺児たちにそそがれたのです。

あしながさんの存在は、あしなが運動そのものの変革でした。親を失い、ともすれば心を硬く閉ざしがちな交通遺児たちは、あしながさんからの励ましにより、受けたご恩をお返ししようと、交通遺児のみならず、災害遺児の進学を求めて立ちあがったのです。あしながさんの「無償の愛」なくして、今日のあしなが育英会は存在しなかったことでしょう。

あしながさんこそは、遺児にとって「師」であるばかりか、この世の「善」

を象徴していることを、私はそれまで以上に強く感じていました。

　途中、官僚たちからの乗っ取り、一部マスコミからの故なき誹謗《ひぼう》中傷などの騒ぎもありましたが、あしなが運動の火を消さずに続けてくることができたのは、このようなあしながさんのご支援と、集いや街頭募金などボランティア活動に睡眠時間を削ってでも動き回った若者たちの情熱のおかげです。みなさんのご協力が、交通遺児だけだった育英会を、私の願望通り、対象を災害遺児と病気遺児に拡げ、現在のあしなが育英会誕生へと導いたのです。

　もうすこし詳しく説明しますと、神戸の大地震により一時に家族を失った五六九人もの震災遺児の一人が描いた絵「黒い虹」に象徴されるような深い心の傷を受けているのを見て、あしなが育英会は「心のケア」のため神戸レインボーハウス（虹の家）を建てました。神戸レインボーハウスには、天皇、皇后両陛下（現上皇、上皇后両陛下）が二〇〇一年四月二四日にご訪問され、遺児たちを励ましていただきました。

　また、自殺が多発する不況の時、自死遺児の「心のケア」を始めることにより、すべての遺児の進学と癒しを受けもつことが可能になり、支援する遺児数は初期のころの交通遺児数の十倍に達しました。国の支援など期待できない中、あしなが運動拡大をあしながさんの「無償の愛」が支え、みずからが遺児であったボランティア学生たちは遺児兄弟姉妹の心の友となり、街頭募金で育英会を〝発展〟させました。これがあの騒ぎからの顚末《てんまつ》です。

　天はあしながさん、ボランティア学生、私たち運動家を見捨てませんでした。あしなが運動が素敵なことを、神も認めて支援してくれました。ありがとうございました。（「はじめに」より／構成・編集部）

（たまい・よしおみ／あしなが育英会会長）

何があっても、君たちを守る――遺児作文集

「天国にいるおとうさま」から「がんばれ一本松」まで

玉井義臣＋あしなが育英会 編
まえがき＝玉井義臣　跋＝岡嶋信治
四六変判　三一二頁　一七六〇円
カラー口絵8頁

■既刊
愛してくれてありがとう
玉井義臣　母の事故死と、妻由美のガン死が、「あしなが運動」の原点である。　一七六〇円

リレー連載　近代日本を作った100人　88

ギドー・フルベッキ——日本近代化の恩人

井上篤夫

岩倉使節団の仕掛け人

その日の朝の光は新しい日本の門出を祝福するかのように澄みきっていた。

「此頃ハ続テ天気晴レ、寒気モ甚シカラス、殊ニ此ノ朝ハ暁ノ霜盛シニシテ、扶桑《ふそう》ヲ上ル日ノ光モ、イト澄ヤカニ覚ヘタリ」（『米欧回覧実記』久米邦武編）

岩倉使節団は明治四年十一月十二日（一八七一年十二月二十三日）、横浜港を出帆し、一年九ヵ月余（六三二日）かけて条約改正、各制度の視察のため米欧十二ヵ国を巡歴した。

特命全権大使は岩倉具視、副使は木戸孝允、大久保利通、伊藤博文、山口尚芳の四名、そのほか随員一八名、留学生四三名、総勢一〇七名で構成された。一行には、津田梅子など日本最初の女子留学生や、フルベッキと長崎で交流があった何礼之や中山信彬、中島永元、瓜生震、中山健明などもいた。

留学生まで帯同して大規模になったのは、自ら欧米に学ぶことを必要とし、かつ世界に通用する人材を育成することが急務だったからである。その使節団の「企画書」ともいうべきブリーフ・スケッチを作ったのが、フルベッキであった。

さらに、フルベッキが使節団出発前に提出した「米人フルベッキより内々差出候書」が木戸孝允関係文書にある。使節の十の方針を述べた上で具体的な四十九項目が記されている。フルベッキの精細かつ配慮が行き届いた提言が、『米欧回覧実記』刊行の大前提になったのである。

ブリーフ・スケッチの「宗教的寛容に関するノート」は表向き削除されたが、内密に調査され、明治六（一八七三）年九月、使節団が帰朝する前の同年二月二十四日、切支丹禁制の高札撤去に繋がったといってよい。フルベッキ最大功績の一つである。

新時代の多くの俊英を育てる

フルベッキは、安政六（一八五九）年来日当初から、長崎で各藩からの来訪者に積極的に西欧の知識を教えた。殊に佐賀藩は、長崎に学校を作る計画を実行した。外国人教師としてフルベッキ、生徒は三、四〇人、明治元（一八六八）年に致遠館が誕生したのである。

　アメリカ合衆国憲法の講義は、近代憲法の講義の最初のものだろう。アメリカ独立宣言の講義など、フルベッキの言葉に新しい時代を創ろうという英才たちが目を輝かせた。後に大隈重信は、明治十五（一八八二）年十月に東京専門学校（早稲田大学の前身）を創立するが、この致遠館が「源流」になったと述べている。

　また、フルベッキは、多くの学生たちをアメリカ・オランダ改革教会のフェリス師に託して、ニューブランズウィックへ送った。グラマースクールで英語を習得し、横井左平太は海軍の学校で学んだ。弟の横井大平は病気で間もなく帰国した。日下部太郎は「数学の天才」と称され傑出していたが、若くして現地で亡くなった。維新前後の数年間、日本からアメリカに留学した者は約五百人に達する。そのきっかけを作ったのがフルベッキである。

　フルベッキは新政府から教育顧問の招聘を受け、長崎から上京する。大学南校（東京大学の前身）の教頭を務め、優秀な外国人を招聘、学制の提案などに尽力した。その後は政府のお雇いとして法律書や科学書などを翻訳、口述で西洋の知識を紹介した。晩年は、聖書翻訳や地方伝道で宣教運動に身を捧げた。そして明治三一（一八九八）年三月一〇日、「無国籍」のまま在日、四〇年にして日本で没した。

　ルーテル南部一致教会のジェームス・シェーラー師はフルベッキを追悼している。「フルベッキが日本にいなかったなら、今の日本にはなっていなかっただろう。日本という国が、本来の姿からより神の国へと近づいたのは、彼のおかげである」（『Evangelist』一八九八年六月号）

　日本近代化の恩人、ギドー・フルベッキを忘れてはならない。

（いのうえ・あつお／作家）

▲ギドー・F・フルベッキ（1830－98）

オランダ・ザイストに生れる。22歳の時、オランダからアメリカに単身渡る。29歳、オーバン神学校を卒業。按手礼を受け、ブラウン、シモンズらと宣教のため来日、長崎に赴任する。禁教下、長崎の済美館、致遠館などで英語などを学生に教える。39歳、開成学校設立にあたり上京。大学南校（現在の東京大学）の教頭となる。岩倉使節団の「草案の概要」ブリーフ・スケッチを作成する。教頭を解任された後、政府の法律顧問などや聖書翻訳に従事。無国籍だったが、晩年は日本永住権を得て地方伝道に専念した。在日40年、日本に没す。妻マリアと共に青山墓地に眠る。教え子たちの寄付で紀念碑が建立された。

■連載・「地域医療百年」から医療を考える　4

社会へのまなざし　2

方波見康雄

大正二年当時の北海道は、大凶作のため農家は困窮を極めたという。そのころ東京から赴任した若き医師の父荘衛《そうえい》は、小学校の児童検査の折に黄疸そっくりの顔つきの児童が数多く見られたのを不審に思い再検査をすると、かぼちゃを常食しているためと分かった。さらに調べると、農家が日々の米麦に事欠き、貧困による栄養不良や結核などの疾病が地域住民に蔓延していることも判明して大きな衝撃を受けた。出自が徳川幕府のころから常陸国で荘園を預かる身だっただけに、農家の困窮は他人事ではなかった。やがて奈井江町の開業医になってからも、農家の人びとの健康問題に深く立ち入り、貧困と疾病、とりわけ結核の予防に尽力するようになった。

だが一方で、凶作と不作にめげずに農耕に精進する農業者の姿に深い敬意をいだくようになった。手製の「自叙伝」に、こう記している。

「相次ぐ凶作は農民に思考する機会を与えた。北海道の農民が凶作の中から自然に順応した新しい農法を学び、独特の方法を試す姿に、私は励まされた。人は書籍のみに学ぶべきに非ず、事実に即してこそ道は明らかになる。私も実地医療に徹することによって自分の医療の在り方を把《つか》みたいと考えるようになった。地域住民が貧しさのゆえに病気に偏り、医者が富裕に偏ってよいのか、農民の惨状を目の前にして、素朴な疑問が私をとらえた」。

読みながら思い起こしたのは父がいつも口にしていた言葉「枯れ木も山のにぎわい」であった。「貧しい人や農家の医療費の支払いが滞るのは致し方がない。みなさん、まじめに働いているのだ。外来診療に見えるだけでも待合室がにぎやかになる。ありがたいと思え」という言い分なのだ。これを語るとぼけた父の口調と、ほほ笑みながら聞き流す母の姿とが、おうようでユーモラスな光景として心に深く刻まれ、社会的に恵まれない人びとを大切に思う家庭の雰囲気は、私が医療者となっただけに、いまなお有り難く思っている。

（かたばみ・やすお／医師）

■〈連載〉沖縄からの声［第XIII期］1（初回）

戦後沖縄精神の腐食

伊佐眞一

日本の敗戦でヤマトにGHQが君臨したとき、沖縄ではアメリカによる武力むきだしの軍事支配が始まった。昭和天皇と日本国政府――つまり、日本人の総意によって日本から分離された結果が、特異な沖縄戦後史を形成する。「捨て石」となった沖縄戦のあと、かろうじて生き残った住民の生活は、日本本土のそれとは、天と地ほども違っていた。破壊の限りを尽くした土地と死者のうえで、人びとは狭い痩せ地を這いずるように、ただ生命を維持するために生きる人間にもみえた。

それでも、この人間集団は地獄の経験を境にして、ひと皮もふた皮もむけた住民共通の人生観を身に刻み込んでいく。

思うに、よくもこれだけ長い年月、日米の政治力学がこの島々に集中し、人びとを抑圧し続けてきたのかと驚く。沖縄への社会的構造差別がみごとなほど浮き出ているのだ。「復帰」以後でいえば、一九九九年に沖縄中を震撼させた新平和祈念資料館を舞台にした展示改竄が、その一例である。沖縄戦を語る際、絶対に忘れてはならない事実を、稲嶺惠一知事と牧野浩隆副知事の県政が、沖縄研究の御用学者とともに、行政権力で意図的に隠蔽し、骨抜きにしようとした事件である。

「反日的であってはならない」という知事発言が象徴していたように、日本軍による沖縄住民のガマ（避難壕）からの追い出し、食糧強奪、琉球語を使う者をスパイと見なしての虐殺、そして慰安婦の存在抹殺など、よくもこうまでと声を失うほどに記述が覆い隠されようとした。しかも、それが日本政府からの圧力もさることながら、沖縄人自身の積極的行動だった点に、ことの深刻さがある。まったくもって噴飯ものというしかない。

こうなると、その後はどうなるか。「強制集団死（集団自決）」は、日本軍の強制ではないと文科省が教科書で大っぴらに開き直る。そして現在、戦死者の血と涙と遺骨の染み込んだ戦跡地の土砂を、あろうことか辺野古の新基地建設の埋め立てに使用するというにまで至っている。ここでも沖縄人が堂々たる役割を果しているが、沖縄戦の教訓はこのレベルにまで、倫理観が暴落してきているのである。

（いさ・しんいち／沖縄近現代史家）

連載　歴史から中国を観る　19

清朝の新疆統治

宮脇淳子

最後の遊牧帝国ジューンガルを滅ぼし、その支配下にあったタリム盆地を一七五九年に支配下に入れた清朝は、「新《しん》疆《きょう》（新しい領土）」と名づけたその地を、南北に分けて統治した。

北路あるいは準《じゅん》部《ぶ》と呼ぶジュンガル盆地とイリ渓谷には、直接的な軍政を敷き、イリ将軍の管轄下、八旗満洲《はっきまんしゅう》兵、八旗蒙古《もうこ》兵、緑営《りょくえい》兵（漢人部隊）を駐防させ、さらに今の中国東北部から、モンゴル系や満洲系の民族集団を家族とともに入植させた。

今、日常の話し言葉として唯一満洲語方言を使用している約三万人のシベ族は、このとき駐防兵としてイリに移住した満洲人の子孫である。

南路もしくは回部《かいぶ》は、満洲人大臣と少数の清軍が、現地人との接触を避けるため、各オアシスの城市の外に駐屯基地を設け、徴税を含む民政は、ベグ（伯克）と呼ばれる現地の有力者にゆだねられた。

イスラム教徒のベグたちは、征服に際して清軍に協力した者とその子孫だった。かれらは勲功に応じて、郡王、ベイレ、ベイセ、公など、宗室と同様の爵位を与えられ、各オアシス最高位の民政長官ハーキム・ベグに任じられたが、出身地には赴任させない回避の制が遵守された。

新疆駐屯軍を現地の徴税だけで維持することはまったく不可能であり、平時で年額約三〇〇両が内地から送られた。

北部は、イリに鋳造処を置き、内地と同じ制銭を発行したが、南の回部では、ムスリム農民と、駐在する清の官・兵との間だけに流通が限定される、現地産の銅を鋳造したプル銭を流通させた。

ハーキム・ベグは、一般人には禁止されていた辮髪《べんぱつ》をつけ、清朝の官服をまとい、駐屯軍の司令である旗人大臣たちに服属した。一方、モスクや聖者廟を修復し、マドラサ（学校）を創りワクフ（寄進財産）を設定し、ペルシア語文献をトルコ語訳するなど、文化的活動のパトロンの役割も果たした。清朝統治の初期には、農業生産の拡大と人口の増加が見られる安定した時代が、ひとまず出現したと言える。（みやわき・じゅんこ／東洋史学者）

連載　今、日本は　27

撃ちてし止まむ

鎌田　慧

夜半、目覚めて障子を開け、外を覗いてみた。眼の前にぼうーっと原発の白いドームが浮かんで見えた。航空機の衝突を防ぐための赤いランプが上空で点滅している。「怖い」と感じた。それが美浜原発、五〇〇メートル目の前の民宿に泊まった最初の印象だった。

　四〇年前の記憶だが、そのころ、美浜の海岸、丹生《にぶ》地区六六戸のうち、民宿が二〇戸、お寺さん以外は漁協の組合員だった。手漕ぎの小舟でアジ、サバ、タイ、ブリなんでも獲れた。夏は海水浴客で賑わった。原発反対派だった漁師のNさんは、すっかり諦めた表情でこういった。

「いずれ使い道がのうなって、廃炉になるというのは聞いとるけどなあ。一年でも長持ちしてほしい気持ちはあるわな」

原発工事によって目の前の漁場がなくなった。ナマコ、カキ、日本一と自慢だった真珠貝も絶滅してしまった。危険だとは思いながらも、事故はない、というのを信じるしかない。それに原発があったほうが地域のひとたちにおかねがはいってくる。依存がはじまった。

　そのころは原発の寿命は三〇年といわれていた。それが四〇年となり、四〇年を超えた美浜第三号は、六〇年にして六月下旬再稼働した。その頃六六歳だったNさんは、ご存命だったらどう仰有るだろうか。

　避難訓練が再稼動の条件だ。しかし、この狭く細長い日本列島のどこが原発立地の適地か。考えるだけムダだ。活断層だらけの地震大国。原発ばかりか、核廃棄物の捨て場さえどこにもない。

「大阪万博の灯を原発で」が、美浜第一号炉の謳い文句だった。「原発事故からの復興の証」「コロナに勝利した証」が東京オリンピックのスローガンだ。

「安全安心」が原発再稼働のスローガンであり、東京オリンピックもおなじ謳い文句である。「大東亜共栄圏」建設の満洲侵略は聖戦、五族協和、そして、「撃ちてし止まむ」。政治家の大言壮語ほど危険なものはない。

（かまた・さとし／ルポライター）

■連載・花満径 64

窓の月（三）

中西 進

屋外派の万葉びとにとって、屋内の窓の下での沈思は似合わない。いろいろな悲哀《メランコリー》は万葉びとにもあっただろうが、「窓越の月光」をめぐるそれはやはり普通ではなさそうである。「窓の月」を歌う万葉の歌とは、一体何者なのだろう。

そこでわたしが明という漢字の篆書（五月号掲載）を見た時の印象も、ここで告白しなければならない。

明の字の左部分、つまり漢字の日の部分が窓だった篆書文字を見た時、それは直観的に火灯窓《かとうまど》の形に見えた。

屋内の明りとは、まずは火灯窓を通してさし込む光であり、屋外の闇に浮ぶ火灯窓は屋内のろうそくの炎《ほのお》をそのまま写した形だったのだろう。

それでいて火灯窓は、われわれが今日知るかぎり、お寺の窓だ。こんな窓が、古代人が住み始めた粗末な家屋に、最初からあったとは思えない。

もしかして「窓の月」とは、文学的イメージなのか。『源氏物語』も琵琶湖畔、石山寺の「窓の月」から誕生したか。

紫式部はここに籠って湖上を眺めながら『源氏物語』を書き始めたという。しかも須磨の海上に「衾《ふすま》を張りたらむやうに光満ちて神鳴りひらめく」様子を、式部は夜の火灯窓越しに湖面を見ながら書いたことになる。

この時、式部の手元を照らしていたのは、燭台《しょくだい》の炎だったろう。燭台の灯は、その相似形の窓から、窓明りを闇に投げかけ、逆に火灯窓は外の月光を、燭台の火と相似形にして屋内に届けていたことになる。

おそらく窓をまず火灯の形に造るという心理も、そこにあるだろう。

かくして窓は火灯形を離れても、月光や燭台の火の通路であることを忘れず、「窓の月」のイメージを文章の中に伝えつづけているようだ。

異国の万葉びとも、とくに中国ゆかりの文字の歴史を背負って「窓越しに月おし照りて」と歌ったものか。文字が未知のイメージをもって文化を運んで来たらしいことに、わたしの驚きは大きい。

（なかにし・すすむ／国際日本文化研究センター名誉教授）

Le Monde

■連載・『ル・モンド』から世界を読む［第II期］59

EDFヘラクレスの敗北

加藤晴久

五月一五日付の社説のタイトルは「EDF改革　ヘラクレスの敗北」。

EDFはÉlectricité de France「フランス電力」の略号。政府が株式の八〇％を所有する事実上の国営企業である。

EDFの稼働中の原子炉五六基によってフランスは世界一の原発大国。ところが経営はうまくいっていない。四二〇億ユーロ（約五兆四〇〇〇億円）の負債を抱えている。さらに巨額の出資計画も控えている。老朽化している原子炉の修復費。今後一五年間で、新たに建設する原発に四六〇億ユーロ（約五兆五二〇〇億円）必要とされている。再生可能エネルギー革命への対応計画も策定しなければならない。

窮境を打開するために政府とEDFが二〇一八年に打ち出したのが「ヘラクレス計画」。

ヘラクレスはギリシア神話最大の英雄で、無数の武勇談の主人公である。ヘラクレスのように勇猛果敢に難局に立ち向かおうという意気込みである。

計画の骨子はEDFを、①原子力発電（株式一〇〇％国有）、②電力販売、再生可能エネルギー生産（株式公開）、③水力発電（特殊法人化）の三社に分割するというものである。

まず、最終的に民営化を意図していると組合が猛反対。各地の発電所でストライキ、ピケを張るなど執拗な抗議行動を展開している。加盟国への電力販売条件を巡るEU本部との交渉も進まない。

言わば朝令暮改、今年に入って政府は「ヘラクレス計画」を引っ込め、「大EDF計画」を唱え始めた。企業の一体性は崩さないという基本方針だが、具体的な方策はいまのところ示していない。

核エネルギー問題が、二〇二二年四、五月の大統領選の重要な争点になることはまちがいない。すでに保守・極右政党は原発断固維持。左派政党・与党はこの問題については内部分裂。マクロン大統領はいまのところ態度を鮮明にしていない（四月一六日付）。

政治家や労組の動きに比べて、一般国民の動向が伝わってこないのはどういうことか。

（かとう・はるひさ／東京大学名誉教授）

六月新刊

次の世へ、わが子へ…歌は祈りとともに

祈り

上皇后・美智子さまと歌人・五島美代子

濱田美枝子・岩田真治

美智子さまが皇室に入られる際の歌の指導をした歌人、五島美代子。その夫は、上皇さまの皇太子時代からの歌の師、五島茂。初めて胎動を詠んだ"母の歌人"の生涯を美代子研究の第一人者が初めてつぶさに綴るとともに、NHK「天皇 運命の物語」ディレクターが、美智子さまの御歌の世界を味わう。

カラー口絵8頁

四六上製 四〇八頁 二九七〇円

シベリア狩猟民が伝えた「いのち」をめぐる思索の旅

いのちの原点「ウマイ」

シベリア狩猟民文化の生命観

荻原眞子

図版多数

「ウマイ」とは、南シベリアを中心として、ユーラシアの東西の諸民族に広く共通する生命の母神。膨大なロシア語文献を渉猟し、シベリア全域の民族譚を掘り起こすとともに、アイヌのユーカラ、『源氏物語』、柳田国男「山人論」との類縁性を探る。後期旧石器時代から数万年、人類が繋いできた「いのちの原点」とは?

四六上製 二五六頁 二八六〇円

呼吸器系ウイルス感染症の第一人者の提言、第二弾

新型コロナ「正しく恐れる」II 問題の本質は何か

西村秀一 井上亮＝編

新型コロナ発生から一年余。リスクの「本質」をどう伝え、どう対策するのか? いまだに発生当初と変わらない「不要」な対策が蔓延し、さらに「変異株」問題が過大に喧伝されるなかで、医療資源・病床利用、ワクチンへの評価、そして「リスクコミュニケーション」の必要性など、新型コロナ問題への「本質的」な対策を提言。

B6変上製 二五六頁 一九八〇円

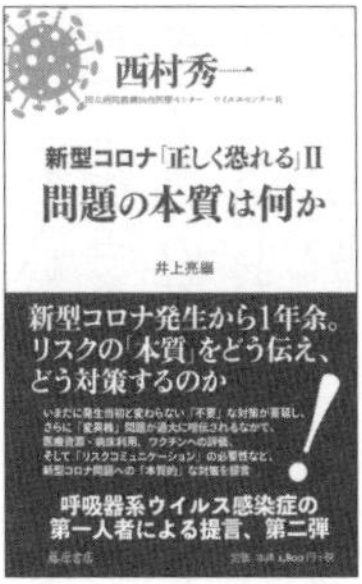

人生を賭け、命を削って番組を制作した者たち。

テレビ・ドキュメンタリーの真髄

制作者16人の証言

小黒純・西村秀樹・辻一郎＝編著

「人間」「時代」「地域」の真実を視聴者に届ける優れたテレビ・ドキュメンタリーは、いかにして生み出されているのか? 自らもメディアの現場に携わってきた編者陣が、ドキュメンタリーの名作を生み出してきた民放・NHKの熟練の制作者たちに深く斬り込む、必読のオーラル・ヒストリー。

A5上製 五五二頁 四一八〇円

読者の声

「アイヌ新聞」記者　高橋真■

▼人間「高橋真」の評伝であると同時に、膨大な資料を丹念に精査したアイヌ民族の歴史書であることに感銘を受けました。合田作品の大ファンを自認する私にとって、新たな宝物が又、あらたに一冊追加となりました。

（北海道　会社員　**庄原隆一**　67歳）

▼石原真衣氏の『〈沈黙〉の自伝的民族誌』を読んでいるところへ届きました。同書二一五頁に高橋真、『アイヌ新聞』が記されていましたので、その合致に驚いています。

（北海道　平取町議会議員　**井澤敏郎**　73歳）

金子兜太■

▼金子兜太という人の本格的評論はこれまでありませんでした。井口時男さんによってはじめて俳人金子兜太が解明されました。当代を代表する文芸評論家の力作です。感動の一巻です。

（東京　俳人　**黒田杏子**　82歳）

▼現代俳句とりわけ前衛俳句を理解するには金子兜太を通らなければなりません。その意味でこの本はとてもよくまとまっていました。私は眼からうろこでした。感動そのものでした。友人にも紹介して、買って読め！と便りしました。

（山形　絵手紙講師　**佐藤廣**　90歳）

いのちを纏う〈新版〉■

▼日本の風土から現れる独自の〈色の存在論〉の可能性を見たような作品でした。

鶴見和子さんの語りは、社会科学としての内発的発展論を語る以上に内発性の深淵に触れていたように思われます。志村ふくみさんの語りに触れるのは初めてでしたが、大変感銘を受けました。

（東京　大学教員・研究者　**中野佳裕**　43歳）

▼この本を拝読し近年虚飾の多い言葉の書物が占める中、お二人が自然・人間・きもの・思想を御自身の言葉の真髄で語られたことは大きな感動と感謝でございました。

このような語りつぐべき立派な書物を発刊された藤原書店様に敬意を表したく存じます。

私共の時代に日本の誇るべききもの文化を衰退させたことにも責任を感じます。

（千葉　主婦　**清宮香子**　93歳）

愛してくれてありがとう■

▼自粛生活の長引く中、一気に読み終えました。玉井会長の壮絶な生き様に感動しました。

元気で生かされている事に感謝して残された日々を有意義に過したいと思います。ありがとうございました。

（大阪　主婦　**岡田多根子**　85歳）

民衆と情熱Ⅱ■

▼御社発行のミシュレの本は全て購読させていただき、この本も高額のため、しばらく躊躇しておりましたが、結局入手しました。

やはり、こういう本は入手しておくべきです。こういう本を出版できる御社に敬服します。

（埼玉　**小川恒夫**　69歳）

シマフクロウとサケ〈絵本〉■

▼ＮＨＫラジオ深夜便で宇梶静江さんの対談（一月二十一日）を聞くことが出来て、本を購入出来ました。

一四枚の布絵、一枚一枚には愛情の深さや大地の力強さが見えます。

図案、配色を考えるだけでも大変なことですし、心のこもったやさしさ、温かさを感じています。パッチワークをしている私の大切な絵本です。

宇梶さんの年齢まで針が持てるようがんばります。

　宇梶さん呉々も御自愛下さい。ありがとうございました。

（広島　主婦　冨中百合子　71歳）

▼アイヌ民族の神を拝する習慣が美しい古布絵で見られました。
　単なる古布絵ではなく、伝統のアイヌ刺繍に感動しました。ＤＶＤもさっそく注文いたしました。

（千葉　主婦　山口真美子　63歳）

シマフクロウとサケ（絵本＆ＤＶＤ）■

▼アイヌの文化は難しいと思いましたが、絵本、ＤＶＤを見てアイヌの文化を知り、近づくことができました。アイヌの言葉が入っていて、雰囲気がよく伝わりました。
（鳥取　森本寛子　78歳）

ベートーヴェン　一曲一生■

▼一曲一生というタイトルにひかれました。ただ内村〔鑑三〕の美と義を Beethoven 解釈に即自的にあてはめた点、疑問になる。美は物ではなく想像界で、逆に義は現実界で美しくない。そこから想像界から現実にもどった時の落差、いわば挫折感が再度 Beethoven に新たな作品＝美を創造せしめたと思います。本書が外国語に翻訳され広く注目を集められんことを願います。
（東京　山下順吉　70歳）

▼『ベートーヴェン　一曲一生』を読ませてもらいました。
　私は弦楽四重奏第14番と16番が好きです。なぜなら14番は「求道」、16番は「悟り」であると解釈しています。ベートーヴェンの最晩年は神中心でなく人間の心の中を作曲したと思っています。

（大阪　関西学院大学文学部哲学科卒　野々村秦明　81歳）

▼「ベートーヴェン生誕二五〇年」と「コロナ禍」とを併せた企画の勝利だと思いますが、新保先生は本企画に最適の著者であると感じます。
（東京　会社員　山崎一樹　60歳）

▼私が大学生の時代、上野松坂屋の裏でコーヒーを飲みながらの六〇余年前思い出しました。友人と一緒に、いつも「運命」と「田園」の曲が大好きで、人生に心意気を感じ、明日の気力に大変役立ちました。
　今般新聞広告を見て近所の書店に発注いたしました。ベートーヴェンの人生経路について全く無知でありました。本書を読んで、本当に苦労の連続で名曲が発表されたことを知りました。

（茨城　元経営コンサルタント　横田守　84歳）

ディスタンクシオン〈普及版〉（全二分冊）■

▼ここ三カ月ほど『ディスタンクシオン』の読書会をしていたので、普及版が出て幸いでした。
（千葉　司書　子安伸枝　42歳）

▼普及版の刊行、どうもありがとうございます。
　線を引きながら読まないと頭に入らない性分なので、たいへん助かります。

　これから、じっくり拝読するのが楽しみです。

（東京　美術館職員　貝塚健　61歳）

虚心に読む■

▼『「二回半」読む』同様、本書を拝読すると、読みたい本が増えてしまい、困ってます（笑）。
　コロナ禍、在宅ワークも多くなり、本書を読みながら、次は何を読もうかと頭を使っています。

　五郎さんの文書、文章は、非常に読みやすく、すっと心に入って来ます。第三弾の出版を期待しています。

　いつもありがとうございます。

（大阪　地方公務員　安藤馨　56歳）

人生の選択■

▼この絵本には、デーケン先生のライフワーク、「死生学」への道のりが記されている。四歳の妹の死、間一髪で命拾いした戦争体験、日本二十

六聖人殉教者やフランシスコ・ザビエルとの縁……巻末には、先生の著書の紹介もある。進み続ける日本の高齢化社会の中、穏やかな最期への第一歩が、この絵本の中にある。

（兵庫　浦野美弘　63歳）

世界の多様性■

▼家族の構造をわかりやすく説明してくれた。何度も読み返すべき本である。

（神奈川　会社員　劉海龍　39歳）

日本を襲った スペイン・インフルエンザ■

▼藤原書店の本は高い。ゆえに価値あり。年に一、二回しか買えない。が、本書も著者、関係者に深々と敬意を表します。但し、印字が薄くてルビは全く読めず、力作の〈注〉も途中から疲れて読むのをやめました。私の目が衰えたのかもしれませんが、著者に申し訳なく思います。

（神奈川　住職　髙橋芳照　77歳）

▼亡き母からスペイン風邪の話をよく聞いていた。群馬の貧しい小さな村で、しかも六歳の女の子がなぜどうしてスペイン風邪の悲しさを死ぬまで持ち続けたのか不思議だった。本書を読んでかなり理解できた。

　この大作。しかも出版されてよかった。

　出版社の現在の大変な中でこれだけのものを活字としてのこして下さったことに感謝します。もちろん著者にも。

（埼玉　フリージャーナリスト　西沢江美子　80歳）

▼この著作をきっかけに数多くの歴史的事実を学び、また再確認することが出来ました。日本や海外でも偉大な人物が亡くなっています。詩人のアポリネール、画家ではクリムトやエゴン・シーレ、そして社会学者のマックス・ウェーバー……。

　一九一八年六月にはロシアの大作曲家プロコフィエフが来日していますが、彼は同年の八月のはじめに南米へ向けて出発しましたから、日本でのスペイン風邪の流行による難からはあやうく逃れられたとも言えるでしょう。

　いずれにしても〝調査研究の圧倒的金字塔〟……このような名著や貴社の仕事こそ、まさに研究者にとっての canon（規範）です。

（神奈川　作曲家・秋草学園短期大学教授　大輪公壱　62歳）

※みなさまのご感想・お便りをお待ちしています。お気軽に小社「読者の声」係まで、お送り下さい。掲載の方には粗品を進呈いたします。

書評日誌（五・一〇～五・二九）

(書) 書評　(紹) 紹介　(記) 関連記事　(イ) インタビュー　(テ) テレビ　(ラ) ラジオ

五・一〇　(紹) 公明新聞「中国の何が問題か？」

(紹) 日本記者クラブ会報「政治家の責任」（「マイBOOKマイPR」／「劣化を招いた政治の変容」／老川祥一）

五・一四　(記) 毎日新聞「苦海浄土」（「コロナ下こそ『苦海浄土』を」／豊崎香穂理（家事手伝い））

五・一五　(書) 日中友好新聞「セレモニー」（西）

五・一六　(書) 読売新聞「パンデミックは資本主義をどう変えるか」（「『人間形成』重視の可能性」／瀧澤弘和）

五・一七　(紹) 公明新聞「ワクチン　いかに決断するか」

五・二五　(紹) 現代女性文化研究所ニュース「政治の倫理化」

(紹) 北海道新聞［後藤新平の会］（大沢祥子）

五・二六　(紹) 朝日新聞（夕刊）［後藤新平の会］（「read & think　考える」）

五・二九　(記) プレス空知［後藤新平の会］（「方波見氏に後藤新平賞」／「地域や国家の発展に寄与　60年以上医療に従事」／伊藤俊喜）

八月新刊予定

＊タイトルは仮題

著者渾身の書下ろし二五〇枚！

中村桂子コレクション いのち愛づる生命誌　全8巻

7 生《な》る　宮沢賢治で生命誌を読む

［第7回配本］

「土神ときつね」「セロ弾きのゴーシュ」……自然を〝物語る〟天才、宮沢賢治の作品は、生命誌（バイオヒストリー）とぴったり重なる。様々な問題を抱え転換点を迎えるこの社会の新しいあり方を考える上で、不可欠な視点である。《解説》田中優子《月報》今福龍太／小森陽一／佐藤勝彦／中沢新一《往復書簡》若松英輔・中村桂子

詩人としての高群逸枝の全体像の初の成果

別冊『環』㉖ 高群逸枝　1894-1964

女性史の開拓者のコスモロジー

恋愛、婚姻、性、母性……様々な問題意識の中で読み解きうる高群逸枝の業績と思想。日本における母系の系譜を丹念に辿った女性史家であり、詩人であった高群逸枝の全貌を、小伝、短歌や詩、女性の歴史、同時代人の関係などから浮彫る初の成果。

Ⅰ 高群逸枝の生涯　山下悦子「小伝」他
Ⅱ 高群逸枝のコスモロジー　芹沢俊介「高群逸枝の歌、詩」／丹野さきら他
Ⅲ 高群女性史の成果と課題　南部昇／西野悠紀子／義江明子／服藤早苗他
Ⅳ 高群逸枝　新しい視点から　上村千賀子他
Ⅴ 高群逸枝はどう読まれているか　蔭木達也他

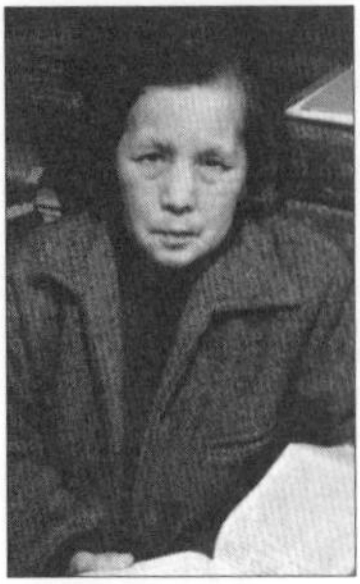

幕末から明治初年、異貌の僧侶、初の評伝

文明開化に抵抗した男 佐田介石　1818-1882

春名　徹

幕末から維新期、強烈な伝統主義の立場から、仏教的天動説や自給自足論、「ランプ亡国論」を唱導し、異彩を放った僧侶にして思想家、佐田介石（一八一八―一八八二）。「開化」に真っ向から抵抗した佐田介石の生涯と言動を通じて、圧倒的な西洋化に土足で蹂躙される近代日本の苦闘を裏面から照射する。

昭和十、二十年代の浅草の風景と人情

「かもじや」のよしこちゃん

忘れられた戦後浅草界隈

図版・写真多数

西舘好子

戦後まもない浅草橋界隈には、まぎれもなく人間の生活があった。何もなかったけれど、〝人という宝物〟の人情に満ちた〝本当の生活〟のただ中にいた〝よしこちゃん〟。好奇心いっぱいの小さな〝よしこちゃん〟が見た、浅草橋の町の記憶と歴史をつぶさに綴る。

7月の新刊

タイトルは仮題、定価は予価。

テレビ・ドキュメンタリーの真髄 ＊
制作者16人の証言
小黒純・西村秀樹・辻一郎＝共編著
A5上製 五五二頁 四一八〇円

漢字とは何か ＊
日本とモンゴルから見る
岡田英弘
宮脇淳子＝編・序 樋口康一＝特別寄稿
四六上製 三九二頁 三五二〇円

何があっても、君たちを守る
――遺児作文集 ＊
「天国にいるおとうさま」から
「がんばれ一本松」まで
玉井義臣・あしなが育英会 編
まえがき＝玉井義臣 跋＝岡嶋信治
四六変判 三一二頁 一七六〇円

8月以降新刊予定

中村桂子コレクション いのち愛づる生命誌（全8巻）
7 **生《な》る** ＊ 〈解説〉田中優子
宮沢賢治で生命誌を読む
往復書簡＝若松英輔・中村桂子
〈月報〉今福龍太／小森陽一／佐藤勝彦／中沢新一
口絵2頁

金時鐘コレクション（全12巻） 内容見本呈
3 **海鳴りのなかを** ＊ ［第7回配本］
長篇詩集『新潟』ほか未刊詩篇
〈解説〉吉増剛造
〈月報〉森澤真理／島すなみ／金洪仙／阪田清子

「かもじや」のよしこちゃん ＊
忘れられた戦後浅草界隈
西舘好子

文明開化に抵抗した男
佐田介石 1818-1882 ＊
春名徹

別冊『環』㉖
高群逸枝 1894-1964 ＊
女性史の開拓者のコスモロジー
芹沢俊介・服藤早苗・山下悦子 編

私のパリ日記（全5分冊）
パリ特派員が見た現代史記録1990-2020
山口昌子
1 **ミッテランの時代**
（一九九〇年五月～九五年四月）
内容案内呈

好評既刊書

新型コロナ「正しく恐れる」II
問題の本質は何か ＊
西村秀一 井上亮＝編
B6変上製 二五六頁 一九八〇円

祈り ＊
上皇后・美智子さまと歌人・五島美代子
濱田美枝子・岩田真治
四六上製 四〇八頁 二九七〇円 カラー口絵8頁

いのちの原点「ウマイ」 ＊
シベリア狩猟民文化の生命観
荻原眞子
四六上製 二五六頁 二八六〇円

草のみずみずしさ
感情と自然の文化史
アラン・コルバン
小倉孝誠・綾部麻美訳
四六上製 二五六頁 二九七〇円 カラー口絵8頁

ゾラの芸術社会学講義
マネと印象派の時代
寺田光徳
A5上製 六二四頁 六三八〇円 カラー口絵8頁

風土自治
内発的ローカリズムの系譜と未来
中村良夫
四六上製 四四八頁 三六三〇円

資本主義の破局を読む
市民社会が発動する暴力を問う
斉藤日出治

＊の商品は今号に紹介記事を掲載しております。併せてご覧戴ければ幸いです。

書店様へ

▼6月刊『**新型コロナ「正しく恐れる」II 問題の本質は何か**』が出足好調です。『**ワクチン いかに決断するか** 1976年米国リスク管理の教訓』、『**ウイルスとは何か** コロナを機に新しい社会を切り拓く』、『**戦後行政の構造とディレンマ** 予防接種行政の変遷』、『**日本を襲ったスペイン・インフルエンザ**』等、関連書籍とともに是非大きくご展開を！▼6／26(土)『毎日』にて、本村凌二さんがアラン・コルバン『**草のみずみずしさ** 感情と自然の文化史』を絶賛書評！ 在庫のご確認を。▼6／20(日)『北海道』、6／18(金)『読売』北海道版にて合田一道さんの『**アイヌ新聞」記者 高橋真** 反骨孤高の新聞人』を紹介。▼6／15(火)BSフジ「BSフジLIVEプライムニュース」にて、橋本五郎さんが、中村桂子・村上陽一郎・西垣通三氏の鼎談『**ウイルスとは何か**』を紹介。▼6／11(金)『日経』夕刊「くらしスクープ 飲み会、歴史ひもとく」にて、『**「共食」の社会史**』著者原田信男さんインタビュー記事。（営業部）

各紙誌で紹介、話題に！

老川祥一
政治家の責任
【政治・官僚・メディアを考える】

「今日の政治の混乱が何によって起こっているのかがよくわかる」（5／8毎日・渡辺保氏評）ほか、5／9読売（加藤聖文氏評）、7／9週刊ポスト（山内昌之氏評）など各紙誌で絶賛、大反響！

宇梶静江さん
北海道新聞「私のなかの歴史」「アイヌ力を出せ」（全20回）7／5〜30掲載

玉井義臣さん
日本経済新聞「人間発見」「遺児の心にかける虹」（全5回）6／28〜7／2掲載

第17回 河上肇賞（最終募集）
◎優れた未発表論考を本にする、画期的な出版賞。
【審査対象】12万字〜20万字の日本語による未発表の単著論文（一部分既発表でも可）。経済学・文明論・文学評論・時論・思想・歴史の領域で、狭い専門分野にとどまらない広い視野に立ち、今日的な観点に立脚し、散文としてもすぐれた作品。

【提出〆切】二〇二一年八月末日　必着
＊今回が最終回となります。

出版随想

▼"知の巨人"と謳われた立花隆氏が今春亡くなられた。氏との出会いはなかったが、かつて氏の「田中角栄研究」が大評判になった時、清水（幾太郎）研究室で編集長の田中健五氏の講話を聞く機会があった。出版界に入って間もない時であったが、立花氏にこういう仕事をさせた田中健五という男と"文藝春秋"という会社の人の育て方に興味を覚えた印象がある。

▼一九九八年暮に、小社から白木博次著『冒される日本人の脳――ある神経病理学者の遺言』という書を出版した。著者白木博次氏（一九一七―二〇〇四）は、神経病理学のパイオニアであり、国際神経病理学会会長も歴任された方である。氏との出会いは、九七年夏の頃であった。氏の肩書きが、元東京大学医学部長とあるのを不審に思い尋ねてみた。「私は、東大紛争の時に医学部長になりましたが、一度も学部長室の椅子に腰を下ろしたことなく、あんなバカな学生と付き合う時間がないと思い、学部長を下り、定年前に東大を辞めました。」「その後、自宅に私設の白木神経病理学研究所を作りましたが、その翌日から家内は保険の外交員として働き、一家を支えてくれました。」と。それから白木先生とは、毎週のように御宅にお邪魔し、先述した本を一気に作り上げた。白木先生は、生涯を賭けて、「白木四原則」を軸に自然科学の手続きを踏みながら、その手法の限界を超える「医の魂」から、水俣病、スモン、ワクチン禍の三大裁判に長年に亘って証言を続けられた。

▼翌年二月一八日号の『週刊文春』で立花隆氏は、次のようにこの書について言及した。『冒される日本人の脳』を読んで、この著者に対する認識を根本的に改めさせられた。白木博士は、医学部からはじまった東大紛争の渦中の人物である。あの頃学内の立看板を読むかぎり、極悪人としか思えないような教授だった。しかしこの人は、三大裁判で患者側に立って闘いつづけてきた大変な人なのである。……水銀汚染の激しい日本人はみな潜在性の水俣病になりつつあるという恐るべき警告を、七二年に衆院の社会労働委員会で行っている。……このような警告を真剣に聞かなかったとがめがいまきているわけだ」と。合掌。（亮）

●〈藤原書店ブッククラブ〉ご案内●
▼会員特典は、①本誌『機』を発行の都度ご送付／②（小社への直接注文に限り）小社商品購入時に10%のポイント還元／③送料のサービス。その他小社催しへのご優待等。詳細は小社営業部まで問い合せ下さい。
▼年会費二〇〇〇円。ご希望の方はその旨お書添えの上、左記口座までご送金下さい。
振替・00160-4-17013　藤原書店

け」のレッスンをやったんですけれど、なにかぽちゃぽちゃっとしたかわいい女の子がいるから、出てこないかって言ったら、アレレというような顔をして出てきた。私が、みんなが座っている背中に向かって、コンニチワでもモウカエロウでも何でもいいから話しかけてみてくれって言ったら、口をおさえてケラケラ笑うんですね。それからレッスンの間じゅう、からだをよじって笑いっぱなし。あとで福地さんに、あの子が中田加代だと聞いて唖然としました。どうしても写真の顔とその女の子がつながらない。しかし、別の人の授業で、もひとつ別のすさまじい、怒りをおさえてうずくまっている顔を見て、ああ、やはりこれが中田加代なんだと納得したわけですね。二ヶ月くらいあとの先生の「開国」の授業の第一回目あたりになりますと、からだ全体がやわらかくなって、そのいくつもの表情がつつみこまれて動いている感じになった。あの追いこまれ方と、あとの変わり方は同じ根源から出ているはずだ、と私は感じました。

林　それを私は、福地さんにならって飢餓感というようなことばでよんだわけですけども。私の学ぶということの考えの基礎には、プラトンがある。それから同じ考え方がヘーゲルなんかにもある。要するに、ヘーゲルは理性ということを非常に重んずるわけですが、その理性のひとつの段階として感覚的なものを考えているわけですね。

プラトンでは、はっきり教育が段階を追って、感覚の教育から悟性の教育、理性の教育というふうにいくわけです。それが一貫していなければ、学問というものは成就されない。だから、感覚の裏づけ、正しい感覚の裏づけがない学問というのは、学問じゃないということになるんです。この感覚のファウンデーション、基礎から整えていく、手を入れていく、その具体的な方法を説いたのが、彼の『国家篇』の教育論です。

そういう考えからいくと、その「学ぶ」ということが一番の基礎的な衝動みたいなものにつながっていなければ、学問というものは非常に空疎なものになってしまう。

竹内 いっぺんに先へいっちゃうことになるかもしれないんで、恐縮なんですけれども、「学問について」(『学ぶということ』序章、国土社)のなかで、現代は人間が人間でないことによって、商品であることによってのみ、辛うじて生きられる時代である、つまり、人間が人間になるということを考えること自体がナンセンスであるみたいな時代である、と先生は書いていらっしゃる。自分が人間だと、安心して思いこんでいる人間にとっては、「人間になる」つまり先生がいわれる意味での「学ぶ」ということはもともと成り立たないわけですね。とすると、自分が人間になりきれていない、あるいは人間じゃないという感覚を自分でもっている人間にとってしか学ぶということは成り立たないんじゃないか。飢餓感ということを先生がおっしゃったのは、そのことではないかと……。

林 そう、私が「開国」の授業のときにもいったように、モリソン号の事件で、ディケンズが憤慨して、鎖国日本には正常な魂をもった人間はひとりもいないということをいっている。しかしそのときに、渡辺崋山とか高野長英とか、あのグループの人たちは、このままでいては大変なことになると、その正常な魂をもっている人間はひとりもいないような状態をそのままにしておいては大変なことになる、というふうな憂いをもっていたわけですね。

ですから、やはりそういうのは、どこかにあるんで、何かきっかけがあれば、それは目覚めるはずだというような、一種のオプティミズムが私にはある。現在の〝正常な〟社会秩序によって人間社会からしめ出されてしまっているような、湊川や尼工の生徒たちは、その飢餓感を半ば無自覚に持っているのでないか。

竹内 私には、そういうオプティミズムに安住できない思いがあるんです。たとえば、戦争中に、白米に塩かけて食うだけでいいから、思う存分食ってみたいということがものすごく大きな欲望になりますね。すると、すしを食いたいとか、まぐろのトロが食いたいとかということは、全然欲望として成り立たないんですね、もう。

林 だから、そこが私と意見のちがうところで、そういう状態では塩をつけて食べるってことと、まぐろの刺身が食べられる状態のとき、まぐろの刺身が食いたいっていうのと、一つにつながっているわけでしょう。

竹内 もちろんつながっているんですけれども、状況がひどくなると、人間というのはどんなにでも、いまの飢餓感覚でも、どんどん限定されていくというか矮小化されていく、そういう欲望をもっているということを気がつかなくなるというか、むしろほとんど消えてしまうまでに追いこまれてしまうものだということを思い知っているわけですね。

ですから、何ていったらいいんだろう。もちろん飢えという実際の生理的な感覚は信じるけれども、文化的な感覚というようなものは、外からある状況で操作されるといいますか、非常に追いこまれたときには、そのことについて全く感じられなくなってしまう弱さをもっているということです。

林　私は目前の事実から出発しているわけです。湊川にああいう生徒がいて、ああいう反応を示したということ、あらゆる恵まれない条件のなかにいる子どもからああいうものが出てきた。彼らは彼らなりに、現代社会の人間ですから、金さえあればというような気持もうんと強い。彼らとしては、金がないために、苦しめられている無惨な経験が無限にある……。

竹内　ですから、その飢餓感覚がなぜ目覚めたかといえば、うまいものを食ったからなんですよね。ああうまいものがあったということに気がついたから、おれは飢えているってことがはっきりするわけで。

林　それは、そうでしょう。

竹内　それが食えなければ、自分が飢えているということは、いつまでたっても潜在はしているけれども、飢餓感覚というものとしてはっきりしてこない。

林　だから、その飢餓感覚が、社会のなかで自分を閉ざしてしまったり、反対に暴れるという行動になってくるわけですよ。

竹内　うん、そうですね。

林　結局は、おいしいものを食べさせるということしかないわけですよ。それが、周囲の者に課せられている義務でしょう。

それをすれば、教師たちが塵か芥のようにしか見ていない子どものなかに、猛烈にその力が働いていることが実証されるわけですね。

竹内　そうですね。そのおいしさというのは、ああ人間にふれるというのはこういうことかという体験と、人類の遺産を受けとったという感覚と、その二つが林先生の授業のなかで一つになった味じゃないかなあ。

先生のいわれる学問とは、人間であることの追求の過程そのものなのだから、それを行なっている人の歩みと切り離して成り立つはずがない。単に文章としてその内容を読みとるというようなことではなくて、ひとりの人間の人格とひとつになってはじめて、人にふれるものだろうということをこの頃しきりに考えるわけです。

生徒と裸で向き合うこと

林　私が湊川の子どもたちに出会ったということは、湊川の子どもたちにとっても人間に出会ったという経験だったかもしれませんけど、私にとっては、湊川で「人間」に出会ったという思いが深いのです。

その出会いがどうして可能になったのかという問題は、竹内さんと対談の回数を重ねているうちに少しずつわかってきたのですが、やはり人間と人間がまともに向き合うことができたということだと思います。で、その向き合うことがどうして可能になったのかというと、これは説明にも何にもならないかもしれませんけど、結局、人間と人間との間をへだてて、ふれ合うことを邪魔するいろんなものがとりのけられた状態が、そこに成立したということになるのでしょうね。

そのふれ合うのをさまたげるものは何かという問題は、あとでまた考えなければならない。しかし、教師には、そういうものがうんといっぱいあるわけです。

竹内 そうですね。

林 そして、ふれ合う必要なども感じていないわけでしょうけれども、この問題はあとでふれます。私が彼らとまともに向き合うことができたのは、私がいわば手ぶらで、裸で彼らの前に立ったせいだろうと思います。鎧《よろい》だのかぶとに身をかためる必要を感じないで入っていったわけです。だから、裸で手ぶらであの生徒たちと向き合うことができた。

彼らのなかに入っていくことを可能にしたものは、もし私に学問というようなものがあるとすれば、その学問だろうと考えるわけです。しかし、学問が道具で、いわば彼らを征服するための道具、彼らを思うままに動かすための道具としてあったならば、これは、彼らと私とを隔てる壁になってしまうわけですね。ところが私にとっては、学問というのはその壁をとり去る力であると思うんです。

それで私は、自分のなかに、その裸のままの自分をひっさげて、なにも武器をもたないで、鎧かぶとに身をかためないで、そのなかに入っていくことを可能にしたものとしての学問というものを考えるわけです。

竹内 ほんとうに、手ぶらって感じだからなあ、先生は。しかし、福地さんを見てると、この人も裸のままで立ってると思うのです。これも学問の結果かもしれないけど、林先生とは少し違う。なにが違ってなにが同じなのだろう？ ……学問とは、こういうことをおれは知ってるということではないわけでしょう。

林 ええ。

竹内 知識をもっているものとしてではなくて……。

林 それはやはり、基本的には知識をもっているものとしてではなく、知識を求めているものとして入っているわけですよ。私は知識人ではない。

竹内 ソクラテスのいうところの「自分は何も知らないということを知っているものである」という、裸であるということはまず第一にそういうことなんだなあということを、今考えたんですけど。

林 ついでにその「裸」に関連していいますと、自分が裸でなければ、相手のなかに裸の姿を見ることはできないわけです。裸の人間をね。鎧をきたら、必ず相手も鎧を着ますから。

竹内 そうですね。

林 見えないわけです。普通は、そういう状態で授業というものが行なわれているのですね。

竹内 裸になるってのは、意識の次元だけじゃダメだからむつかしい。無意識の自己防衛を、子どもは敏感に嗅ぎわけますからね。裸であるということはどういうことかということをずけっというと、どういうことになるのかなあ。

林 これは直接の答えにはなりませんけど、私が東京の永田町小学校で授業しましたね。そうしたら、六年生の手島君という子どもさんが、アマラとカマラを中心にした授業で、人間の子は人間といえるか、といったら、当り前だとはじめは考えていた。ところが、どうもそうはいえないようだということがだんだんにわかってくるわけで、その授業を受けたあとの感想で、手島君は、「そのことがらが先生の心の中から出てくるので、そのことが通じるのである」ということをいっているのです。

これはすごいことばだと、私は思うんです。この六年生の子どもが、こういうことを一時間の授業を受けて感じた。これは、その範囲で手島君は私の心のなかを感じとっている。すなわち、私のなかに入っているわけですね。そして、それを感じた分だけ私も手島君のなかに入っているわけです。

そういう交流みたいなものが成立するということ、これはやはり、裸でないとだめで、道具をつかうとだめだという気がするのですよ。

竹内　尼工の師玉君の感想文にもありますね。非常に心に残っているんですけど。話されたことは別にどうということはなかった。だけども林先生の笑顔だけが残っている。それで思いだしてみると、しゃべられたことはみな覚えているというわけです。そういう状態があった……。

林　この感想でしょう。

林先生について　　　　　　師玉

…………………

ただ一つ印象にのこっているのは、林先生の笑顔だけが、おれの目の中に頭の中にのこっている。だけど一つだけいえることがある。

聞いたつもりはないのだけれど、林先生の言ったことばがはっきりと頭にきざみこまれていた。

竹内　まっすぐ入っているんだと思う。ただ、すぐ思うのは、教育界に限らないが、たとえば心から子どもたちのためを思ってとかいう言い方はよくされますね。その主観的に「心から」誠実に話すというようなこととは、これは全く別のことで……。

林　いや、だからそうじゃなくて、いっていることがらが心の中から出てきているということです。

竹内　そのすごさ、むつかしさを尼工の教師なんかは身にこたえている。金重さんが書いていますね。「自分の心を開いていくことのむつかしさを、ひっさげたまま今日まで生きてきました。朝起きるたびに生まれ変わりたいと思ってきました。授業がなぜ私自身にとって大切なものか、わかってなくて、ただ毎日の授業がしんどいので何とか工夫をして授業を成立させたいと思ってきたと、今では気づきます。授業の中で私が変わっていく、そこでしか、私の心は開かれないのだ、私自身の心のために、生きていくために、授業があるのだと感じるようになれました。……」

林　田中正造が谷中村に入って、教えようとばかりつとめていたために何も見えなかったということがありますね。しかし、ほんとうに聞こうとするようになってから、少しずつ見えてきたという。その転換というものが、教師にはものすごくむつかしいわけですね。

竹内　そうだと思いますね。

林夫人　竹内先生の最初の授業での、あの姿を湊川の生徒はそのままそっくり受けとって、そしてぴたっとついてきていましたね。あれと同じことだと思うんですけどね。先生の追求の姿、先生自身の追求の姿というのが、そのまま何の抵抗もなく、そっくり子どもに受けとられたんですね。

竹内　自分のことをいわれると、自分では自分のことがわからないから……。

林夫人　いや私は、あの時間の先生の姿勢というものは一番大事なものだと思うんですよ。

林　ほんとうの手さぐりをやったわけですね。こうか、ああか、こうでもないか……それがみな伝わっているわけですね。

湊川で、いつか竹内さんの授業のあと、中田が「ああいう先生ばかりおりゃええんじゃ」といっていましたね。

竹内　私は、林先生の授業が本質的にはそうだと思うんです。学問をしてこられたから、ひとつひとつのことがらについてステップがはっきりしていて、あれだけずーっとつながっていて、そのわかりやすさというのはあるけれども、わかりやすいことをしゃべったから子どもたちがわかるということじゃないと思うんですね。

林　うん、そうじゃないですね。

林夫人　育っていく姿ですね。

竹内　そこんとこで考え考え、その場で子どもたちとふれながら、あれ、これはわかっているかなと思われたときに、自分のなかで確かでないもの、もうひとつはっきりさせようと思うとこういうい い方になるというふうに、子どもたちを説得するためにいうのじゃなくて、自分のなかではっきりさせるという作業をされるわけでしょう。

林　ええ。

竹内　そういうことが、子どもたちに伝わっているんだと思うんです。

林　それを教師は、わかりやすく教えているからわかるんだというふうにしかとらないわけですね。あそこで、こういろいろまさぐっていることが見えないのです。

だから、長期的に見ると、はじめの「人間について」はすーっと入ったけれども、あとに「開国」をやったり、あるいは第二回目のことばの問題ではなかなかうまくいかなかったり、三回目の「開国」では失敗したと、そしていろいろやっていて「創世記」の方にいったというような、さまざまな曲折、ジグザグな道をたどっていったんですね。それでだんだん入っていった。

竹内　さっき先生が、竹内をここまで追いつめたものは何かという問いを出されたわけですけれども、奥さんが私の最初の授業のことをおっしゃったので、そこから考えてみます。

私のレッスンの写真を見ますと、子どもたちがみんな笑っていますね。実に明るい。あれはすてきだと思うんですけれども、一方で先生の授業では、少なくとも第一回目（一九七七年二月）のは、生徒はものすごい顔をしているでしょう。その写真の違いが、私にとって最初の問題としてあるんですね。どっちがいいとか悪いとかということではない。片方で、こうばーっと開かれるということがある。これはわかる。だが、こういう集中の仕方、これは何なんだ、この力はどういうところで出てくるのかということが、一番最初の問題だったのだと思います。

私の場合にも、その次に、ことばとか歌うとか踊るとかという問題について考えてみようとやってみたのですが、うまくいかなかった。で、何でうまくいかなかったかというと、自分なりにそのことについてつきつめてきたことの根底が足りないということなんですけれども、それは学問という問題ではないかと予感したというのが、正直な話だろうと思うのです。秋に芝居をもって入って、生徒たちのふれかたにばんとぶつかってから、問題がだんだんはっきりしてきたという、強いて最初のご質問に義理立ててお答えすると、こういうことになるんですけれども。

田中吉孝君のことで、西田氏が言っていますね。「アマラ、カマラは人間であって人間でない、人間になるためにはとてつもない格闘が要るのだという話を、わが娘に託して聞いていた。これは話が上手とか、人間的魅力とかではないなと思った。吉孝の心の琴線に、人となるためにいかにせねばならないかが、学問で得たものを緻密に練りあげ、むだな一切を省いて迫る授業で、吉孝は反応したんだと思います。事実のみを選び抜いて、厳しく組み立てられた内容が、授業の中で自然にやさしく展開されるときに、遅れていると本人も思わされて生きてきた、その閉ざされた人間の胸底深くにまで、本当のこと、大事なことが届くのだということが明らかにされました。」(『教育の再生をもとめて』二六六―二六七ページ)

これは、学問ということを実にみごとにいっているのでしょう。

私は、西田氏の文章を読んで涙が出たんです。おれは吉孝のことをよく知っていたつもりだったけれども、信じていなかった、という自己批判の文がありますね（同二六五ページ）。あれは大変なことだと思うんですね。西田氏だからああいうことが書けたと思うのです。あの本を読んで何べんか、いろんなところで涙が出たんですけれども……。つまり、人間として向かい合う、人間としてふれるということのむずかしさということ、何といいますか、尊さというものを湊川の教師たちが、今、がしんとぶつかって、頭をかかえているということのような気がするんです。

吟味としての授業を支える学問

林　ここで私の学問観を簡単に言うと、さっき出た裸になるという問題についていえば、要するに裸になったときの人間の内実を形成するものが学問じゃないかと私は考えるのです。ですから、武器として役立つもの——精巧な武器だの便利な道具をつくりあげたりするものは学問ではない。それは技術だ、というふうに私は考えているわけです。

竹内　裸になっていく過程じゃないんですか。

林　それももちろんある。

竹内　私は今までそちらの方に重点を置いて、先生の話を理解していたように思います。

林　そのことをはっきりさせるためには、学問についての私の考えを少しまとめて申しあげた方がいいかもしれません。私の学問論は、まあひどく古い、ひどく古風な旧時代の学問論なわけですが。

竹内　古いったって、千年くらい古いという意味じゃないですか。

林　いや、二千年くらいですか（笑）。

それで、私の学問観のひとつの源流には、東洋古来の学問観があるわけです。その学問観によると、ほんとうに学んでいるかどうかは行為によって試さるべきものだということになる。学問の得力――得た力、学問の得力然るなり、というようなことをよく古人はいうわけです。

たとえば、吉田松陰が下田でペリーの船に乗りこもうとして失敗した。そして捕えられたという事件があったときだったと思いますけど、佐久間象山が「平生学問の得力然るなり」といって、非常に高く評価しています、あの失敗に終わった下田密航事件を。そういうふうに、昔から学問というものを考えてきたわけですね。ですから、学問というものは、追いつづける営みのなかで、学ぶということを通じて不断に自己の再形成がおこなわれる。その再形成の手段、素材として学問があるんですね。いろいろな人の、先人の学問を学ぶというようなことがある。しかし、基本はやはり自己の形成、そして再形成ということであったわけです。

それからもうひとつの源流は、ソクラテスの学問観ですね。ですから、両方とも二千何百年か前のものになるわけです。ソクラテスの学問ですと、ドクサ（擬似知）とエピステーメー（真知、認識）という対立があるわけです。エピステーメー、知識あるいは学問というのは、ドクサの吟味において成立する。したがってその成果というのは、具体的な形のある成果とか、業績とかというようなものとしてあるのではなくて、人間そのものにおいて成立するわけですね。つまり、学問というのは、ひとつの知識のシステム、学問体系をつくる営みとはちがうわけです。授業についていえば、それは吟味の力として結晶してくる。その吟味の力というのは、実人生においてはその生きる生き方を決定する。

ひとつの行動を選択するというような行為の中にあらわれてくるわけです。これは物をつくることとはちがう。業績なんかも、その「物」のひとつです。

学問は、物をつくり出したり、あることを成功させたりするための技術というものと、きびしく区別されなければならない。そして、技術というのは、無力なものが無力のままで強いものとして通用するというように重宝な便法なわけです。

ところで、そのテクネー——道具をつくる力がテクネーですけども——というものは、その成果、つくられたものの中に実を結ぶわけですね。しかし、学問というものは、プラクシス、すなわち行為において実を結ぶのです。行為というものは、ある成果があがることによって評価されるようなものではない。行為そのもののなかにその価値をもつものなのです。

これを具体的な授業に即していうと、学問というのは、教えるべき内容を豊かにするのに役立つというようなものではない。そういうものを豊かにするという役目もないことはないけれども、それ以上に大事なことは、授業のなかでの生徒の発言を、きびしく仮借なく吟味にかける、その力を養うということに学問の力があらわれると思うのです。その、きびしく仮借なく吟味にかけるということは、つまり仮借なくきびしく生徒を追いつめる、とことんまで生徒を追いつめることですね。私は、それを可能にするものが学問なのではないかと考えるわけです。

ところが、生徒と向き合って、誠実にきびしくこれを追いつめる仕事をやろうとすれば、それは直ちに自分にはねかえって、教師が自分で自分を追いつめることになってくる。自分を追いつめることなしに、もっぱら子どもを追いつめるようでは、だめなわけですね。ですから、追いつめる過程で必ず自分を追いつめる、自分が壁につきあたるという場面にぶつかるはずです。それですなわち、教育が学問になってくるわけです。やはり自分に戻って、自分を問い直したり、再形成したりするひとつのきっかけというものにぶつかるわけですね。

その意味では、私は授業というものは学問の質を高めたり深めたりするものなんだなと思っています。それから、その授業のなかで教師が生徒にほんとうに向き合うのは、この、生徒を追いつめる作業においてではないかというような気がします。向き合わなければ成立しないということもありますけれども、逆に、追いつめるという作業を離れて向き合うということがあるのではない。そうでなければ、非常に抽象的、一般的な形ばかりのものになってしまうんじゃないかという気が私はしています。

それで、その追いつめるという作業は、技術でできることではないのではないかと思います。授業が成立するための最もふかい根底は、教師が身構えるということをしない、鎧だのかぶとだの、武器をいっさいもたないで、裸で、手ぶらで生徒の前に立ち、生徒のなかに入りこんでいくことではないのかという気がしているんです。

これは、竹内さんとの話を重ねるなかで、次第にはっきりと考えるようになったことです。何らかの力によって子どもを動かそうとすれば、湊川の生徒のようなものは、実にみごとに拒絶するわけですね。

竹内　拒絶する力はすごいですからね。

林　もう完全に峻拒するわけ、受けつけないんですね。私が手ぶらで彼らの前に立つことができたとすれば、そこにいくらか、私が今までやってきた学問というものの働きがあったのかもしれないという気がしています。

ところで、教師の原罪《オリジナル・シン》ともいうべきものがあって、教師は自分を変えないで、何とかうまい仕事のできる方法はないものか、そういう便利な手段はないものかというようなことを絶えずさぐっている。彼らは技術しか求めない。学問など無縁なものと感じているわけです。技術というのは、結局自分の救いなわけです。子どもの救いの問題ではないわけです。ここに教師の業《ごう》がある。

いずれにしても、技術というのは道具をつくりだして、それをどんどん改善していく能力です。そして、技術というものは基本的には、あるいは根本的には自分の身を護るための、防衛のための手段なわけです。力で自分を護るという基本的な性格は、どこまでもつきまとっているわけです。そういうものに頼っているかぎり、ほんとうに生徒の救いというものを考えることにはならないんじゃないかという気がしているわけです。

学問ということを、技術というようなものを手がかりに考えてみると、こういうことで、具体的には授業に即して学問というものを考えることができるんじゃないかなという気がしているんです。

3 「口だけ動かしている」のでない教師たち――教師と生徒たちと

学校教育の退廃を考える

林 学校教育について少し私の考えを話してみたいんです。ジョン・デューイが、フォーマル・エデュケーションというのは――学校教育なんかその代表的なものですが――、インフォーマル・エデュケーション全体のなかでごく限られた、しかもスーパーフィッシャル、すなわち浅薄ないし皮相の部分にすぎないんだといっています。ですから、そのスーパーフィッシャルな学校教育の根底に、インフォーマルなエデュケーションの厚みのある根底がなければ、学校教育というのは非常におかしなものになってしまうのですね。

ところが、現在はそうなってしまっている。すべてが学校教育、塾やスイミングスクールみたいなものまで含めて、みなフォーマルな教育として子どもに押しつけているわけですね。そして、その根底にある人間というものは、やせる一方なわけです。結局フォーマル・エデュケーションというのは、竹内さんがこの前もいいましたけれども、今の資本主義社会、あるいは利益社会のなかでのものだという性格はどうしても抜けられないわけですね。

ですから、要するに軍隊内における「人間形成」に似たような形でしか、今の学校教育あるいは教育一般が行なわれなくなってしまっている。やはり、人造的な教育を通じて、人造的な人間がつくりだされているということがいえるわけで、この状態にもし反乱がおきないとすれば、もう人類は滅びるほかないという感じですね。

竹内　非常にそれは強く感じますね。戦後、資本主義社会は、民主主義という旗印の下に、自由ということばとほぼイコールなイメージで売り出したわけですね。その残映がまだ教育界にはあるようですが、現代の教育は、非常にメカニカルな、まさに軍隊の訓練というか、そういうものに見える。近接する分野でも、人間を治療し解放することを目的とするはずの心理療法なども、結局は人間を管理し操作するための潤滑油として〝寄与〟してくるというふうな感じがかなり強いですね、今は。

それが現代の必然だとすれば、人間をとり戻すとか人間が人間になろうとするということは、今先生がいわれたように拒絶するということからしか始まらない。つまり、反乱をおこすしかないわけで、湊川とか尼工というのは、意識するとしないとにかかわらず、明治時代からずっと今まで、どんどんどんどんメカニカルになってきた学校教育という人間抑圧の尖兵を、ひっくり返して、はじめて学校というものが人民の側にまわろうという戦いのような気が、今はしているわけです。

林　今の学校教育の退廃というのは、教師がみんな下士官的になってしまっている姿にもっとも端的にあらわれていますね。これやれといわれたことをやっているだけという――。自主的に、自分がこう考えて、ここでどうしてもこういうことをやらなければならないというふうに動いているのが、きわめてまれになってしまった。教育行政が教師を専門職だ専門職だといいながら、それは月給を少しあげるだけで、教師に求める仕事というのは、まったく下士官・下請けの仕事ですね。そこのところが、最近、問題の焦点になってきたような気がします。

竹内　教師は、追いつめる力をもたなければだめだということと、裸で向き合うということですね。この二つのことと関連していいますが、それについて感じたことは、授業を受ける側からいうと、追いつめられるといっても、教師に追いつめられるのではなくて、教師が発する問題提起によって、自分が自分を追いつめていくわけですね。

林　ええ、そうです。

竹内　自分が自分を追いつめていくということが成り立つためには、その人が教師を信頼していなければ、そんな気がおこるはずがないわけで、抑圧されている人間ならば、なおさらのことです。つまり、教師が自分と一緒になって、その過程を、どんなに自分がおじおじしても、また逃げだそうとしても逃げだすことを許さないで、一緒にそこを通ってくれる、あるいは通らずにはおかないという人間的なある気魄といってもいいし、誠実さといってもいいし、それこそ裸であるといってもいい、なんといったらいいか、そういうものを生徒の側が教師から受けとらなければ、自分を追いつめるという作業をそこで始めるはずがないと思うんです。

林　確かに吟味によって、いわば日常的次元のなかで自分に顔をそむけていた人間を、否応なしに自分とちゃんと向き合わせるという、それによって日常的な自分を超えていくというプロセスがあって、解放ということになるんだろうと思うのですね。

竹内　その、向かい合わせるということは、とても大変なことだと思うのです。今、レッスンをやっているとき、そこのところばかりやっているのですけど、ひとりの人間がひとりの人間に向かい合ったときに、相手のひとがこちらの顔をちゃんと見るというところまで行くためには、大変なことがあると、最近感じるのです。今は、みんなひとが怖いわけですね。自分だけの世界へ逃げこんでいってしまうということが非常に多い。それを何とか開いていくためには、ひととつながりたいというある意志みたいなものがはっきりと心の底にないとだめだと、最近になって気づいたのですが、その閉じこもりたい自分とひととつながりたい自分というものが、心のなかで激しい葛藤をおこしている。だから、それに対して、たとえば教師がふれていくとすれば、かれのなかでおこっている葛藤と同じ次元に立って近よらねばならない。しかも必ずそれは拒絶されるわけですけれども、拒絶されることに絶望しながらも絶対に捨てないと——。

子どもたちが、林先生の授業のときに顔を上げて、先生の顔をまっすぐに見ているということが、現代という社会において、子どもたちにとって——湊川であろうとどこであろうと同じだと思うのですが——、どのくらい大変なことで、そのことが、もちろん無意識だけれども、どのくらい大きな変化をからだのなかでおこしているかということを、私はこのごろ痛感するのですね。ひとの顔をまっすぐ見ているというのは、すでに子どもたちが自分を開いていることでしょう。

林　うん、うん。

竹内　そういうことというのは、今の社会では、もうめったにないことだ。それがなぜ成り立つのかということと、それが成り立ったところからでなければ、何も動かないという、そのことをとても強く感じます。

それを、私はただ、人がふれるということばだけでいったのですが、その人がふれるということのなかに、先生がいわれた学ぶとか学問という問題が、そういう地平がずうっとあるというか、たぶん重なっているのだということを、やっとこのごろわかるような気がしているわけです。

林　ですから、今の学校教育では、やはり頭の一部にある一定の知識を植えつければいいということで、その人間全体がそれを拒絶するとか受け入れるという問題ではないのですね。

竹内　全然ない。と同時に、それを逆にいいますと、何といいますか、知識を与える、それを受け入れるというんじゃなくて、こちらがどういう知識を与えようとしているかということを先取りして、それに早く食いついてくる人間をつくりだしていると、私は思うのです。

林　ええ、そうですね。その点では、久茂地小学校の五年生のとき授業した立津君というのは、こう顔を手でおおってしまった。あの子は、あのときは感想を書かなかったんです。二度目のあの映画に撮った「人間について」の授業のなかではにこっと笑うところが出てくるわけですが、そのときは感想を書いている。その感想というのは、かえるの種類にどんなものがありますか、おおかみの種類にどんなものがありますか、とこういうことばっかり書いているわけです。授業の本筋の問題に関係のないことが、ぱあっと出てきたんですね。周囲から抑えつけられて自分を閉ざしてしまっていたものが解き放たれた。その解き放たれるということが、向き合うことの結果なのか、前提なのかは私にはわからないのですが。

授業を成立させるもの

竹内　そういうことが成り立つのは、たとえばF君は知恵遅れといわれて、あまりしゃべらない生徒だそうですが、芝居を見たあとで感想をきかれたら、「よかった」といって、いきなり「おれに抱かれるのじゃない、おれを抱け」という、今見たばかりの芝居の中のセリフをすらすらと口に出したというのです。これは、私は身にしみているのです。というのは、障害者の気持というものがものすごく出ていると思うのです。無条件に受け入れられたい、甘えたい、というと、ちょっと誤解されるのですが、とにかく自分のいろんなごちゃごちゃした迷いとか、何もかもひっくるめて無条件で受け入れられたいという渇望は非常に激しいと思うのです。このF君にはっきりあらわれているのですが、湊川の生徒たちに共通したものとして——はっきり意識しているものも、気づいていないものもいるだろうが、おおかたは閉じてそれは人に見せないでしょうけれども——、全部をともかく引き受けてくれる、受けとめてくれるという感覚があるところでなければ、びくとも動かないものがあるわけです。そのことが、林先生の授業を成立させる決定的な出発点だと思う。向かい合うときに、全部を引き受けるというのと、ある部分を成長させよう、あるいは教えようということとでは、客観的に見ているとそんなに違いがないみたいに思うかもしれないが、受ける側からいうと決定的に違うんですね。

林　その違いがはっきり見える人は、ことに教師の間には少ない。

竹内　授業を受ける側からいうと、全部を引き受けてもらえるから、安心して全部を出すわけですから。

林　その向き合うということ、これは竹内さんが、芝居をもっていったときの湊川の観客について語っているところで、瞬間ごとにピチッと抜きさしならぬ対応がある、ちょっとでも狂ったら、ぱっとはねつけるようなものが出てくる、しらけるというのが出てくる。ああいう向き合うっていうのは、ある一瞬におきることじゃなくて……。

竹内　ええ、そうじゃないですね。

林　継続的に対応が行なわれていることなんだなあということですね。これが授業などでは、非常に呑気《のんき》に考えられている。

竹内　ですから、先生が、教育は解放であると、解放教育が教育の原理であるといういわれ方をしたのが、ようやく納得できつつあるわけなんです。

向かい合うものに対してある信頼をもつ。自分がどんなにへんてこりんなところへ出ていっても、ちゃんと一緒につきあって、人間的な意味を引き受けて、こっちへこいならこっちへこいといってくれる、というようなある信頼感があってスタートするということがあって、それからさきに、段階的にいうのもおかしいですが、追いつめられていくという作業がある。その追いつめられていく作業というのは、教師の論理にしたがって追いつめていくのではなくて……。

林　ええ、そうじゃないですね。

竹内　子どもがそのときぶつかったものによって、道が、次の道がみつかっていくわけですね。

林　前に書いたことがあるわけですけれど、私の授業をうけた久茂地小学校の子どもが、授業の中で「それぞれに自分の問題をみつけて」ということを書いているのです。ですから、ひとつの同じ授業をうけながら、それぞれの問題をみつけるということを子どもが感じとっている。なんとも鋭い。で、それを追っかけていくうちに、今度は問題に追っかけられはじめるわけですね。そして、問題に追いつめられた、その状態だろうと私は立津君の姿を解釈したいのです。

竹内　しかし、そこが教師の人たちの一番わからないところじゃないんですか。つまり、問題を提出するのは自分であって、それを解くのは子どもたちである、という思考のパターンが壊れないと、そのことは理解できないことで、それは非常にむつかしいんじゃないかと思います。

林　しかし、そこを越えない限り、教育は成立しないですね。教育が教師の力によってできることだという迷信があるうちはだめですね。

竹内　そういう形でやっていくことによって何が出てくるかというと、私からいうと、ふだん生活のなかで抑圧されているものが、いつもだったらそういわない、気がついていないものに、気がつかされていくというか、あれ、こんなはずじゃなかった、こういうふうに考えていたけど、それは違っていたのかもしれないというふうに気がついていく。気がついていくという過程とほとんど同時に、自分のいいたいことがはじめて見つかってくるということがあると思うんです。

自分のいいたいことというのは、ただ出てくるというふうに、どうも一般には思われているんだけれども、そんなことはないので、自分がいいたいことを見つけるまでというのは、実はとても大変だと。

林　ええ、そうですね。それが非常な苦悩の期間ですよね。

竹内　ええ。その過程がつまり解放されていくという過程であって、だから、自分のなかに動いているものを発見し、それを表現するという過程そのものが、解放されていくという過程であろうと思うのです。

林　ある段階になれば、いいたいことがはっきりしているんだけれどもいえない、ということはありますね、いろいろと。しかし、もっと根本的に苦しいのは、いいたいことが自分ではっきりつかめないわけですね。

竹内　ええ、そうですね。

林　それがつかめると、ひとつの解決になるわけですね。

竹内　ええ。田中吉孝君の文章は、低学力の証拠みたいに言われるということを聞いて仰天したんですが、あの文章の底に、人間が表現を求めて必死になって動いている、動きみたいなものが読めないというか、それを受けとめなかったら、人間のことばの問題とか、表現の問題などというものは成り立たない。

とくに今の社会では、いいたいことに行きつくまでが大変だと思うのです。湊川の子どもたちなんかは、自分のことばしかもっていない、簡単にいうと。だから、いいたいことにぶつかるのが早いんだ。ところが、私などが東京でつきあっている人たちというのは、むしろ逆に他人《ひと》のことばで語るように訓練されてきているものだから、しゃべっていることが自分のことばではないのだと、気がつくまでが大変です。それをやぶっていく作業が、先生のいわれるドクサをやぶるということだと思うのですが、ドクサをやぶるということがなぜ解放になるかということですね。それは、とても大変なことで、やっているつもりの当人が、ドクサでドクサとけんかをしているにすぎないということは、いくらでもあるような気がするのです。ただ、両方でえっちらおっちらやって、なんだ、こんなくだらないことになぜ気がつかなかったんだろうというふうにわかったときに、はじめて解き放たれる、自分のことばがみつかる、というふうに私は思っているのです。

林　湊川の教師が、反保《たんぽ》君だったか、私のことを、宇宙人に侵入されたっていったんですね。その意味を考えてみると、私はいいたいことばかりいっているせいかもしれないですね。いいたいことしかいわない。いいたいことなら何でもいう、それが異例の経験だったのかもしれない……。

ただ実際、湊川のような世界があって、ああいう生徒がいて、それに対して、どんなことがあろうと生徒の側に立とうとしている教師がいる、さらに尼工があるというのは、私の表現でいえば、地獄の桃源という感じです。

湊川・尼工の教師たち

竹内　湊川では、これまで林先生が授業をされてきた学校のように、子どもたちと出会った場に教師たちが立ち会っているという形では始まっていないわけですね。最初に教師と林先生とが出会っている。そして、教師たちにとって、自分たちがぶつかっている問題を突破するために、どうしても林先生が必要であるらしい、と。だから、林先生に来てもらおう、と。そこで、林先生によって起こったことに教師が愕然としているという経過になっている。それが一人二人の教師ではなくて、学校の教師全体がそうであるところがまったく稀有《けう》のことだと思うのです。

林　私が最初に、一昨年（一九七六年）の十月に話をして、教師たちの感想によって、これなら行ってみようという気持になったのは、教師たちの基本の姿勢が根本的に他の学校の教師たちとちがうのが感じられたからです。

子どもがそこにいて、これをどうしたらちゃんと教室に入らせ、あるいは座席にすわらせ、そして彼らを「荒れる」ことから自由にしてやれるかと、あそこの教師の頭の中にあるのは、そればっかりなんです。そして、私が授業をして、子どもから思いがけない感想が出た。教師はそれを見てあの子どもがこんなものを書いたのかとびっくりする。びっくりすると同時に、手ばなしで喜んでしまうのです。自分がだめだということがわかったときに、手ばなしで喜んじゃっているわけです。手ばなしで喜んでは、また福地さんに叱られるわけです。なんでお前たちは喜んでいるんだ、自分にそれができなければなんにもならんじゃないか、と叱られる。自分がけなされながら、叱られながら、子どもが美しくなっている、すばらしい感想を書いていると、それを手ばなしで喜ぶというのは、教師としてはまことに稀有のことですね。ふつうは、そんなことをあなたは言うが、私はこれだけのことをやっているのだとか、こんな悪条件のつみ重なっている中で、何ができると思うのかとかいうようなことをまず言う。弁解が先にたつのです。けれども、湊川や尼工の場合はそれが一切ない。

竹内 それで、教師たちにとって大変しあわせなことは、おれはこういうところがだめだ、だからこういうところを林先生に学びに行こうという具合に絶対にならないということ。学びようがないということが、大変しあわせなことですね。

林 ですから、西田君と福地さんが私に入ってもらおうという決定をしたのは、あいつなら真似ようがないだろうからということなのです。そこが非常に他とちがうのですね。私は、小・中学校で授業をして、一番いやだったのは、私の授業を教師たちが模範授業としかみないことでした。ですから、すぐに学べるようなものがないと、あれはだめだと言う。あるいは、自分たちのありあわせの物差しで測って、あれはだめだと言う。それが一番いやだった。

竹内 私の経験からみても同じですね。小学校の教師はほとんどそうなのじゃないかと思っちゃうんです。レッスンを受けるときに、子どもに今度指導する場合はあれをやってみようとか、技術のパターンを盗むみたいなつもりでやっている。そういう人がかなり多いのです。私は、そこに来ている教師自身と一緒になって、それぞれの心とからだの歪みを感じてみたり、声がほんとに他人にふれているか確かめたりといったレッスンをやっている。私にできるのはそれだけですから。私は技術を教えるなんてことはできない。ところが、教師の多くは、それを発声法や心理操作の技術ととって、子どもにどう適用するかということばかり考えている。これは、かなり絶望的なすれ違いです。

レッスンが進んで、自分の深層の姿がむき出しになってくるような段階に入ってくると、たいていの職業の人は途中で、自分というものが今まで思っていた自分とまるきり違った現われ方をするので困ってしまう。そして、「ほんとのオレってのはこれなんだろうか」とか「おれはこんな仕事をしていていいんだろうか」とか思いはじめるのですね。ほんとの自分が求めるものが、わからなくなってそうなる人もあるし、求めるものがはっきりしてきて、それと社会とのギャップに悩むという形になる人もある。そこで職場をやめてしまった人もいれば、やめないでもう一度がんばる人もいる。とにかく内面的に激しい動揺を経験する。

ところが、教師となると、まず八〇パーセント以上そんなふうにはなりませんね。教師をつづけるということ自体は全然変わらない。自分がほんとうに教師でいていいのかどうか、という疑問はほとんど出てこないですね。

林　一種の業《ごう》という感じがしますね。

竹内　教師は実に防衛本能がつよい。上司からにらまれ、PTAからは監視をされ、で無理もないとは思いますが――。私のレッスンでは、ある段階になると、たいていの人がそこから先へはこわくて踏みこめないところへ来る。そこをものすごい集中で超えることで、非日常的な自己が露わになるわけですが、教師は大かたそこまで行かない。こわいところ、自己をこわしそうになるところへ近づくことに大変レーダー感度が発達していて、ふつうの人がまだ気づかないはるか以前に慎重に逃げてしまうのです。しかしこれは、教師というより官僚というものの本性といった方が正確なのかもしれませんが。

湊川の教師たちはその逃げ道を封じられている。こわくても何でも、必死に生徒に向きあっている、ということなのでしょう。

林　湊川で私はこんな経験をしたことがあります。ある教師が生徒にぶんなぐられた。あごが赤く腫れあがっている。何人もの教師が集まって、なぐられた教師と目撃者をとりまいて、ことこまかに事件の経過をたどり、腑におちるまで問いただす。それは、私が神戸での滞在を切りあげて仙台に帰る前日で、そのつき合いはだいぶつらかったのですが、えんえんとみんなで話し合って、夜中の二時ごろになって、ようやくその生徒が教師をなぐった理由がはっきりした。そうしたら、その途端に、なぐられてあごの腫れあがっている教師をふくめて、みんなの顔がパッと明るくなった。私は感動が抑えられなかった。

湊川の教師は、大なり小なりそういう経験をして、その中で自分をつくりかえながら次第に生徒と向きあえるところまでたどりつくわけです。それのできない人間には、あそこはつとまらない……。

竹内　そういうことになりますね。この前行ったときに、教師たちの集会で、伊田さんでしたか、朴君の背筋がしゃんとしてきて身長が伸びてきた、加藤好次君がどもりが治ってきたと、とても喜んで言っていました。私は、身体のことはずっと考えてきたし、レッスンもしてきているから、多少わかるのですが、ああいうことというのはなかなか見えないものなのです。現象はいくら起こっても、それが見えない。私は、あのことを報告し、そしてそのことを信じているという見え方に感動したのです。ああいうことが実際に目の前で起こっていても、そういうものとして見るということは、なかなかできないことなのです。

林　ふつうの教員から言えば、それを認めることは、自分が否定されたことになる。ところが、湊川・尼工ではそれによって自分が救われたと感じる。その違いは無限といってよい。しかし、私自身にとっても、この経験はほんとうに不思議なのです。一回の授業が、朴君や加藤君に見られるような持続的な変化のきっかけになるということは——。ふかいところにはじまった変化は、次第に浮上しながら、波紋のように拡がってゆくみたいですね。

竹内　私は、そのことだけは信じられる。そういう奇跡はいたるところで起こりうるし、一度動きはじめたら、伸びていく力というものは止めようがないほどにすごいものだと。

「変わる」とはどういうことか

林　だから、何かがそれをおさえていたわけですね。朴君なんかはそう思いますね。周囲から押し込められて、自分で自分を閉ざしてしまったという感じが、とっても濃厚ですね。かれ自身の内に封じこめられていたものが解き放されて変化がはじまり、持続する。西田君の名言のように、「まるごと変わることによって」背筋もしゃんとなって、ポツポツながら学ぶこともはじめるわけです。

しかし変化は決して一様ではない。田中吉孝は田中吉孝なりに、加藤好次は加藤好次なりに、朴隆章は朴隆章なりに、それぞれの変わり方があるわけです。大事なことは、人間は弱いものだということを忘れないことです。それぞれの業《ごう》を背負ってひとは生きているわけです。ことに彼らは重い荷を背負って生きることを強いられている。変わったといっても、シャツか何かをクリーニングに出したようにいっぺんにすべてのしみも汚れもとりさらされるはずはない。「まるごと変わる」とは、生きてゆく基本の向きが変わることです。プラトンは『国家篇』の第七章の冒頭で、洞窟の譬喩によって、人間がドクサから解放される過程を説いています。これはまた別の機会に「パイデイア」の問題として考えてみたいと思いますが、鎖《くさり》をきって、立ち上がって、向きを変えて（回心 Conversion）坂道を上に向かって歩き出しても、その歩み続けるのには、無限といってよい、ありとあらゆる障害がある。それを一つ一つ克服したのちでなければ、新生はないので実に大変なことなのです。「まるごと変わる」ということは、この困難な長い道程に一歩踏み出すきっかけをつかんだということなのです。長い時間の努力の継続の上に、わずかですがプラスの方向に何かが積み上げられる可能性が生まれたということで、これはしかし無限に大きい変化なのです。

いまの問題は、何がこの変化を生み出す力なのかということです。

竹内　さっき言った、全部を受け入れてくれるところにいかなければ、変化の芽は出ないんだと思うのです。ところが、社会の中ではそういうものはそう簡単に見つかるはずがないので、学校という限定された場所だけれども、湊川では、まったく全人格を全部引き受けてもらえるという、個人個人の先生についての好悪とか信用している信用していないということはあるでしょうけれども、そういう個々のことを超えて、教師集団に対してそういう信頼感があるということが、湊川や尼工で福地さんはじめあれだけの教師集団が、それこそ惨憺たる苦労をしてつくりあげてきた一番大きな宝だと思うのです。

私たち、芝居をもって行ったでしょう。荷物が着くと、教師たちが朝早くから来て、荷物をあげて講堂を整備して、子どもたちに見せる芝居のために一所懸命に汗を流している。ふつうの学校だったら、先生が指揮して生徒が何かをやるわけだ。先生は教員室にいて、ときどき「これはどうしますか」と言われると、はじめて出ていくというのがふつうですから、そういうのから見ると、まるで違うということはもうはっきりしているのです。

林 うん、平尾義則君がおもしろいことを言っているのです。彼が、神戸同協（神戸同和教育研究協議会）に、本をたくさん持って届けに行ったことがあった。百冊で、相当の量がある。あそこだけはみんなが出てきて、みんなで運んでくれたというのです。ふつうの学校では絶対見られないことだ、これは「身体も動かしている先生と、口だけ動かしている先生との違いかなあ」と彼は書いています。

竹内 いや、身体を動かさなければ、絶対に相手がいうことをきかないということで、ちゃんとこう通っているわけですね。

林 だが、そういうことは、日本の教育界の現実のなかでは、他ではほとんど見られないことなのです。

竹内 私がはじめて湊川へ入ったとき、廊下で感じたことがあって、ノートに書きつけたことばがあるのですが、「教師を信じていない生徒たちのからだ。それに怯えている教師のからだ」。

しかし、私には現象だけは見えたけれども、その意味はまだよく見えていなかったと思うのです。第一、反乱したからだは学校へなんか来るわけがない。生徒がそこにいるのは、大変な苦労をして教師たちがそこへ呼びこんでいるからです。福地さんや西田さんの本にうかがわれるような、思いも及ばない苦闘がある。湊川ではないのですが、同じ解放研の松村さんの手記で、ある障害児のひきとり場がどうしても見つからないとき、これはもうしかたがないと言ったら、なぜ自分の家へひきとって面倒をみないんだ、と詰問される話があって、唸ってしまったのですが、あそこの教師たちはみんなそういうところを通ってきているんですね。その教師たちへの、生徒のある信頼がなかったら、学校なんかふっとんでしまっているのだ、ということですね。だから、私が見た生徒と教師のからだの間にある緊張は、一種の契約みたいなものが交わされていて、それが満たされるかどうかを、両方が探っている姿だったんだと、今になって思うのです。

私から見て、湊川は、近代日本文明の歪みを、最も激烈に受けたからだがそこにあるということなのだと思います。

教育は人間の解放である

林　私の場合は、教師にはじめ気づいて、それから授業をして子どもに出会った。これは本当に大変な経験で、私はあの経験をもたなかったら、絶望の中で老いこんでしまったと思うのです。

竹内　湊川の教師たちが林先生に会って経験した決定的なことの一つは、学問は人間を解放するものだ、ということを事実で示されたことだと思うのです。生徒たちには、私も同じなのですが、学問といえば、膨大な知識の集積で、権威に守られていて、それはおれたちを命令し縛るものの元兇だという感じがある。そこへ、ほんとうの学問というのはおれたちを解放する具体的な手だてだ、と言われたのだから、学校での勉強の意味がひっくり返ってしまった。少なくとも教師にはそういう地すべりがあった。というより現在進行しつつあるように思うのです。決定的なのは、学問というものの力は、人格と一つになってはじめて現成するのだ、ということを、林竹二の姿によって教師たちが目の前に見たことだと思うのです。学問というのは、客観的な、一人歩きする存在物じゃない。めくられ、試みにあいつつ身につけていく「知恵」であり、それが解放の過程そのものなのだということ。先生が、教育は解放だと言われた意味を、私はようやくここまで追いかけてきたのですが――。

湊川は、現代における学校というものの矛盾をもっとも鋭く露出した現象であって、だからこそ、林竹二の意味はほかの多くの学校でなく、まさにここにおいて機能した、ということですね。

林 私ははじめ湊川に入って、ついで尼工に入った。そこの教師たちは、学校教育の捨て子たちをまるごと抱えこみながら、授業創造の仕事に日夜骨身をけずっている。その姿を見ると、ほんとうに頭が下がります。湊川や尼工の教師の日々の生き方を見ていると、もはや制度に支えられた職業としての教員という埒《らち》をとっくに越えてしまっている。福地先生が尼工の沢井君の感想を読んで、沢井は生徒たち一人一人の中に仏さまを見て、礼拝しているんだと感動していましたが、私はこの二つの学校の教師たちは、無意識ながら、神なり仏なりに、向き合っているのだなと感じられるのです。私が尼工ではじめて授業をして、生徒たちの感想に基づいて話をした。それを聞いた教師たちが書いた感想は、一つ一つがほんとうに素晴らしいものでしたが(『教師たちとの出会い』国土社)、沢井君のを一つ引用して、この長い長い対談を終わりたいと思います。

林先生のお話を聞いていると、日頃私が感じている子供達の姿より何か大きな所で見ていられ、本当に真心を持ってしかも厳しい要求をぶつけているように思った。

自分は、どうであったのかと後姿をふり返ると本当の気持をぶつけていなかったように思う。これで、子供の心が開けられるはずがないし、顔だけ、その場だけをつくろっていれば何か話が出来たような気になっていた自分を子供達に恥かしく思う。

林先生が、子供の作文を読まれたとき、子供達の顔が私の画面一杯になり、こんな優しい子、こんなすばらしい子がなぜ今まで心の底からそう思えなかったのか、先生が読まれるたびになぜか泣けてしかたがなかった。

また、奥さんが、最後に「こんなに優しい子の芽をこれ以上つまないでやってほしい」と言っておられたように思う。

このつまれようとする芽が人間として、本当にすばらしいと言うことを身体全体で感じた気がする。また、泣けて来る。

私のクラスの子供達が、頭の中で我れも我れもと首をつき出して来るが、どの顔も目を輝やかし、笑っている。

彼らのその手で私の目をさませと優しく、ゆり動かしてくれている気がする。

湊川で学んだことの一つ

竹内敏晴

昨年（一九七七年）の二月、湊川高校で林竹二氏が〈人間について〉の授業をされました。その写真を初めて見た時の衝撃を私は忘れることはできません。なかでも私の目に焼きついたのは中田加代君の凄まじい眼でした。『教育の再生をもとめて――湊川でおこったこと』の巻頭に掲げてある、あの写真です。毛を逆立てたヤマネコが嚙みつきそうな、燐光を発するような眼。だが、この眼は、授業者をしかと見据えるだけでなく、大きく内に向かって開きっぱなしになっています。凄じい集中が生活の底まで垂直に貫き、そこで思考が渦巻いている。たぶん人がその一生の間に、一度しかもつことのない眼ではあるまいかと思います。かの女は形に見えぬドラマの頂点を通過しつつあったのでしょう。

四月に私はかの女たちのクラスと、からだとことばについての実習をやりました。ぽちゃぽちゃっとしたかわいい女の子が前列にいたので「出てこいよ」と言ったらニヤッと笑ってすいと出てきてレッスンの間中コロコロ笑いっぱなしだった。あとであれが中田加代だと聞かされて私はあっけにとられました。どうしても写真の顔と幼いほどエネルギッシュなさっきの女の子とが結びつかなかったのです。

六月か七月に、林氏の授業〈開国〉で、私はかの女のすぐそばにいました。かの女の顔は二月のそれでも四月のでもありません。思考の深まりと感情の動きが微妙な調和をもって刻々に止むことなく動いている。思考が伸びやかに発展し、感情が豊かに分化しつつあるのが、まざまざとわかりました。

このような変化は、かの女だけのものではありません。十一月だったかに、伊田哲朗氏（湊川の教師）が、知恵遅れと言われていた加藤好次のどもりが直ってきている、虚弱で五分と腰掛けていなかった朴《パク》隆章の背がシャンと伸びてきた、とニコニコしながら報告しているのを聞いて私は胸が熱くなりました。こういう現象は、身近に起こってもなかなか気がつかないものです。それが的確に見えている伊田氏の愛というか、触れ方をありがたいことだと思いました。人が、人のからだが、変わってゆくというのは、こういうことだ。奇跡みたいなことだが、しかし、人と人とがほんとうに触れあう、出会うということがあったあとでは、必ず、目に立たぬほどであっても、確実に動いている。

教師の側はどうでしょうか。今年の春、ある地方の現職教師の集まりで、私は、合図をしたら自由に相手を選んで並んで下さいというレッスンをやりました。私が手を拍ったとたん、二十数名の教師たちは、サアッと五列縦隊に並んでしまった。一人残らず、です。私にはひどいショックでした。一人ひとりの人間が相手を選んで並ぶとなれば、居心地わるく身を離すものも、ひどく親しく肩を抱くものも、顔を見れずにウロウロするものもあるだろう。その一つひとつの例から出発して、自分のからだがいかに他人に対してひらいていないかに気づいていこうというのが、そもそもの私のもくろみだったわけですが、ここでは、自分の肉体を石か木のような〈もの〉として並べている人たちがあるだけです。

小学校以来〈並ぶ〉といえばこういうことだと思っていた、と多くの人が言います。ではこういうふうに並びたいと思った人はあるか、と訊くと、だれ一人いない。なのになぜこういう形に並ぶのか、と問えば、先生に言われたから、ということに帰着するのです。とすれば、これは〈並ばされた〉〈並べられた〉のであって、〈並んだ〉のではないでしょう。にもかかわらず、いつのまにか〈並ばされた〉ことが、〈並ぶ〉ことにすりかえられてしまっている。そしてかれらは、かれらの〈からだ〉が扱われたように、生徒たちの〈からだ〉をただ〈もの〉として、なんの疑いもなく〈並べ〉ているに違いないのです。

明治以来、富国強兵のための働き手の養成機関として、軍隊とともに学校が果たしてきた役割は、軍隊が企業に代わった今日もちっとも変わってはいないということでしょうか。

主体としての子どもの〈からだ〉はどこにいるのだろう？
だれがこの状況をくつがえすのでしょうか？

子どもたちの〈からだ〉は、ゆっくりと死へ向かって押しやられつつあります。背筋が弱り、垂れ下ってきた背骨が彎曲し、あごが出、のどは狭く詰められ、てのひらはものをつかむ力を失い、股関節が固まります。つまり言語障害や自閉へと少しずつ追い込まれているのです。子どもたちは教師や親たちの従順なロボットとなるか、でなければ無気力な、なにもしたくない〈からだ〉に自らを閉じていく。

そういう子どもや青年たちが〈からだ〉を解きほぐし、歪みを破り、そしてそのてのひらで他人にふれることを怖れず、喜びを感じるまでになるにはどうしたらいいのか。それを私は手探りしてきました。その喜びこそ、人が生きようとする力の源泉だと思うからです。

だが、別のタイプの子どもたちもいます。湊川で私は、それをはっきり教えられたと思います。かれらは管理社会の締めつけを、全身で拒否しています。かれらはつつましく〈追い込まれ〉てはいない。かれらは荒れる。叩き返す。湊川高校へ行った初めての日、私のノートには「教師を信じていない生徒たちのからだ。それに怯えている教師たちのからだ」とあります。私にはその二者の間にある暗黙の信頼がまだ見えていなかったのだけれども、両者の間の緊張は、まがいもなく、学校教育という形で押し寄せる管理への反撃の身構えから来るものだったに違いありません。生徒たちにとって〈からだ〉をほぐすとは、この緊張をほぐすこと、まずは、教師がいわば寝返ってかれらの側に立つことにほかならないでしょう。

かれらは〈からだ〉を閉じない。むしろむき出しの裸のまま無器用に立っている。かれらに要るものは、そのからだをだれかがまっすぐに受け入れ、感情の激発という形でしか表出できぬかれらのエネルギーを、思考を深める方向に集中することを、授業によって助けることと。こう言えるでしょうか。それによってはじめて混沌とした感情は豊かな分化に向かうに違いない。両者の統合のみが〈からだ〉（こころ）全体をいきいきさせることができる。中田加代君らの変化はその証しでしょう。〈からだ〉をそだてるとは、全人格が成長してゆくことにほかならないのだ、ということを、私は見たのでした。

［第三部］

〈対話〉

ごまかしのきかぬもの——からだと魂

林　竹二
竹内敏晴

魂とはその人の「自己」

林　竹内さんは「からだ」ということをさかんにいわれるわけですが、竹内さんのおっしゃる「からだ」と、ソクラテスが「魂」と言っているのは、実はおんなじことじゃないかなって気がするんです。いずれも、ぜったいにごまかしのきかないもの……。

竹内　……そうですね。

林　経験したことが、全部そこに何らかの痕跡を残している。まざまざとその傷あとを残している。プラトンの『ゴルギアス』の中で語られている「魂」っていうのはそういうものですね。死後の審判の話があの本に出ています。大昔は、人が死のうとするとき、死のまぎわ、生きている間に審判をうけていた。するとどんでもないまちがいがあった。地獄からも天国からも、文句が出た。こんな所に来るはずのない人間が地獄に送られてきたり、逆に天国の方にとんでもない奴が入りこんできたり。どうも審判がうまくいってない。これは生きてるうちにやるからなんだ。生きてると、裁判する方もされる方も、何か衣装をまとっている。立派な衣装もあれば、みすぼらしい衣装もある。この世の権勢だの地位だの名声だのというようなことが影響しちゃって、それで審判がまちがう。それで、やり方を変えて、全部死んだ直後に、裁く者も裁かれる者も全部裸かになって裁き裁かれることにした。それからはちゃんと正しい裁判ができるようになった。死んだ後の魂には、生前の行為も、情念も、すべてのものがみんなその痕跡を残している。邪《よこしま》な生き方をした人間の魂は、みにくくひんまがっていた。魂っていうものは、プラトンでは、そういう絶対にごまかしのきかないものなんです。竹内さんは、それを「からだ」と置き直している、そんな気がするんです。

竹内　おっしゃる通りかも知れません。からだは全部表わしていますからね。でも、それをすべてイコールとして言っていいかどうかわからないと思うのは、存在としては、すべてそこに表われている。ところが、当人はそれに気がついていないってことがあるわけですね。それこそソクラテス流に言うと、吟味を経ないとわからないということがある。当人は別のペルソナ、お面をかぶっていて、それが自分なのだと思いこんでいる。外から見れば、これはペルソナであるぞ、と裏側が見えることもあるし、そのペルソナを通して、中のものが正直に表われているという場合もありますし。ですから、当人がそれに吟味をかけて気づかないと、自分の存在がわからないということがあると思うんです。

林　おもしろいもんですね。

竹内　前に先生は、竹内の言うからだっていうのは、ローマ人の言う「アニマ」に似ているとおっしゃったことがありましたね。

林　アニマというのは、もう少し自然的な側面が強いんですね。ソクラテスの「魂」という場合は、いわばセルフ（Self）です。その人間の「自己」が魂だというんです。

竹内　たとえば近代の深層心理学などでは、自我、エゴとセルフを分けて考えるわけですが、いまおっしゃったセルフというのは、そのセルフ、本来の自分ですね。とすると、そのセルフと吟味というのは、どう関係するのでしょうか？

林　吟味ってのは、そのセルフを洗い出す手続きといったらどうでしょう。
竹内　それはもともと、本来それぞれに具有されているんだけれども、当人が気づかない……。
林　それはやっぱり、からだとおんなじですね（笑）。

子どもたちの中でのきびしい吟味

林　ちょっとこの写真をごらんください。これは、阿蘇の方にある白水中学というところで授業した時の写真です。中学三年生。
竹内　ああ、これなんか、まっすぐ自分を開いて、からだ全部が先生の方に向いてるって感じの顔ですね。自分の方には何もなくて白紙のようになってるとも言えるし、先生の方から来るものを、自分を開けっぱなしにして全部受けとっているとも言える。
中学三年生なら、少しこう、何というか、自分の生活経験みたいなものもあって、それと照らしあわせて、「うーん、ちょっとどうかなあ」とか、「そういえばそうだなあ」ってところから始まって、どんどん全部自分を開いていくというところになっていくんですね。
ほっぺたに指を立てている写真は他にもたくさんありますけど、それとこの子とは、ちょっとちがうような気がしますね。同じように指で支えているんだけど、これは、「ちょっと待てよ」という感じだと思うんです。自分にストップをかけ、自分の手で、いま自分の中に入ってきたものを、自分の生活とつき合わせている。

次はもう少し開かれているけれど、まだ自分というもの、生活の用心深さみたいなものが残ってる。しかしこうなると、もう全部先生の方に向けて開かれちゃってる……。うわーっ！ていう感じですね。湊川高校の子どもたちにも、これに近い顔がずいぶんあると思うんですが、自分の生活とつき合わせてみて、「うーん、ほんとうにそうなのかな、どうなのかな」って、微妙なところで計ってるみたいな……。

林　やっぱり向こうの方で吟味にかけてる……（笑）。

竹内　そうそう、そういう感じですね。

林　生活とことば、両方をつき合わせて吟味してると言いますかね……。

竹内　湊川の中田（加代）君の顔もそうですけど、その変化も同じですね。最初は吟味してるんだけど、ついにはそういうことも捨てちゃって全部受けとめていくという感じになる。

林　中田君の感想は、「おとぎ話を聞いてるように楽しくて、先生の顔をずっと見てました」ってもんなんですよね（笑）（『教育の再生をもとめて』参照）。だから、表に出ているものと、中で動いているのと、まるでちがうんですね。

竹内　それはかなりちがいますね。雑談になって恐縮ですけれども、今年、宮城教育大学の推薦入学者の最終面接の時に、全員五十人ばかりのひとりひとりにレッスンしたんです。その時とってもらったビデオをあとで見ると、あ、竹内敏晴さんという人に初めてお目にかかります、みたいな感じでおかしかったんだけど、びっくりしたのは、学生とやりとりしますね、その時の自分の記憶が戻ってきて、あ、この時、自分の中ではかなりガタガタしてたんだなと思い出す。いろいろ迷ってたはずなんです。ところがビデオでみると、全然動揺してなくて、非常に単純に相手のことばを聞いて、非常に単純に相手にもういっぺん問いを投げかけるってことをやってるんですね。からだに表れるのは、心理の動揺そのものではないということ、つまり意識されている範囲をこえた、無意識の働きを含む、他者あるいは世界に向いあっている存在の仕方全体が表れるのだということだろうと思います。

林　中田君の場合も、写真にはあんなに言語に絶すると言いたいくらいの苦悩のあとが残っているのに、感想文ではあっけらかんと、「楽しかった」といってるんです（笑）。

竹内　終わってみたら、自分の通ってきた意識の過程は全部残っているわけじゃないからそうなるとも言えますね。その途中のある一瞬で断ち切って、「お前どう思う？」って聞いたら、非常にきびしいことを言ったかも知れませんが……。

林　この阿蘇の中学生が、授業をしたあと、一年あいだをおいてから、年賀状をくれたんです。

竹内　ちょっと読ませていただきましょう。

「謹賀新年。新春のおよろこび申し上げます。私は林先生の授業を受けた一人ですが、その時は人間でよかったと思っていました。それからいっときたって、そう思わなくなったんですが、ある友達に支えられ、今でも人間でよかったと思っております。林先生、どうもありがとうございました。どうか体には十分気をつけてよいお正月を。白水中のもと三年一組の子より」

うーむ。

林　一年、間をおいてからこういう年賀状をくれたわけですよね。授業の中で、自分の意識の中にはっきり出てこない働きがやっぱりあるんですね。

竹内　よく頭をかかえちゃったり、顔をおおっちゃう写真がありますね（『問いつづけて』径書房）。自分の中へずうっと入ってる。自分と向かいあって、自分を問いつめていると思うんですが、何といいますか、ダイバーがふかーい海の水圧の中に入っていくみたいな感じで。

林　そうですね。これだけ深い経験をしてるんですから、何か後に痕跡が残ってもふしぎはないという感じがしますね。

やっぱり、いろんな問題をかかえている人間に、深く受けとめられるということがおきてくるんですね。

竹内　そうですね、「ほんとうにそう言ってええのかいな、おっちゃん」と、いろんな風に逃げてみるとか、相手をはずしてみるとか、そういうことをくり返しながら、吟味している。自分に受け入れていいかどうか……。

林　言葉にはならないで、やっぱりはげしく問答が交わされているんですね。拒んだり、受け入れたり、そうかなあって疑ったり。

そういう関係が、受験ばっかり考えているような子どもたちの中では成立しない。これはたいへんな精神欠落を残すわけです。

竹内　そういうことですね。拒むとか、疑うとかいうことをすること自体に、その子の中に根拠がないわけですね。自分の中に自分なりの根拠がある場合には、それが崩されたり、はずされたりした時に、愕然としたり、開かれてくるということなのでしょう。

林　そういうものも、結局は授業の中で引き出されなければ出てこないんじゃないかという気がしますね。

竹内　かなしみ……？

写真を見てまして、何だかこう、ひとつのかなしみみたいなものが出てる感じのものがありますね。

林　日常の生活の中では、自分を素直にそのままは出していない。いろいろ演技みたいなものが多いわけですね。

竹内　はい。

林　で、そこから離れる時に、その次元から別の次元に入っていく場合に、かなしみ、一種のかなしみみたいなものが出てくるんじゃないかっていう気が、写真をたくさん見ていてするんですがね。

竹内　かなしみ、ね。

林　この写真、これが、自分ではいいかっこうなんですね。

竹内　はあ、そうか(笑)。

林　それが、こんな……。どうしてああいう授業、そんな深刻な話をしてるわけじゃないですけれど、その中でこんなに深刻な表情が出てくるのかってこと。それが私にはよくわからない。竹内さんの解釈だと、どうなりますか？

竹内　そうですね、ひとつ思い当るのは、つまりええかっことというのは、やっぱりひとつのペルソナなわけですね。

林　ええ。

竹内　ペルソナをはずすということは、自分の力ではできないことだと思うんですよ。それがはずされるというか、消えるというか、そういう瞬間というのは、いわば自分と別れなければならない時で、そこにかなしみというか、そういうことが生まれるんでしょうか。

林　まあ、こんな顔は、自分としては人に見せたくない顔だと思うんですよ。

竹内　ああ、そうだと思います。

林　見せたくない顔が、つい、こう、引きずり出されてしまうということなんでしょうね。

からだ全体でする対話・対決

竹内　あのう、『饗宴』の中に、だれでしたっけ、若い美男子が……。

林　アルキビアデス。

竹内　彼がソクラテスの話を聞いていると、自分がやりきれなくなる、だからいつも逃げようとするんだ、という話がありますね。とにかくソクラテスの話を聞いていると、いまの自分みたいな生活はとってもやっていられない、これでは自分は人間とは言えないというような気持にさせられてしまう……。そんな言い方をしてますね（『若く美しくなったソクラテス』田畑書店、四三―四六頁）。

林　ええ。

竹内　中田君とか、南葛飾高校のこの彼のこういう顔なんか、彼らはそういうことばでは自覚してないかも知れないけれど、やはりアルキビアデスの気持と通うものがあるような気がするんですけど。それはどういう筋道でそうなっていくのか……。

林　しんこ細工でひねり出すようなものではないわけですね。その人間の中にあるものが、自分をつき動かしているということでしょうね。

竹内　ペルソナっていうのは、ある意味では社会の通念、ドクサがからだに表われたものだと言っていいように思うんですけど、それが何で崩されていくか、ということですね。対話の中で、吟味され、そのドクサから解放されるということを先生はこの『若く美しくなったソクラテス』の中で書かれていますね。ということは、つまりそれは自分ひとりではできないということですね。

そして対話というのは、ことばによる対話にかぎらないということですね。先生の授業の場合、多くは、彼らは話を聞いて、ことばでは答えていないわけですから。

林　ええ、そうですね。

竹内　だけれども、からだ全体の表情で、対話をしている。その対話の中で、あるものが捨てられ、こわされていく。で、それはどういう時にこわされていくのかってことなんですけれど。

林　私が授業をしている時、たとえば中田君なり、南葛のこの青年なり、特定のひとりが意識の中にはないわけですね。百人なら百人という相手に向かって話してる。ところが、むこうが身をのり出しているわけでしょう。

竹内 ええ、ええ。

林 自分の方でくらいついてくるわけですよね。やっぱり自分の中に受けとめるものがある人間がいて、それが身をのり出して、その本人の中で対話・対決が成立していく。そして時として自分を乗り越えるということが成立つわけです。

竹内 ソクラテスと青年たちとの話の時、そこにはまず友好的な関係が必要であるということを書いていていますね。

林 ええ、安心して心を開いて向き合える、そういうものがないと対話は成立しない。これは、プラトンが書いていることです。ここにはひょっとするとソクラテスの悲劇の記憶があるのかもしれません。

竹内 そういう場を作り出す力が、まず教師の側にないとだめなんですね。

林 沖縄の子が書いた感想ですけど、「林先生は生徒ひとりひとりに話しかけてくれる」――そういう感じの授業は、ふつうの学校ではなかなか成立しないんでしょうね。

どうしてもごまかしのきかないもの

竹内 私の授業はからだを動かしたり声を出したりなので、「どんな風に自分を出してもいいと思うと安心する」という形になる。脳性麻痺の児が私の研究所にやってきて、だんだん変わっていく。そのうちに、私が授業に行っている南葛飾高校の定時制に行きたいと言いだすようになっていくのですが、その授業が対話にまで深められているかどうか。湊川なんかで芝居をやると、むしろはっきり対話になりえているという手ごたえがあるのですが。

林　たとえば松下村塾なんかは、ソクラテス的でしょうね。相手に応じたテキストを与えたりして、問答してますね。

竹内　そういうものが受けつがれなかったのは、どういうことでしょう。

林　学制が布《し》かれた時に、一斉教授というのが新しい教授方法だったわけです。だから、それまで塾でやってたようなやり方を破ったんです。日本の、一足飛びの近代化路線からの要請でもあったわけです。

竹内　なるほど。

林　あれがモダーンだったわけです。

竹内　まさに天下りの近代だった。

林　対話というのは、自分の日常生活が基礎になっていますね。それを否定したわけです。

竹内　国家が国民に「与える」——それを自分の身につけることが、いいことであるということになるわけですね。そうなると、最初っから一つの価値があって、それを学ぶという考え方と、お互いに吟味し合いながら、そうじゃないんじゃないか、こうじゃないんじゃないかと、ずうっと手探りで辿っていくのとでは、根本的に性質、方向がちがうわけですね。

林　ちがいますねえ。

竹内　ソクラテスの場合、それが善だからそれを学ばなくてはならない、というのではなくて、人間が本来求めているものが善なのだと言ってるわけですね。ところがソクラテスは別のところで、善というものは人間には知ることができないものだとも言ってるように思うのですが、そうすると、本質的には認識することのできないものに向かって自分を開いていくということになる。プラトンは善の認識のためにこそ、理性の力を鍛えることが必要なんだと言っていると思うのですが、その辺のところはどう整理して考えたらよいのでしょう。

林　たしかにソクラテスとプラトンはちがうんですね。ソクラテスには、非常に合理主義者みたいな側面と、同時に、デモーニッシュな力が働く側面とがあって、最後には常にデーモンの声に従う。デーモンが何であるかということは、哲学史的にまだ結論が出ないんですけれど。そしてデーモンの声は、いつでも禁止の形で出てくるのですね。こうしろ、とは言わない。それはするな、と言う。ニイチェの憎悪の的になるわけです。

プラトンは、理性によって、善なら善についての知識を建設することができるという考え方なのですね。

竹内　プラトンのように、善なら善がとにかく認識できるものであるとするならば、教育という営みは、そういう到達点をはっきりさせた上で筋道を立てていくことができる。ところがソクラテスの問答というのはそういう営みじゃないみたいで、極端に言うと、やればやるほどお先まっ暗で（笑）、いったいそれでは俺はどこへ行ったらいいんだろう（笑）ということになってきそうで。それで教育ってのはいいのか、むしろそれこそ教育なのか……。

林　私もはっきりこれがソクラテスの考えなんだということを最終的に言うだけのものはないんですけれど、結局ソクラテスがやっていることは、「それでほんとうにお前は満足できるのか」という……。

竹内　ああ「満足できるか？」。ああ、なるほどね。

林　「ほんとうにそれが動かぬものだというふうに納得できるのか」というところで、念を押しているという感じがするのですね。やっぱり人間の中には、どうしてもごまかしのきかないものがある。それを、対話の中で、議論の相手その人ひとりを、自分の主張することについて証人に立てることが成就されたとき、そのときに真理の検証があったととらえたんじゃないかという気がするんです。どうやってもごまかしのきかないものが、からだにもあるように、やっぱり魂にもあるということでしょうね。

竹内　しかしソクラテスの場合にはデーモンというものがあって、ぎりぎりどうにもならなくなった時に、「お前はこれをするな」という。そういうことが彼の確信のもとにあったとすると、そういうものが聞こえてこない場合には、お先まっ暗（笑）。自分の中でうーんと言ったまんま、すわりこんでしまうしかない。

林　デーモンというものは、個人ではどうすることもできないものですからねえ。今夜その声が必ずきこえてくるという保証は誰にも、どこにもない（笑）。

竹内　ルソーなんかも、「良心に聞けばいいんだ」って、最後に、ひどく単純に言いますよねえ。あれなんかもやはりソクラテスの場合に近いんでしょうか。

林　近いんでしょうね、非常に。そういう気がしますねえ。

竹内　そういうソクラテス的な立場と、善が認識できるのだとするプラトンの場合と、教育というものを考えた場合、その方法が非常に違ってくるような気がしますが、先生は、お先まっ暗みたいな所へ追い込まれるかも知れないけれど、ソクラテス的な方法がもっとしっかり出てこなきゃいけないというお考えですか？

林　すでに絶対的なものさしみたいなものが成り立たなくなっている状態の中では、それしか道がないんじゃないかという感じですね。

竹内　ということは、ソクラテスの生きた時代、アテネが、ペロポンネソス戦争に敗れて、すべての価値観ががたがたになっていた、そのような状態と、日本の現在を、同じようにとらえておられるということでしょうか。

林　そういうことでしょうかね。

学校を無法地帯にした文部省の責任

林　いま、学校は子どもたちの生きられない場所になってしまったと私は言ったり書いたりしているのですが、竹内さんの感じではどうでしょう。

竹内　子どもたちだけでなくて、教師ももう生きられなくなっているという感じが非常に強いですね。教師がひとりの人間として動こうとすると、息がつまる、身動きができないというところに来ている。

林　私の書いたものを読んで、東京の中学の教師から手紙をもらったんです。かなり長い手紙なんですが、「学校は警察と区別がつかなくなり、教師は刑事と区別がつかなくなってしまった」ということを訴えているのです。さらに最近、乾　達《いぬいすすむ》さんからも手紙をもらったんです。

「過日、先生との対談の中で、子どもを早く義務教育から解放してやりたい」、というようなことを申しましたが、次男の通っている中学校で、生徒全員を体操服で一箇所に集めまして、そのスキに風紀委員を使って子どもたちの所持品検査をいたしました。『学校便り』にその結果を報告し、今度は親にその感想を書かせるというようなことをやっています。この話を聞いて、刑務所やナチの収容所を連想して、涙が出るほど腹が立ちました」というのですね。「それで早速学校に抗議したが、何が問題だかわからない」(笑)。

『学校便り』には、こういうふうに書いてあるんですね。「××さんは学校にお菓子を持ってきてみんなに食べさせた。ガムを持ってきている、マンガを持ってきている、たばこなんかも出てきた」と。教師たちには、自分たちのやっていることが、けた違いにひどい犯罪的な行為なんだということがわからないわけなんですね。まさに学校は無法地帯になってしまった。

一般的には、暴力生徒がいるから学校がめちゃめちゃになったと考えられているわけですけど、そうじゃなくて、子どもを一箇の人格として尊重する、その人権を尊重するとかいうことが全くなくなっている。「教育のためだ」といえば、どんなことをやってもいいんだという考え、それこそ私は無法地帯だと思うんです。警官だって、人のカバンの中身を調べるには、ちゃんとした手続きが必要なわけでしょう。それなしにやったら重大問題になるはずですよね。それが、どうして学校では平気で行なわれるんでしょう。

前にも書いたことがあるんですが、日本に軍隊がなくなったら、学校が軍隊みたいになってしまった。子どもを、かけがえのないひとつの人格と認める観点がまるでなくなってしまった。教師は下士官です。戦前の軍隊の下士官的要素みたいなものを、いっそうひどく教師たちが引きついでいるような感じです。

それと、私が一番問題に感じているのは、子どもの積極的なものを何としてでも探しあて掘りおこすという努力がなくて、テストの結果だけで人間の価値を決めてしまうという学校教育の体制そのものが無法ですね。そういう体制と、下士官的な教師の荒っぽさというようなものが相乗効果でもって、今日の荒廃した学校というものを生み出してしまった。

このごろ私、日本の戦後の教育改革の歩みをずっと辿って見ているんですが『教育亡国』筑摩書房)、教育行政は、初めは教育に仕えるという姿勢だったのが、はっきりと、学校と教育を支配し、管理するというふうに変わってしまったんですね。学校と教育が行政の管理の対象となってしまえば、教師もやっぱり子どもを管理の対象としてしか見ないということが必然的に出てくる。

竹内　どういうきっかけで、そんなぐあいに変わっていくことになったんでしょうか。

林　これは非常にはっきりしていて、保守合同で自民党が出来、「地方教育行政の組織及び運営に関する法律」という新しい法律が作られて「教育委員会法」が廃されてしまったのが、変わり目です。これ以来、行政秩序の確立というのが、文部省の最大の眼目になってきたんですね。ですから、道徳教育、道徳の時間の特設、勤務評定とか、全国一斉学力テストとかいうものは、みんな行政秩序の中に教育、学校を組み込むための手続きだったわけですね。

学力テストというのは、文部省が問題を作るわけです。だから、指導要領に従ってちゃんとやってなければ、いい点はとれない仕組みになっている。これが、いわゆる指導要領に準拠した教育をするということの決め手になっていった。そしてそれが、教員の管理、教育の管理という形でずっと強行されてきています。そういうことで、学校から教育が無くなってしまうんですね。

行政のやってきたことをみても、文部省がこれほど権力を一身に集めてしまったということはないのですね。戦前は、地方教育行政は全部内務省の官僚の手ににぎられていた。だから、文部省は地方に自分の手足を持たなかったんです。それが戦後、占領軍が内務省を解体してくれた。そして、文部省は教育委員会を自分の手足とする体制を作り上げてしまったんです。それを作り上げるための合言葉が、教育に対して国（文部省）が責任を負うことのできる体制の確立ということだったんです。

責任を負うことのできる体制を作り上げることに成功した、その結果がどうなったかと言うと、もうどこから見ても学校教育の完全な破産ですね。

竹内　文部省の側から見ても破産ですね。

林　責任を負うことのできる体制を、と言ってきたわけですから、その体制の結果が破産なら、文部省は当然その責任をとらなければならないはずです。巨大な権力を集めながら、どこにも責任をとろうとしないとなると、これは無答責の巨大なる権力の府、即ち幕府ですね。幕府はこうなった以上、大政を……。

竹内　奉還しなくちゃならない。

林　ええ、大政を人民の手に返すほかないわけです。

肉体でする子どもたちの反乱

竹内　その破産の結果が非常に顕著になってきたのは、ここ何年かだと思うんですけど、明確なきっかけがあるんでしょうか。

林　きっかけと言えば、ひとつは中教審（中央教育審議会）の答申で後期中等教育の多様化というのを言い出しましたね。富山県なんかは、それを先取りして実施してるのです。「三・七体制」（普通科三に対して職業科が七という学校教育の体制）というんですが、結局ハイ・タレント、三パーセントから五パーセントのエリートを析出するための選別教育です。産業の高度成長のために、高度な技術や管理方式の開発をやる、そういう工業化のために、一握りのエリートと、同時に安い労働力が必要なわけです。何べんもテストをくり返しながら、お前はこれだけの能力しかないんだから、ここの学校へ入れ、という進路指導によって子どもの入る学校をきめてどんどん選別していく。それが子どもには、地獄の門に刻まれていたという、「汝等ここに入るものすべての希望を捨てよ」という宣告になっているわけですね。

暴力に、そういうテストの点数ですべての人間の価値を測る非人間的な学校教育の体制に対する抵抗を読みとることができなければ、地獄からの脱出路をさぐることはできない。暴力が出てから世間が騒ぎ出した。でも、その前に、黙って死んでいった子どもたちがいっぱいいるんです。登校拒否から始まって、自殺にまでいってしまった。暴力が表に出てきてからは、自殺が少し減っているそうですね。

竹内 そうですか。

林 教師は、自分たちが加害者でいる間は何も騒がなくて、被害者になると初めて騒ぎ出したというのが、いかにも情ない話ですね。

竹内 大学紛争の時に、そういう教育の体制や現実に、はっきりした形で反撃が始まったというふうに私は考えるのですけれど、それが高校に移って、高校でも鎮圧される。まあ大学や高校ですとある程度ことばをみんな持っていますから、ことばによる主張というものも出るわけだけど、中学生の場合にはことばというものをほとんど持てませんからね、そうなればほんとに肉体で反乱する以外に方法がない、ということですね。これはもう全く教育そのものの破綻だとしか思えませんね。

林 実際、調査をしてみても、中学校の校長の八十二パーセントが、学校のこういう現実から近い将来に脱け出すことができないだろうと見ているのですね。ほとんどの校長たちも絶望してるわけです。

竹内　私も、これは小学校にも波及していくだろう、自殺とか自傷とかが多く出てくるだろうと思っていたのですが、現実はそれだけでなく、小学生は小学生なりの暴力になってきてるみたいですね。仲間と組んで、弱い者をいじめるとか、女の教師にけんかを売るとかという形で。

そして、子どもたちのからだがひどいことになってきてる。側彎症《そくわんしょう》とか、ころんだだけで骨折するとか、背筋がひどく弱くなってるとか、イキが浅く、声が出ていない、肉体のゆがみから神経症までいろいろ報告されてるわけですが、しかし、子どものからだを調べて、ひどいことになってるから直しましょう、ということでは根本的にはなにも動かないと思うんですね。子どものからだだけでなくて、それと向かい合ってる自分のからだもどんなにひどいかってことに教師自身が気づいて、ひどい者とひどい者とが（笑）、それをきっかけに、からだを直す。からだを直すってことは、たとえばイキが浅くて相手まで声が届いてないのは実は教師の方じゃないかとか、また子どもを抱いたり招きよせたりしてるつもりのからだがコチコチで、子どもを拒絶している、あるいは気づかずにはねつける身ぶりをしている、この自己防衛をどうするか、とか、からだを手がかりに、人間的なつながりを回復していくということなんですけど。

林　結局からだが、最後の安全弁になっているんですね、ある意味では。からだがこうなった、こりゃ放っておけないということで、ひとつの警告を発してるわけですね。それを根本を変えないで、対症療法だけで直そうとしたら、実におかしいことになってしまう。

竹内　これまでの人類の歴史の中で、これほどまでひどく子どもたちのからだが警告を発したことはないだろうと思いますね。

幼稚園でのことですが、ある子がヘマをした、先生が「ゴメンナサイと言いなさい」と言う。子どもは納得がいかないのか、言わない。先生は、「なんでもいいから、とにかくゴメンナサイって言うの！」。やっと「ゴメンナサイ」と言うと、「それじゃいいわね。じゃああっちへ行きましょう」と、さっと移ってしまう。いったい何が起こり、子どもがなぜそうしたか、事態は全く問題にしないで、事を片づけるサインにしてしまってる。

たまたま見ていた人が、子どもたちに、質問したんですね。「じゃあ、百ぺんゴメンナサイと言って、いつも同じことをしてる子と、ゴメンナサイがどうしても言えなくて、しかし、これからは絶対そういうことをしないようにしようとがんばってる子と、どっちがいい子か？」と。すると全員が、「百ぺん言う子」の方に手をあげたというんですね。何べんでもさっとゴメンナサイと言って、言ったとたんにすべてを忘れ去っている子にはコンプレックスはないから、見たところのびのびしたからだでいる。言えない子は、「ウーン」とちぢこまって、歪んだ姿勢になっている。とすると、現代では、一見のびのびとしたからだが実はきわめて非人間的であり、歪んだ姿勢の子の方が真の意味で人間的であるというような逆説が成り立っていると言えるんじゃないか。これは皮肉じゃなくて、大学生などにははっきり表われていることです。いま、ほんとうに子どもたちの身になって、教育界の人たちがそういうことを見てとれなかったら、これはもうどうしようもないというか、学校以外のところで何とか子どもを救うしかないということですね。

先生もご存知の鳥山（敏子）君という教師が、学校の遊び時間をもっと長くしなきゃいけないんじゃないかと言ったら、先生たちはみんな、いやもっと短くして勉強しなくちゃ間に合わないって言う（笑）。それで、子どもたちが遊ぶといっても、いったいどういう遊び方がいいんだろうかと、みなで考えてみた。私も相談を受けたんです。そこで、どういう遊具を使ってどういう遊びをという考え方自体がおかしいんじゃないかと、私は言ったんですね。それがきっかけで、遊具をいっさい使わない日を学校全体でやってみたのです。すべり台も、ドッヂボールも何もかもなしにしたら、遊ぶのに何が残ると子どもたちにたずねたら、一年生の子どもが、「地面がある」（笑）って言った。そうだっていうんで、とにかく始めた。最初はどうしていいかわからずにとまどっていたらしいんですけど、そのうちにジャンケンを始めて、それがキッカケでたちまちのうちにうわーっと、ほんとに校庭中走り廻って遊び始めたんですね。教師たちが子どもの頃やった遊びが全部出てきたというんです（笑）。鬼ごっこも、石けりも。一番驚いたのは、ものすごくみんなよく声が出たということだそうです。そして、今までは、ドッヂボールの人数はこれだけって、入ってきたら邪魔にしたり、ボールがよその子にぶつかって、何さ、なんてけんかになったでしょう、それが全然けんかがなくなった。同じ空間を、二重三重に入り組んで使っている。結局遊具とかに頼っているのは、子どもたちの創造力を、善意ではあるにしろ、ある方向へと管理しようとしてきたことになるんですね。

林　子どもの中に、それだけのものがやはり生きているわけですね。

竹内　生きてるんです。

問われる教師の良心

林　短兵急にお伺いしますけど、今の教育の荒廃から抜け出す道、これをどこに求めたらいいと竹内さんはお考えでしょうか。

竹内　脱け出すという感じはもう持てないんですけど……。いまの自民党とか文部省の姿勢からすると、荒廃をいっそう強行するだろうとしか感じられないですね。

林　管理の強化しかないと、教員の養成からして、自分たちの思い通りに動くような教員を作ることしか考えていないんですね。

竹内　ですから、学校教育全般の中で何かが解決するとか、そこから抜け出すということは、ほとんど望みがないと感じるわけです。もし何かあるとするなら、学校の外で起きるだろうということが一つ、しかしそれを待っているわけにはいかないですから、学校の中でやはりたたかっていかなければならない。それはもう、個人個人の教師が、つぶれながらたたかっていくしか方法がない。その人間としての志を、子どもたちがどれくらい受け取ってくれるかという、それしかいまは考えられないです。

鉱毒事件の最後に田中正造がたてこもった谷中村みたいな感じがするわけですけど、谷中では家を強制破壊されてもなお立ち退かなかった十八戸の農家がありましたが、学校という場ではコミュニティーは今やほとんどないですから、個々人が個々にたたかっていくしかない。しかし、それだけの必死さをもっている教師はとにかくいる。だが凄《すさ》まじい後退戦をたたかって、傷だらけだと思います。

私はルソーを読んでショックを受けたことの一つは、『孤独な散歩者の夢想』の中で「自分はしたくないことをしない自由しか考えたことがない」というところなんです。ルソーは「したいことをする」のが自由だと言っていない。したくないことはしないという、これは一番基本的な人権だし、子どものその行為から教師が最も大きく学びうる契機だと思うんですが、この自由というものが今の学校では全く無視されている。これが決定的だと思うんですね。

林 私は麴町中学の内申書裁判のことに少しかかわりがあるんですけれど、あの裁判の記録を読んでみると、ほんとうに良心の自由というものを放棄しなければ、学校の中で教員は務まらないんです。保坂展人という、当時十五歳の子どもの内申書は、「二年の時に全共闘を名乗り……」というのから始まっているのですね。最初担任の教師がなかなか内申書が書けないでいたら、学年主任が、「こんな風に書いたらどうだ」とお手本を示して、それをその通り書くんです。当然子どもの将来をとざすことになるから、担任はなかなか書けなかったわけですね。ところがお手本を示されたら、そのまま書いてしまうというのは、やっぱり良心の放棄ですね。

竹内 放棄するより前に、良心の自由の根拠というものが、私たち、日本人一般の中にないのだと痛切に思うのです。仲間や上下の対人関係の中でうまくやるといった配慮は伝統的に非常にはっきりあるけれども、対人関係を損ってでも守らなければならない良心の自由の根拠というものがないわけですね。

林　はい。

竹内　それが私自身にも一番の課題です。

林　良心の自由などということは、教員組合なんかでも、大事な、きびしい問題にはならない。

竹内　組合なら組合の団結ということが先になって、個々の教師が人間的に何かを必死になって探ることを、他の人びとが支えるというふうにならないんですね。まあしかしそんな根本的なことは三十年とか四十年とかでは育たないんで、百年かかるか、二百年かかるかわからないほどのものだと言われてしまえばそれまでなんでしょうが。しかしそれにしても現に生きている子どもが目の前にいるのですから。

林　森有礼が、どうしてもキリスト教をとり入れなければ駄目だと考えたのは、この良心の自由の問題があるからなんです。どうしてもこれだけは譲ることのできないもの、というものを持たなければ、一つの文化の骨はできないんだということが、森有礼（森有正の祖父）にはかなり痛切にあったんですね。絶対者というものとの関係がないと、良心の自由は成り立たない。

竹内　いま教師は、良心の自由といいますか、これだけは譲ることができないというものを、決定的に選ばなきゃならない所に立たされていると思うんですね。そして、そういうたたかいの中でしか、良心の自由というものも形を現わさないんですね。

林　スカートの長さを決めたり、髪の型を決めたりして、それに違反する者を取り締ることはできても、それとは違った教育、子どもの持ってるかけがえのない宝を探り当て、掘り起こす作業としての教育というのは、戦後その芽生えはあったが、一般の学校教育の中では根を降ろさなかったんですね。

竹内 教室という場は、子どもたちにとって、たとえ世間的にいえば間違っていることであっても、自分なりにその誤りをしながらそれを正していくという形で成長していく場であるはずですから、その誤ったことをも含めて教師が支えきるということができなければならない。子どもたちがいろいろ間違いをしても、自分で気がつくまで待つ、それにつき合っていく場として教室を支えることは、どんな教師にもできる最低の責務だろうと思うんですけど。しかしそういう考え方はめったに表に立たないし、あっても許されないようです。許さないのは上からの管理だけじゃなくて、組合も含めて教師仲間もほぼ同様です。ドクサというか、日本の世間智全体がそうなんだと思います。

林 私に授業をやってもらいたいと父兄なんかが考えて、校長に求めても校長がうんといわない。教育委員会をはばかって躊躇する校長もあるんですが、校長が頼んでみようかということになっても、今度は教員の方から反対が出る場合もたまにあるんです。それは、あんなことを自分たちに要求されたらたまらない、ああいう授業をやれと言われたらたまらないということで反対する場合があるらしい。

あるべき大学とは

林 いま、大学で教育を受けるということ自体が実におかしくなっちゃっていますね。大学に入るためには試験に合格しなきゃならない、そのためにはそれに適した勉強をしなきゃならない。そうすると、昔、あの旧制の高等学校でそうだったような、自分のやりたい勉強をするという、そういう時期が全くなくなってしまったわけですね。

竹内 それもですが、もっとひどいのは、そういう受験をするためには、それだけの経済的な力がなければならないことですね。先生の時代はもちろん、私たちの時代でも、国立大学というのはむしろ貧乏人の行ける所だったわけですね。いまはあべこべで、金持じゃないとそこへ至るまでの長年の学資負担に耐えられない。はっきりと、富裕な支配階層が形成され、その内部での教育施設になってきている。金もなけりゃいけない、うろうろと自分の興味や関心につき合ってるわけにもいかない……。

林 結局、商社や官庁のために必要なものを召集する、それに見合うような教育になっちゃってるんですね。

竹内 もう十年以上も前のことになりますけど、私のところでレッスンしていた学生が、討論の時に、「俺は世の中の役に立つ人間にだけは絶対にならない、そういう志を立てているんだ」ということを言い切ったことがあるんです。そしたら討論の相手になっていた方も、「いや、おれもそうだ」と言うんです。世の中の役に立つということを考えたら、途端に全部だめになるというのですね。それは非常に危険ともいえるし、間違っているとも言えるけれども、その気持は私には非常によくわかったんですね。商社に行き、官庁に行くということは、ある意味では世の中の役に立つことですよね。ですからそういうところからみずから選んで落ちこぼれていくという青年が、いまかなり出ている。私にはその志がわかるということしか言えないんですけど、就職をしていい位置につくとか何とか、そういうことをまず絶対に拒否する。それから、ボランティアで、障害者を介助するなんて場合にも、介助することがいいことだからするというのは一切拒否する。自分でしたいからする、相手とつきあいたいから行く、したくなくなったらやめるということを、いつも自分の中に置いているわけですね。いいことだからやるというふうになった途端に、どこか全部インチキになるというふうにその青年は思いつめているわけです。いまの社会体制の中で、ある価値観の中に巻きこまれていったら、そこでいったん妥協したら、どんどんそっちに持っていかれてしまうと感じているんですね。

林　原田さん（原田奈翁雄、初出誌編集長）なんかには、そういう若い人の気持はわかりますか？

原田　そうですね、現にそういうふうに言った若い人たちというのは、いっぱいいたと思います。世の中にある程度距離を置いて批判的な目で見ていますから、そこに組み込まれることを拒否する。それはよくわかりますね。拒否して、それで自分の価値観を必死になって模索し、作っていくかどうかということが大事だと思うんです。拒否するくらいのものがあって初めて、自分自身の探求というものもほんとに始まるはずなんですけれど、それがどこまで持続するかというのが問題だと思うんです。

いま現在で言えば、若い人たちも自分自身の手と足で探求しないとどうしようもない所に来ている。先ほどからのお話で、子どもたちのからだが反乱をおこすということがありましたけれど、それと同じような次元で、もう拒否しているだけでは自分自身救われようがないんだという自覚が、一部ではあっても、確実に始まっているように思うんです。それは私たちのやっている仕事を通しても見える気がするのですが。若い人たちで、私たちの仕事に共感を寄せてくれる人びとがいまどんどんふえています。

それは彼らだって、一応も二応もしらけているわけです。拒否もしている。その上で、彼ら自身の肉体が求め始めていると思うのです。

私はそういう若い人びとに出会って、何とかそれをこわさぬように、彼ら自身が大事に運んでいってほしいと、切実に見つめているつもりですが。

格好よく、体制を拒否する、だから世の中の役に立つことを拒否すると言った人たちのあとを見ていますと、その人たちの大多数は、結局体制側の仕事を、みずからになっていくようになっていますね。しかしたとえ少数であっても、そういう所へ行かない人たちが、いま現在、もっと深い所で、ほとんど沈黙しながら模索しているということがあると思うのですよ。この雑誌（『いま、人間として』径書房）の別巻『生き方・食い方・かせぎ方』（一九八三年）にも、そういう人たちの姿を何人か出したつもりですけれど、たとえば、全共闘世代という人たちの中にも、そういう人びとが少なからず見えるような気がするんです。

竹内　全共闘の世代には多いと思いますね。

林　学園紛争の中で挫折感を持った連中というのが、尼工みたいな所に入って、一所懸命にとっくみ合いながら子どもをかかえ切ろうとしていたり、障害者といっしょに生きようと真剣な模索をつづけて苦闘している。そういう志みたいなのはずいぶんあって、いろんな世界にもぐり込んで、それぞれにいい仕事をしていますね。

竹内　変な言い方をしますと、ソクラテスが青年たちに問いかけていったのは、ある意味でそれと重なるようなところがあるとは言えないでしょうか。直接社会の、政治の役に立つことを否定する……。

林　そう言えるところがありますね。ソクラテスは全共闘のはしりってことになりますか？（笑）しかし、いまの大学をどうしたらいいのかということは具体的な問題で、知らんぷりにはできないことですが、いま大学は、産業界の必要には応じられても、この閉塞した状況を切り開くような人間を生み出す力はまったく欠いているという外ないでしょうね。

竹内 先生は学長をなさったから、全体を何とかしようと考えられるかも知れませんが、私なんかは、松下村塾ではないけれど、ある志の対話ですね、そういうものが成り立つ場を一つ一つ作っていく、そういうのが集まってこそ大学なんであって、大学という容れ物が先にあるわけじゃないということしか考えられないのです。ところが大学へ来てみたら、どうやら容れ物が先に作られてしまったから、教師と学生をそこに放り込むという形になっているらしい。

いま、カルチャーセンターとか、ああいうのがはやっていますね。集まるのは主婦が多いわけです。教養という考え方には、私は余り好感持ってないんですけど、それは、たとえば国立劇場につとめる友人が、もう、ここは杉並世田谷婦人劇場って改名した方がいいって言うんですね。その地域の主に中年婦人が七〇パーセントくらいを占めて、下町などは一割にもならない。つまりシバイ見物まで教養になってしまったってわけです。教養を求める階層が限定されて、逆にいえば教養とは中流意識のシンボルになったわけですね。しかしいつまでもそれで済むかどうか。主婦たちの意欲をちゃんとさぐれば、もっと本質的なはっきりしたものを勉強したいというところにつながっていくことがあるかも知れない。

いわゆるからだの問題で言っても、からだの具合の悪い人が多くて、ヨーガとか体操とか、健康法がずいぶんはやっている。びっくりするくらいです。それが、今までだったら、ちゃんとした研究所やなんかから権威者がだんだん降りてきて教えてやるということだったようですが、今はそうじゃなくて、民間、素人みたいな人から人へ、どんどん拡がっている。自然食や公害問題まで含めて自分たちの生活の中でほんとに必要とするものを、自分たち自身で求めていく。探り始めている。

今の大学が、課目が決まっていて、その中に一般市民を入れるというのもいいでしょうけど、人びとが別の形で、自分に必要な学習を探り始めているんじゃないかという感じがするんですが。

林 メニューをいろいろ並べておいて、ご馳走を提供してくれるというところから脱け出して、もっと深い動機で、もっと掘り下げて問題をとらえ直すというような学習ができるかどうか、ですね。たとえば、あの横浜の寿町の日雇い労働者の間に、非常に深いところから出た要求がある、学ぶことへの飢えがあるわけですね。それに答えるというようなことをしようとすれば、私などにはなかなか容易でない仕事になります。また子どもにたいして何べんも繰り返し話してるようなテーマでも、その都度、ほんとうに根本から考え直すことをしなければ、マンネリズムに堕して、子どもに本当に「語る」ことはできないのです。

竹内 そういう深い要求が、たとえば寿町や定時制の湊川高校みたいな所だとはっきり見えるんですね。私も寿町にも芝居をもっていきましたけど、一般的に言えば、そういう所ばっかりがあるわけじゃない。ですから、そこに集まる人たちの日常的な興味よりももっと深い所で反応がおこってくるような問題の出し方というものが問い直されなくちゃいけないんじゃないかという感じがするわけですね。その辺が勝負じゃないか。そこで初めて、私なら芝居というものがほんとうに成り立つんだろうと思うのです。

こわされて、新しく生まれる

竹内 先生と御一緒に湊川高校の授業に入った年から六年間、秋の学校祭に芝居を持っていってるわけですが、実は初めからヘレン・ケラーの話を持っていこうかと考えていたのです。ヘレンとサリバン先生の出会いを描いた有名な戯曲「奇蹟の人」がありますが、私はこれは何度見ても腑に落ちない。たとえばサリバンが来て初めての朝食で、ヘレンがだれの皿にも手をつっこんで手づかみで食べるのを止めさせようと、取っ組みあいになる有名なシーンがあります。スプーンをもたせる、ヘレンがなげすてる、サリバンがヘレンをひきずり下して力ずくで拾わせる、この争いが三時間、舞台でも二十分くらい続く。

いきなり湊川でやったら、東京などのお客のように、サリバン先生の努力に感動するどころじゃない、「この先公なにさらすねん」とだれか舞台へ飛び上ってきて殴りとばすんじゃないか。六年行ってると、そういうふうに見えてくるんです。

実際このシーンの後の休憩になった時は凄かった。生徒のほとんど全員がものも言わずにざーっと立ち上ると、どどーっと出ていってしまった。もう帰ってこないかと思ったけれど、みんな戻ってきて第二幕はみじろぎもせず見てた。

このシーンはヘレンがサリバンにいわば屈服するところで終ってるわけですが、実はサリバンの手紙を読むとあとがある。「部屋に戻ると、私は泣けるだけ泣きました」。つまりサリバンはこの芝居を見たら信じこまされてしまうように、教師としてなすべきことだから力ずくでやったわけではない、と思うんです。ただヘレンがあまりに人間扱いされてないのにカッとして、そういうことは許してはいけないんだと、必死になってヘレンと向いあっていたのだろう。私は泣くシーンを上演のとき書き加えたのですが、特に女の生徒で、サリバンが泣いたので感動したと書いてくれた人が何人もあった。

幕切れの、ヘレンがはじめて「ウォーター」と声を出す、物には名前があることに気づくシーンでも、これは芝居が非常にうまくできてるんでだまされるんだけれども、人間が一つの重要な学習を成しとげるにはこんな安直にはいかん、もっと深いことだ、教え込まれたことを投げすてたり、また選んで身につけたり、教師との間の信頼関係をどこで結ぶかとか、屈折したプロセスがあってはじめて成り立つことだ、ということが、湊川の生徒を目の前において考えていると試金石のようにはっきり見えてくる。第一、奇蹟とは、戯曲の作者によると、ヘレンがことばを獲得したことだというのですが、サリバンの手紙で「奇蹟が起りました」と書いてるのは、絶対にサリバンを近づけなかったヘレンが、サリバンのキスを受け入れ、はじめて膝に乗った日のことなんですね。人間にとって根源的に重要なことはなにかが、問い返されてくるわけです。

林　やっぱりあすこへ通わなくちゃ学べなかったことがはっきりあったわけですね。

小学校で授業をして、その子どもたちに感想を書いてもらうと、目から鱗がおちるような経験があるわけです。そういうものが子どもから出てくる。大学で、そういうものがあってもいいはずでしょう。大学で授業をして、そこで私が学生から教えられたという形が大学の中にも成立しないと、大学は大学になれないんじゃないでしょうかね。

でも、大学でそういう相互作用が行なわれるようになるためには、小・中・高という課程を進んですぐに入ってくるというのではいけないかも知れませんね。いっぺん社会に出て、そこでいろんな問題にぶつかって、その抜き差しならぬ問題をかかえて、もういっぺんそのことを勉強するため、そういうはっきりした動機をもって大学に入って学習にとりくむのでないと、ちょっと大学の再生はむずかしいのでないかと私は思いますね。

竹内 自分で感じて、自分で考える、それが原則だということが、高校までの過程で、全部つぶされてきていますからね。

そうなると、これはやはり共通一次試験の問題に、決定的にはね返ってくるわけですね。

林 そうですね。共通一次をやめなきゃならんということは、どうも動かないところですね。大学に入るまでに、人間が人間になるために、どうしても必要だと信じられていたものをたたき込むような教育が全くないわけですね。いわゆる修身なんかとは違って、もう少し肉体を持った教育というものが、昔はあったと思いますね。

湊川高校の西田（秀秋）君なんかも、そういう形で子どもたちと向き合っていると思うんですよ。人間としてこうだ、どうしたってここはこうでなきゃならんということで。大学で学んだから、人がこう言ってるから、ってことでなくて、自分の生地から出てくるものでものを言ってきた。

竹内 授業の場で子どもと向かい合おうとした時に、何を手がかりに、何を話すかという問題がありますね。教材と言ってもいいかと思いますが、教師と子どもが向かい合った場合、互いが裸になるのではなく、逆にその教材を間に置いて、教師が自分を守る武器にしてしまうところがあるんじゃないかという気がするんですが。

林 そうですね、教材が、外にある道具とか武器みたいな形に終ってしまうと、子どもたちが反発するという、そういうことですね。

竹内 教材は、それを教師がこなしきっていた場合には、ある意味で言えば、教師が自分自身を形成してきた素材ですよね。だからおそらくそれは武器ではなく、自分の中から生地として流れ出すんじゃないか。

そこで先生にお聞きしたいのですが、田中正造が幕末から明治の時代に自らを形成していくに当って、いろいろと新しいものを見つけ、取り入れていく。そして最後にキリスト教に出会いますね。

林 というよりも、キリストに出会ったんでないでしょうか。でなければ、キリスト教が谷中の戦いの中で、あれだけ田中正造を支えて力になることはありえなかったでしょう。

たとえば日本帝国の臣民というような考えが、田中正造にもある時期まではずいぶん強くあったと思います。それが、谷中村に入って、残留民といっしょにあそこで生きたことによって、「人民」という具体的な実感がだんだん形成されたと思いますね。あそこで田中正造は、何度かくりかえして新しい自己形成をやっていますね。

竹内 田中正造はたしかそれを「学問」というふうに言ってたと思いますけど、自分の経験を吟味して、整理したということなんでしょうか。

林　そうですね、これでいいと思っていたことが通用しないんだということを、田中正造は学ぶわけですね。そこからまた新しい学問が始まる。

竹内　なぜこんなことをうかがうかと言いますと、明治以降、日本人は新しい動きのための力になるものを、一所懸命求めてきたわけですね。いろんなものをとり入れて、こういうのがあった、いや、これで行こう、とまあいろいろやってきた。借り物を、それが自分のものだと思い込もうとしてやってきたと言ってもいい。戦後もまたその激しいくり返しであった。

そういう形でなく、どうしても、とことん自分が自分でありきることによって自分がこわれ、いわば一たん死んで新しく生まれることが可能なような、そういう自分が確立できなければだめだと思うものですから。田中正造が谷中村に入ることを選んだこと、それは、決定的に今までの自分がそこでこわされ、新しい自分が生まれるという条件を選んだことになりますね。

林　ええ、ええ。

竹内　そうすると、ひょっとすると自分をこわすことになるかも知れぬものを、自分で自ら選ぶという、そういう自分がなければ、あるいはそういうふうに追い込んでいく自分がなければ、新しいものが、自分を形成するようにはならないということですね。学問、あるいは哲学というのは、そういうことまでを含むのでしょうね。

林　むしろ、そこに核心があるんでしょうね。

竹内　自分がこわれる、今までの自分ではいられなくなるというものに気づく。それは、あのアルキビアデスでしたっけ、彼はソクラテスからつきつけられたんでしたね。今自分がしているような生活を続けることはできないという思いにさせられる。田中正造の場合は、それを新井奥邃《おうすい》からつきつけられたということなんでしょうか。

林　いや、やはり、谷中村の村民からつきつけられたわけですね。そのつきつけられたものを、きちっとつかまえる、その意味をつかまえる上で、やはりキリスト教がものを言ったんでしょう。新井奥邃が、聖書というのは、「仕事師の手帳だ」ということを言ってますね。

竹内　ああ、なるほど。

林　仕事をしなければ、その手帳の意味がほんとうには読めてこないわけですね。だから、どうしても学びとって、教えてもらわなければならない問題を持ってないと、聖書は大した意味を持たない。そういうふうにして田中正造は聖書を読んだから、非常に力になったんでしょうね。

竹内　三年前、湊川高校へ新しく構成した田中正造の芝居を持ってはいった時、バイブルを改めて読んで、ああ、田中正造は、キリストが使徒たちを送り出す時のことばをそのまま実行していたのだなあ、と気づいてぎょっとしました。杖一本持ってはいけないとあるそのまんま、田中正造はいっさいを捨てて谷中に入る。

林　そうやって読むと、聖書のもっている力は実に大きいようです。

竹内　たった一人で大日本帝国――その理念はかつてかれ自身そのものだったといってもよい――

に対立する、その孤立する義《ただ》しさの根拠を、田中正造は日本の思想の中には求められなかった。それが正造の日本への全否定とキリストへの信従となったということでしょうか。

林　やはりそうでしょうね。「信ずる」ということは、死活の問題がないかぎり成立しないものなのでしょうね。あの湊川や尼工の子どもたちには、求めるものがある。そして、実際生きていることを、人間であることをやめるほかないようなところに追いつめられている。そこに学ぶことの強い切実な動機があるからこそ、私のあの程度の授業から、実にたくさんのものをくみ取って自分の力にしてくれたわけです。

竹内　くみ取って、と言われるけれど、やはりソクラテスに引きつけて言うと、先生のことばによって、今までの自分のドクサがこわれていったという過程があるわけでしょう。

林　それはあるかも知れませんね。だがいずれにしてもドクサを破る力が、子どもの中にあるわけです。

竹内　なるほど。ドクサを破る力っていうのは、ソクラテスの方にあるんじゃなくて、子どもの方にある。

林　そういう力がまだ生き残っているというわけですね。湊川とか尼工、南葛飾の生徒たちの中には。これはやっぱり、一種の、ジャングルのような所で生きている時間があるからでしょうね。で、やはりわれわれがどうしても忘れがちになるのは、教育というのは、教師の力で何かをしてやるんじゃなくて、子どもが自分の力で何かやるのを、ちょっとしたそのきっかけをつくってやるということなんだということですね。それが学校教育の中でほとんど忘れられているんです。人間にはそれ以上のことはできないんだということ、キリストもそう教えているし、ソクラテスの教えていることも、そのことでないでしょうか。

林竹二先生を悼む

竹内敏晴

林竹二先生が亡くなられて五十日が経った。

なにを申し述べようとしても、一語も発することができぬ。

連絡をいただいた時は、追悼のことばは不可能だけれども、私が林先生を知ったのは『思想の科学』誌上だったし、事実過程だけなら書くことができるかも知れません、という言い方をしたのだったが、及ばぬことであった。

私が「林竹二」の名を初めて知ったのは、一九六二年、田中正造歿後五十年記念の特集中の、「抵抗の根」であった。当時私たち「ぶどうの会」は大鹿卓氏の『渡良瀬川』を主な根拠として、田中正造を劇化しようとしていた。田中正造とか、足尾鉱毒事件と言っても、ほとんどだれも知る人はなかった時代である。

私はすぐ手紙を書き、先生は無知な私たち若者のためにさまざまの配慮をして下さった。役者たちは先生のお陰で谷中の現地から、正造の死所の庭田宅までを経巡ることができたが、私は準備のために東京を離れることができず、その幸いを受けることができなかった。

この芝居「明治の柩」は大きな成功を収めたが、これが契機となって「ぶどうの会」は指導部と若手の意見の対立が激化して遂に解散した。ある日人を介して林先生から御電話があった。今東京に来ていると言われる。たしか小石川の、『思想の科学』の同人の下宿先でお目にかかった先生は今思えば現在の私より年少であられたはずである。

ぶどうの会の解散は大変残念なことだ。人に聞くと、竹内と木下（順二）・山本（安英）両氏とが話し合って手を握れれば再建は可能であるということだが、「私のようなものでも」もし橋渡しの口をきいてよければまかせてくれますか、という意味のお言葉に対して、私はかなり考えた末、たぶん修復は不可能でしょうが、おまかせします、と答えた。紛争の中でただ一度、人間とことばを交わした、という思いが長く私の心に残る。

再び先生にお目にかかるまで十年があった。仙台であった。

今、先生の一つの顔が私を見据え、一つの表情が私を包む。

一九七六年の秋、私は子どもの通っている小学校と中学校とで「人間について」の授業をしていただくお約束をして準備に入っていた時、先生は北海道で倒れられた。

　私がお宅にうかがったのは十二月でしたが、先生はまだ字がよく書けない状態で座っておられた。その時の先生の相貌はすさまじいものだった。髪は乱れて、絶望を知らないやつはだめだ、と言われたときには鬼気迫るものがあった。日本の教師は絶望することを知らない（自らの救いを求めるだけで、子どもたちの真の不幸を見ようとしない）と。「憤《いきどおり》を発する」という古語の姿を目のあたり見た。（略）（『学ぶこと変ること』筑摩書房）

もう一つの姿は、ちょうどそれから一年後、湊川高校の給食室での「田中正造」の第一回の授業の時である。教師たちに手伝ってもらって掛けた、谷中村の古い地図がさかさまだった。すかさず、半年前には虚弱児といわれ五分と椅子に座っていられなかった朴隆章が「林先生もモーロクしたあ」と野次をとばす。ハハハと大口開けて笑った先生の顔には楽しさと歓びが湧き立っていた。

　二つの表情の落差は、一つの人格の根源から発した二態というよりも、絶望から歓喜へ、死から甦りへの変貌だった。

　林先生は、あの、言いようのない絶望から、湊川の生徒たちによって救われた。「ただ自分の全部をぶつけてみ」ることによって「奇蹟」がおこった。先生は湊川の青年たちに「うけとめられ」「めくられて」甦った。そのことが火のように明らかに私に見える。

この二つの顔の間に、先生のさまざまの苦渋と迷いと喜びとが交錯したことを、多少は私も見得たかと思う。ただ一つ言いたいこともある。が、今それを語ることはできない。ただおのれを鞭打つ力のもととなるだけである。

私が先生から、湊川に授業に入りませんか、と声を掛けられた時、私は倒れていた。スタッフの一人が後に「死ぬのだな、と思った」と言った有様で、耳も聞こえなくなっていた。湊川へ着いても二日間は入院していた。私もまた、湊川での授業によって癒されたのである。


私には、今までの生涯で、先生と呼ぶ方が二人おられる。

一人は故岡倉士朗先生で、私は先生のおそばに、演出助手として、ほぼ十年いた。だから私は弟子である。

「田中正造」の授業のあとの冬、私は仙台の「林さん」のお宅に伺って初めて「今日から先生と呼ばせて下さい」と言った。だから私は弟子でも生徒でもない。

師とはたぶん、その前では自らの無知も昏迷もさらけて裸で吟味を受ける覚悟と安堵とを持てる人のことであろう。林先生は、湊川や尼工や南葛その他の生徒たちにとっても、ふくされや反撥も含めてまっすぐ目前に立てばいい人であったに違いない。先生の晩年のお仕事は、子どもたちの「深いところに隠されている魂の鉱脈を掘りあてる」ことであったが、それはもはや学校教育という枠をはるかに越えたことのように、私には見える。

私は一度、先生にお叱りを受けたことがある。手きびしい吟味の終わったあと、私は先生にお礼の手紙を書いた。が、私は、自分は自らの持った迷いをしゃぶりつくさぬうちは、一歩も足が前に出ぬ人間であります、と書くほかはなかった。この愚は救いがたい。

私などは先生の長い生涯の終わりのわずか十年に、いささかふれさせていただいただけである。先生は何度か私を対談の相手に招いて下さったが、それは私が別の世界の住人だったからであろう。私もまた異なる世界から立ちあらわれた「真人」に死にもの狂いで体当りしようとしただけである。学ぶことは、これから始まるほかはない。

［第四部］

人間であること、人間になること

――竹内敏晴

1　授業のなかの子どもたちのからだ

からだの深みに渦巻く表情

林竹二先生は、ここ数年お目にかかると、すぐに、最近の授業に表れた子どもたちの写真を持ってこられて、「こんな深い顔が表れている」といっては、楽しそうに次から次に見せてくださるのが決まりだった。

このような写真のなかで、私の心に一番焼き付いているのは、神戸の湊川高校（定時制）においての最初の授業のときの中田加代さんの顔と、それから半年ぐらい後の、ルナ・ホールにおける「ソクラテスの授業」に表れた加藤好次君の、じっと目を閉じている表情の二枚である。中田加代さんの表情のすさまじさ、その燐光を発するような眼については、写真集『学ぶこと変わること』で少し触れたことがある（本書一六八頁）。林先生の「授業のなかの子どもたち」の表情については、ていねいに考えてみなければならないと思っていたし、先生からも言葉をかけられていた。『いま、人間として』の第六号で、先生と対談させていただいたなかに、そのことに触れてはいるが（本書所収）、写真と話の内容とがずれてしまった恨みが残っている。もはや先生に吟味していただくことができなくなった作業を始めるための、これは病床での覚え書きである。

数多い写真のなかで、かねてから注意を惹《ひ》かれている表情がある。それは机に肘《ひじ》をついて、手を組み合わせ、口に当てるというよりも、口を噛《か》むとか嘗《な》めながら——顔を半ば隠しながら目だけをじっと光らせて、にらむように先生を見据えている。それは、湊川の生徒だけではない。小学生にも、南葛飾高校（定時制）への授業に、横浜・寿町から参加した中村さんたち日雇い労働者のような一般市民にも、あらゆる年齢、境遇の人々に見られる。そして子細に見ていくと、さまざまな表情がそこへ集まってゆき、そこからまたさまざまに変化していくように読み取れるのである。さきほど紹介した、中田加代さんの、髪をやや乱し、鉛筆を握りしめた表情も代表的な一つである。

同じ湊川の田中吉孝君の場合には、次のような連続の写真がある。肘をつき、指を組み合わせ、それを顔に当てながら鋭い目付きで先生を見つめている。それが、次に、手が顔からやや離れ、目が左の方へ落ちて逸《そ》れる。次に組み合わされた手がややほどけながら、前におりていく。目はじっとそれを見つめている。先生から受け取った言葉が、内面に沈み、そこで自らの問題として育ちはじめていく。耳は言葉を聞いているであろうが、全身はむしろ、動きはじめた自らの課題を追求しようとしている。

同じ湊川の李雪寒《イソロファン》君の、両手の指をまっすぐに伸ばして指先で触れながら、ほとんど目を近づけるようにして見つめている、むしろ苦痛を耐えているに似た表情とか、じっと指を見ていた生徒の表情が次第に苦しげに変わっていき、突然顔を覆《おお》ったり、あるいはこぶしの先がじりじりと捻《ねじ》れはじめたり、顔を机に伏せたまま目が捻れ頭を抱えるようにした手が空をつかもうとするように曲がったり、全身の表情は、必死に自らのなかに深く潜り込み、苦しみながら自分の道を探ろうとしているように見える。

沖縄の久茂地小学校の四年生の、四枚組の写真がある。はじめ、机に肘をついて身を乗り出すように林先生の方を見つめている男の子が、次第に目の輝きが変わり、手が自然に動いて上がり、四枚目の写真になると、いきなり顔を覆ってしまう。林先生は、この表情の変化について、「問題に追いつめられて、とうとうこういうことになってしまった」というふうにいわれた。このような表情の動くとき、一人ひとりの心の奥で何が動いていたかは、後に表れる感想文などと照合していくらかの推察はできるが、言葉になったものを遙《はる》かに超えた、あるいは当人の言語化する力を超えた深みに渦まいているものがあることを感じ取ることができる。私は、林先生との対談のなかで、深い海のなかに潜っていくようなからだ、といった記憶がある。力を集め、身をねじこむように必死になってもがかなければならないし、猛烈な外圧に対し身を固め苦痛に耐えていかなければならない。

このような苦しみの表情の先に、たとえば、ルナ・ホールにおける加藤好次君の姿がある。写真の一枚には、最早《もはや》手はどこにも見えず、ただ真直ぐに先生を見据えている。唇をぎゅっと噛み締めている力が何かを語っている。そして他の一枚は、目を閉じて深い集中のなかで先生の言葉を受け止めている表情は厳しいが静かで、むしろ半ば陶然としている。ある闘いを通り越してしかと自らと林先生とソクラテスと対峙《たいじ》している姿なのだろう。加藤君は、ずっと特殊学級に入れられてきた。どもりでもあり、うまく言葉がしゃべれないと思われていた。林先生は、その青年のこんなにまでも深い表情に感嘆して止《や》まなかったのである。撮影者の小野成視君も、自らがとらえた生徒たちの写真のなかでも最高の作品と見ているようである。南葛飾高校定時制で最前列で眠ってしまったように見えた青年が書いた感想文に対する驚きは、林先生も南葛の教師たちも語っているが、かれもあるいは加藤君に近かったかもしれない。

先に述べた表情のほぼ半年後、湊川で「田中正造」の授業が給食室で行われた。そのときの田中吉孝君は前に述べたのと同じように、指を顔の前に組み合わせ鋭い眼で授業者を見つめている表情の後に、最早手を下げてただまっすぐに林先生を見つめている顔が現れ、そしてやがてある瞬間に口を開けて笑っている。その顔は洗顔したように白いというか、すがすがしさに輝いて見える。

また、中田加代さんは、同じころの授業で、楽しげな、あるいはしかめ面をし、あるときは唇を噛むというように実に様々な一瞬も留《とど》まることのない表情の変化を示す。しかも、見違えるようにふっくらと女らしくなって、教師たちを驚かせた。

虚弱児と呼ばれ、五分間と机に向かっていられなかった朴隆章君が林先生の数回の授業の後に、椅子にまっすぐに座り、首を据えてまともに先生の方を見つめて授業を受けるように変わった姿はしばしば紹介されている。「田中正造」の授業では、林先生が谷中村の地図を黒板にさかさまに掛けた。他の教師に手伝ってもらって、掛け直そうとしたときに、朴君は「林先生もうろくした」と野次を飛ばし、どっと会場に笑いと和《なご》みの渦が湧《わ》いた。

宮城県の鹿野小学校は、林先生の教え子の要請で授業をすることになっていたが、校長が学校内で授業を行うことを許可しなかった。そこで止むなく会場を村の公民館に変更された。ある発問に対して自信満々に立ちあがった男の子が、林先生の答えの吟味に会って、次第に下を向きやがて頭を抱えて机に伏せてしまうプロセスが克明にレンズに捉《とら》えられている。対話の後、生徒たちが納得した笑顔を見せたとき、彼は伏せていた顔を机からあげて、同じようにほっとしたほほえみの表情を見せている。これは、「教師は子どもたちの発言をただ受け入れたり、発言がたくさんあればそれでよしとするようではいけない。子どもたちの発言を吟味して返さなければならない」と常々林先生がいわれていたことの見事な証《あかし》である。先生の吟味によってドクサが打ち砕かれ、そこから再び生き返ってくる姿の美しさをまざまざと見ることができる。

問いに対して答えるという外的な発言ではないが、最初の湊川における授業のなかで、中田加代さん、田中吉孝君たちが黙りこくった表情にも同じような様々な心の変化があったに違いない。だからこそ、田中君の「カマラ　アマラ」の話を聞いた後での、「子を育てるということは、大変なことだと思う」という、涙なくしては読めない一文が現れたのだといえるのではないか。

一人ひとり人間として

林先生の『授業――人間について』の映画を私はしばらくぶりに見直すことができた。いきなり沖縄の久茂地小学校校庭のパーンが映し出され、精一杯遊び回っている子どもたちの姿を見たとき、私のなかに懐かしさが広がった。一九七七年の二月である。季節的には冬でも、まるで初夏に近いような身装《みな》りで子どもたちは飛び跳ねている。タイトルに続いて、林先生が廊下をゆっくり歩いて行かれる背中が映る。まだ足が不自由であったのかなと、ふと、当時と同じような心配が私のからだの中に動く。ゆっくり教室に入られて、「おはよう」と声をかけると、子どもたちが一斉に「おはようございます」と答える。最前列の女の子が先生を見上げるようににここうなずいているのが印象的であった。

「きょうの勉強の題は『人間』です。人間て何だろうということを勉強する」といったとき、子どもたちの顔に、「へぇー」という感じと「ふぅん」といううなずきとが交差して動く。「みんな一人ひとり人間だね」という問いかけに、何を聞かれているのかよくわからなかったり、そんなことあたりまえだという感じが流れた。しかし、何となく「うん」というような肯定に対して、林先生が「だから人間なんて知らないとはいえないね」といわれたときに、子どもとのある繫《つな》がりが自然にかもし出されたようである。それは、思考の繫がりの糸とでもいうべきか。「人間をある動物と比べて考えてみよう」といわれたとき、子どもたちは静かになる。

「はてな」という顔。あるいは真面目《まじめ》にただじっと見つめている顔。おかしいなと首を捻《ひね》りかける顔、顔。

「手掛かりにする動物は」といって、林先生は写真を持ち出される。みんなは一斉にがやがやとやり出す。「ビーバー」という声がそれに混じる。そして、「これは、何しているんだ」と問われたときに、「木をかじっている」という答えが口々に出てくるのだけれども、私にとってこの答え方がたいへん印象的だった。

最近、小学校の授業記録をビデオで観《み》る機会が何度かあった。その場合、ほとんどの子どもたちが非常に元気よく答えている。授業者が担任の先生であるという理由だけではなく、問われたら返事はいつも元気よくするというしつけがいきとどきすぎているのではないかという感じがするのだが、この授業の場合は、けっして元気よくとはいえない。むしろ、ぼつぼつ、口ごもりながら喋《しゃべ》っているという感じで、これはこの授業の間じゅうほぼ一貫していたといえる。

子どもたちの当初の緊張がほぐれてきて表情が少し変わるのは、「これは、実は鼠《ねずみ》の親類なのです」といって、写真を示したあたりからである。子どもたちは、これまで考えもしなかったことを提示されたもの珍しさに、「はてな、一体どういうことなのだろう」と考えはじめた顔、「そういえば、ちょっと似ているな」というつぶやきが混じって起こってくる。そして、鼠と似ているからだの特徴を挙げた後「しかし、ビーバーには何か特別のところはないかな」という質問に、「しっぽです」という答えが子どもたちから出て、「幅が広いね」という応答がある。そのときの最前列の女の子は、口を開けたままで吸い込まれるようにして見ているのが鮮烈であった。「あのー」と思わずいいかけた男の子が、林先生に指名されて、恥ずかしそうに答えている。このあたりでみんなが考えはじめたという感じであるが、それと同時に、まるでおじいさんが孫に話をしているような印象を受けた。実のところ、林先生はこんなに優しいやわらかな声だったかなという驚きが私の内に起こった。それを繰り返し味わっている間に、「ああ」と思い出されたことがある。林先生は、前の年の秋の授業「巡礼」中に、北海道で脳血栓で倒れられた。その後で東京にこられる予定があって、そのときに私は自分の子どもたちが通っている世田谷の小学校と中学校で授業をしていただくお願いをして、校長と交渉し準備が整っていた。それはついに実現できなかった。

仙台に帰って療養されて、私がその年の十二月に伺ったときには、まだからだがご不自由で、布団の上に座り直して私たちに会ってくださった。先生は、後で、「ぶっ倒れるまでやったんだから、神さまも許してくださるだろう」ということを書いておられるけれども、お目にかかったときは、髪を振り乱したすさまじい形相だった。「日本の教師は駄目だ。いくら授業をしても、話をしても、そこに自分たちの救いを見出そうとするばかりで、子どもたちの真の不幸を見ようとしない」と、吐き捨てるようにいわれたときの怖さは、いまも忘れることができない。

療養後の最初の仕事が、この映画の撮影であった。沖縄へ行かれるということは、ずいぶん無茶なことにも思えた。

撮影の前日、本番と同じようにカメラを据えて、リハーサルが行われた。私は、教室の最後列の壁際に座っていた。私の耳がやや不自由なせいもあってか、林先生の声は非常にか細くてよく聞き取れなかった。

教壇にあがられる足どりのややたどたどしさ、黒板に字を書こうとされるときの力のなさや不自由な手つきを見て、私はハラハラしっぱなしだった。

リハーサルの後、ホテルに戻ってから、私は先生にマッサージをした。肩をもんであげたことは、これまでにもあったが、全身にマッサージをしたのはこのときがはじめてである。私は、マッサージをしながら、先生の筋肉の軟らかさに驚いた。それは、鍛えていないゆえの軟らかさではない。非常に弾力があり、柔軟性があった。「なるほど、この年齢でもこのからだの軟らかさだから、こんなにあちこち動いて仕事されることができるのだな」と、私はびっくりするとともに納得できるものがあった。

これなら明日も授業ができるだろう。しかし、声が続かないのではないかという不安が私にはあった。林先生も、「どうだろうか」といわれるので、「先生、立ってください。少し、前足に体重を掛けて私のからだを押してみてください」とか「からだをゆすりながら声を出してみて」とか、少しずつ動きと呼吸と声のレッスンを始めた。先生は笑いながら様々に試みられた。呼吸が深くなって、明るい声に少しこちらまで届いてくる力が出て、これなら大丈夫でしょうと、半ば先生に安心させるつもりと、半ばほっとした思いとで切りあげた記憶がある。二月の沖縄の、まだ暖かい日差しの名残がほの白い時間であった。

映画のなかで、先生の背中がゆれているシーンを観たときに、あのホテルでの思い出が一気にふき出てきた。最初に「おはよう」といわれたときに、これなら、昨日と違って声に広がりがあると、安心した。いま聞き直してみると、実に軟らかい優しい声で、ああ、先生の声はこんなにも明るい軟らかい声だったかなとあらためて感動するとともに、やや細くて力の足りないことが胸にしみるように、うなずかれてきた。林先生はその次の日、五年生のクラスに、「人間について」の授業をされた。そのフィルムをいま観ると、声のトーンが強くなっているのがわかる。子どもたちに対する発問もずばずばとしていた。声質は少し疲れられたのか、硬くなっている気がするが、そこにはエネルギーの深まりが感じられる。先生は、久茂地の子どもたちのからだからエネルギーをもらって、みるみる回復していかれたのだなという実感をあらためて強く受けた。この後、先生は空路大阪へ飛び、湊川高校の授業に入られるのだ。

何のために――どうしても

子どもたちのからだの話に戻ろう。ビーバーのしっぽの話の後で、画面はしばらく林先生の動きを捉える。ビーバーのかじった木の写真とか、歯跡の写真が映し出され、子どもたちの「わぁっ」という声がする。

口を開いている子どもがいる。首を捻っている子どもがいる。それは、いままでとはまるで違った強い反応だった。次に林先生は、ビーバーのつくったダムの写真を示される。授業の構成からいうと、第二部に当たるだろう。ここで、子どもたちの表情は深い集中力を示し、一斉に林先生の方を見つめているのが印象的である。おじいさんとの会話の楽しみから、一種の緊張へ向けて子どもたちのからだが身構えている。「木を並べただけでダムができるかな」という質問があると首を捻るし、「高さが三メートルぐらいある」というと、驚きの顔がひろがる。

木を積んだだけで、ダムができるわけはない。木を押さえなければならない。石で押さえるために、ビーバーが石を持って泳いでいる写真が出る。次に、「長さはどれくらいかな」というと、次々に答えが出てくる。このときの子どもたちの声や発言の意気込みまで変わってきた。そして、「六百メートル」という結論が出たときの驚きの表情や首を捻る仕種から、授業にぐんぐん引き込まれていくのが手に取るように伝わってくる。

そこで、「何のためにダムをつくるのか」という発問が出る。この「何のために」ということばが、林先生の発問の一つのキーになっているのが、今度映画を見直してわかったような気がする。その発問の後、林先生は、「どうしても無いと困るからつくるんですね」という言い方をしている。これはいかにも林先生らしく、先生の思考の特徴をよく表していると、私は認識をあらたにした。「どうしても無いと困るもの」という生活の根底からくる切実さに、つねに思考の基礎を置いておられたということであろう。

ところが、この「何のために」という質問が出た途端に、子どもたちが変わる。いままで、首を捻ったり、真直ぐを見ていた子どもが、困って顔を押さえたり、言いだそうとしては適切な言葉に困って口をとがらせたり、からだの姿勢が変わってくる。口を開けて見ているような子どもはなくなり、むしろ、唇をうごめかして内に力が向かっているのが感じられる。「何のために」を考えるヒントに、ビーバーの家の構造——特に入り口の構造などが示された。そして、外から見えないようになっていなくては困るとか、水が一杯あるから安心なのだというあたりでの子どもたちは、先生の方に吸い込まれていくような目付きで、教室中に等質の美しさがあふれているようだった。この少し後までの、ビーバーについての授業は、理科の授業に似ている。ビーバーと人間との比較が出てくるのは、もう少し後になる。ここでは純粋に対象について考えているわけである。日常の暮らしの中で子どもたちが持っている知識と、暮らしのなかの論理でビーバーの生活の論理をたどっていく形になっている。

ビーバーの立場にしらずしらず身を置かせて考えさせるという過程は「開国」の授業と同じで、これが林先生の授業の方法だなと感じられた。

次に、もう一度「どうして」が出てくる。「どうして、こんなに水が一杯あるところに家をつくったのだろう。池か何かを見つけたのかな」と、発問される。男の子が、軟らかな声で答える。一度、林先生に確かめられ、そのあとでうながされて、長い言葉で答えている。「ダムみたいに水をね」というように語尾に「ね」を入れて話しはじめる。「ひとつところに、川のところに集めて。そこにね、水が溜まった」喋りながら、思考がはっきりしたり、深まったりしているのをそのまま口に出している様子がよく表れている。

子どもの言葉が、先生に受け入れられて、次に問題が発展していく授業の流れが他の子どもたちにも影響したのか、このあたりで全員の思考の深まりと動きの激しさは一つの頂点をつくり出しているように思われる。「水を溜めると水はどうなる」「広がる」という答えが、あちこちからすぐに返ってくる。「広がるだけでなくて、水の高さはどうなる」という発問に、「深くなる」という答え。「広くなって、深くなる」と林先生がいわれるころには、手を広げて友達に示すような動きまで出てくる。

「そこで入り口が隠れるわけだが、その入り口がどうなっているか、これを見るとわかるよ」と、図を出して説明したとき、子どもたちは、唾《つば》を飲み込むようにしてじっと見つめる。口を噛んで唇がうごめいている子もいる。「ここには（ビーバーの）子どもがいる。そして、大事に育てられている」という話になるあたりでは、子どもたちの反応はさらに深まる。「子どもがいるところに、親が濡れたまんまできたら困るから、入り口の横に部屋がつくってあって、そこで水を振るい落としてから行く。ビーバーって頭がいいな」といわれたとき、まるで肩で息をするようにはあはあいっている男の子がいる。ここではもはや単に客観的な対象に対する思考ではなく、自分たちの生活、親とのかかわりと無意識に繋がり、ある情動がうながされていると見てもいいだろうと感じる。

授業は、第三段階に入っていく。つまり、人間とビーバーとの比較である。

「(ビーバーは)人間より頭がいいか」と、いきなり本題に導入される。ほとんどの子どもが「いいえ」と答える。それに対して林先生はここでは「どうして、いいえといえるかね」と聞き返さないで、「どうして、いいえといえるかということをこれから考えるんですね」という形で先へ進む。五年生、あるいは中・高校生だったらここはどうされたのだろうか。「ビーバーは木を切るのに何を使う」「歯」「あなたたち(人間)は、歯で木が切れますか」みんなは笑って「いいえ」と答える。「人間はどうやって切る」「鋸《のこぎり》」「道具はビーバーは使えますか」「いいえ」「一本切る時間はどのくらいか」「一週間」という答えがすぐ出てくる。また別の子が「三日」「一時間」「一分」というのを聞いている子どもの口も動いている。最後に、十五分という話から、「人間だったらどうかな」ということになり、繰り返し繰り返し人間とビーバーの比較に入っていく。「人間だったら歯が折れちゃうよ」という話が出ると、友達に実際にやって見せる子どもも出てくる。

「鋸を使ったら、ビーバーよりも速いだろうか、人間は」というと、「速い」と答える。「鋸は硬いものを選んで、都合のいいように歯をつけてある。電気鋸まであるね」というと、にこにことうなずく子。先生の発問に対する反応は非常に速い。たるみなく考えが持続して発展している感じがする。「人間は石の鋸から、電気鋸にまで発展させた。道具は進歩して、時間はどんどん速くなる」「ビーバーは祖先と同じ早さでしか木を切れない」「しかし、ビーバーと人間にはもっと大事な違いがある」と林先生が話を進める。ここで子どもたちの表情に緊張がみなぎる。「ビーバーの巣が流れちゃったらどうする」「またつくる」という答えが返ってくる。

「あなたたちが自分でつくったダムだったらどうかな。また、同じようなものをつくるかな」という質問が出される。「つくらない」「どうして」「これが駄目になったら、もっと別のものをつくる」。

このあたりになると、子どもたちの姿勢が鮮かに変わってくる。みんな背筋をまっすぐに伸ばし、先生に向かって食い入るように見つめている。「あなたたちだったら、どうして流されたかを考えて、もっと丈夫なものをつくろうとするでしょう。じゃ、ビーバーはどうだろう」「前と同じものをつくる」「でも、ビーバーはこんなに手の込んだ空気穴をつくったり、食物の倉庫まである。こんな立派なもの、あなたたち、できるかな」「できない」「できないか。ビーバーはそんなに素晴らしいけれども、人間はまるで違った素晴らしさを持っているんだね」。

この後ビーバーの頭の良さの列挙が続くが、ここで思考のドラマの頂点を越えたのか、子どもたちは、ふんふんとうなずいたり、少しくたびれてきたような様子も見えた。結論として、「流れたら前と同じものはもうつくらない。それが、人間の素晴らしさだ」といわれたとき、うん、と口をへの字に曲げてうなずく男の子が画面に映し出される。わけはわからないけれども、人間の方がビーバーより頭がいい、と答えちゃったけれども、やっぱりそうだったなという、安心感のようだ。

「この素晴らしい知恵は、どこからきたのだろうか」というところから、最後の展開になる。人間とビーバーとを比較して、「ビーバーは、誰から（知恵を）もらった」「お母さん」という返事が返ってくる。「それを、そのまま子どもたちが使っているんだね」といい添える。そこからは、子どもたちを問い詰める発問というよりは、人間の素晴らしさにまでたどりついたら、そのことの由来を締め括《くく》りに話していかれるという感じだった。

「人間の知恵は、親からもらっただけでなくて、少しずつ勉強して貯《た》めていくんだ。勉強してもっと素晴らしい知恵をだんだんにつくっていくから、先祖ができなかったことでもできるようになる」と話をされたとき、女の子は先生の顔をまじまじと見ている。また、にやにやとした男の子もいる。少しくたびれてきたのか目を擦《こす》っている子も見られる。

「人間は勉強して、二本足で立つことから、言葉を喋ることもできるようになったんだよ」という話で、授業は終わる。

この授業のすぐ後に入られた湊川高校の激しい闘いのこもる授業とは質が違う、だが私にとっては生涯忘れることのできない珠玉のような一時間である。

2　林竹二先生と授業「田中正造」

「明治の柩」から「田中正造と谷中村の人々」へ

私は、今、六年前（一九七九年）に神戸の湊川高校（定時制）でやった芝居、「田中正造と谷中村の人々」を、今度は東京でやるための作り直しに入っている。湊川でやった過程は、『ドラマとしての授業』（評論社）の中に報告をおさめてあるけれども、林先生が湊川で田中正造の授業をされたのは、私が芝居と関連して言い出したのがきっかけであった。ソクラテスについての授業を計画されていて、そのむつかしさを洩らされた時だった。林先生が十年かかった『田中正造の生涯』（講談社）が出たしばらく後であったから、私はそこに読み取った田中正造、先生に出会った二十年前に上演した「明治の柩」の正造像を超え発展させた新しい芝居を作ろうと志し始めていて、改めて田中霊祠の集まりへ参ったり、谷中を歩いたりし始めていた時であったから、ぶしつけに「なぜ先生は田中正造の授業をなさらないのですか」と問うた。先生は虚を突かれたという顔をして、フーンと考えこんで、「なるほど、そちらがほんとうかもしれん」というような呟きを洩らされた。それがきっかけで、湊川高校の給食のための食堂での、当時衆議院の副議長であった三宅正一氏他も加わっての第一回の授業になったわけだが、その冒頭に林先生は、竹内さんが芝居を作りたいんだそうですというふうに言われた。

私が初めて「林竹二」の名を知ったのは、一九六二年秋『思想の科学』の田中正造特集にのせられた論文「抵抗の根」であった。この名前は、林先生が、自分でつけたわけではない、鶴見俊輔氏の命名によると書かれているけれども、鶴見さんは、記憶がないようであった。この論文の重要性は多くの人が語られることだろう。そこで私が読んだものは、近代以前の封建社会の中で育まれてきた人民自治の思想が、明治国家というものを作り出す基底的な力をなし、かつまた、それが近代国家としての明治政府のあり方を根底から否定していくという構造であった。ただ私などは当時、前者については非常に共感したけれども、後者に関しては、充分には読みとれなかったと言えるだろう。むしろ農本主義的な思考が近代資本主義の合理性に敗北してゆくという側面を見ていた。つまりは正造に、明治という時代の矛盾の象徴を見たというべきだろうか。それには、私たちなりの当時の状況における根拠があったことは確かであるが。

「明治の柩」というのが、その時準備していた私たちの芝居の名であった。当時私たちにとっては、資料としては、大鹿卓の小説「渡良瀬川」ぐらいしかなかった。あとは、専門的な歴史学の資料であった。同じ大鹿卓氏が島田宗三さんからの聞き取りをベースにして書かれていたという『谷中村事件』は、まだ世に現れていなかった。戯曲の中で作者宮本研は、幸徳秋水をモデルにした男から、正造に対して、もっと高みに登って見渡さないと、歴史の流れは見えないという批判をさせている。工業の発達は歴史の必然で、それに逆らうことは無駄である、と。小さな谷中一村にしがみつくのではなくて、足尾銅山の鉱夫たちと農民たちと連帯して運動を広げていかなければいけないという論理である。いかにも啓蒙的社会主義の議論であるが、これを超えるだけの論理は、まだ、林竹二の中に潜在していただけで、私たちの回りには見えなかった。『田中正造の生涯』および、東京都立南葛飾高校定時制における晩年の授業に、私はこの思考に対する痛烈な答えを見出す。

もう一つ、私たちにとって、田中正造を考える場合に大きな抵抗感となっていたのは、天皇に対する態度であった。当時私と同じ世代の友人が編集していた、ある小さな新聞での、読者アンケートに、こういう一文があったという。「もし、天皇を絞首刑にする時がありましたならば、私もその綱の一端を握らせてほしいと念ずる者でありまして」。戦争によって、父、先輩、友人ばかりか母や妹までも殺された世代から見ると、田中正造は、最後まで天皇に、同じ理想を抱いて新しい社会を作ってきた同志としての親愛と、その新国家のシンボルに対しての忠誠とを崩さなかったというふうに見えた。それが、私たちには許せなかった。林先生が全力を傾注して明らかにされようとされた、谷中へ入ってからの田中正造の姿は、全く私たちには見えなかった。木下尚江の『田中正造之生涯』におさめられた日記をくわしく読むだけでも、なにか気づけるものはあったはずだろうと、今から見ればホゾを嚙む思いもあるが、その書自体私にとっては身近におきがたいものであった。結果として、「明治の柩」は、私の妻の言い方を借りれば、「弟子たちが師を裏切っていく芝居」という形になった。正造は新しい時代の担い手によって乗りこえられるべきものとして描き出されたのである。一九六〇年の安保闘争の当時、戦前からの共産党指導者たちの硬直した姿勢に対する若者たちの批判と、それは重ね合わされて見られたし、プロレタリア演劇以来の伝統を背負う新劇団と、その指導者に対する若者の批判としても見られた。また、そう見られるに充分な私たち自身の潜在的なモティーフの選び方があったのであろう。

林先生は、後に、「竹内さんは当時私の考えには反対だった」と、笑いながら言われたことがあった。しかし私は、主観的にはそのつもりはほとんどなかった。先に述べた「抵抗の根」の前者に関しては、私は決定的なものを学ばせてもらい、自分なりの発展を考えたという気持ちであったし、劇作家の、幸徳秋水を媒介にしての正造への批判は、私は必ずしも共感できなかった。演出者としての私は、台本自体から言えば、若者たちが、師を超えていくという形になっているわけだけれども、超えたと思ったものがはたして超え切れたのかどうかというせめぎ合いに、演出の視点を置いた。台本では、師正造と共に村にとどまるクリスチャン、これは島田宗三氏ともう一人のそれぞれ一部をモデルにして創られた人物だが、彼は台本の中では、若者たちの中でいわば最も後衛的役割を与えられている。私は最後の強制破壊の場面で、かれをいわばその場の主役として舞台の中央に置き、師を裏切っていく若者たちに対立させるという形において自分の思考をあらわにした。かれが、その場の開《あ》く時から、議論ではなく、鎌を棒にくくりつけて武器を作っているという、台本にはない行動をつくり出すことによって、それを示したつもりであった。

林先生は、稽古の途中で役者たちにさまざまな助言をして下さって、舞台稽古にわざわざ仙台から来て下さった。若い役者たちは先生のお世話で、谷中村から鉱毒被害の土地、大押し出しの川俣事件の現場などを、見学して回ることができた。私は残念ながら上演の準備で参加する時間がなかった。正造が亡くなった庭田家の構えの大きさと軒に吊るした洪水に備えての舟に、皆呆然とした話を強く記憶している。

上演の後しばらくして私は、冬の谷中に行った。地理などろくに知らずに、七曲りの堤を歩き、墓石の間を巡り、藤岡へ出たのだが、堤防の道で会った子どもに、地図に遊水地と印してあるその土地を、ここは何と言うと問うた時に、何ごともない口調で、「谷中」と答えたのが、私の胸を撃った。もう一人、小柄な老人に会った。どうして話し出したのか覚えがないが、この老人は、自分の家は谷中村がつぶされると聞かされた時にほとんどまっ先に買収に応じて村を出た家だと言う。自分の家は早く応じたから、この土手の外のいい土地をもらった、今でもそこだと言って、家の方角を示してみせた。田中正造さんという人には会ったことがありますかと聞いたら、「いや、とんでもない、田中さんというのはものすごく偉い人で、今の大臣とかそんなもんじゃない、雲の上の人みたいに、はるか向こうで大勢にとりまかれて歩いていた」と、七曲りの堤の方を指して、手を振った。当時正造は、県会議長から代議士になったわけだが、第一回帝国議会の代議士となるとすさまじいものであったのだろう。しかし、その人が、ボロ着一枚になって、改めて谷中に入ってきたということを、一体村の人たちはどう見たのだろうなと、私は爺さんの顔をつくづくとながめていた。

湊川での「田中正造」の授業

それから約十年たった。その間に公害問題が激化して、闘争の原点として田中正造が見直されるようになってきていた。私は宮城教育大学の講義に迎えられ、そこで、林先生に再会した。そして数年後に先生は、『田中正造の生涯』を脱稿されて、私はそれを読むことになる。その時受けた私の衝撃のうち最も大きなものは、田中正造の日記の最後のことばであった。在来、木下尚江が記したところによれば、「悪魔を退くる力なきは、其の身も亦悪魔なれば也。己に業に其身悪魔にして、悪魔を退けんは難し。茲に於て懺悔洗礼を要す」で終わっている。ところが、実際にはその後に、「何とて我を」の一句があったという。キリストの最後のことばである。これを読んだことが、私の正造に対するイメージを底から揺り動かした。林先生が、正造の谷中村に入ってからの変貌、むしろ新しい人間となって生まれ変わったという過程、正造の言葉によれば「苦学」について、正造について語るものの中でほとんど初めて、詳細に語られたことへの驚きも大きかった。「明治の柩」においては、強制破壊によって、権力の前に人々の抵抗が打ちくだかれた。なお人々は闘い続けたとは描いてあるが、そこで決定的なドラマは終わっているが、そこから先に正造の、政治家としてではなく、人間としての最も重大な闘いがあったとすれば、オレはもう一ぺん芝居を作り直さねばならぬと思った。一九七七年に、私は林先生から声をかけられて、一緒に湊川高校に授業に入った。私は、やはり演劇人であって教育者ではないということなのだろうか、授業だけでは、もう一つ生徒たちとのふれあいに徹底したものが生まれきれないもどかしさを感じて、その秋、学校祭に芝居を持っていくことにした。その直後に林先生の田中正造についての授業が始まり、そして次の次の年に、私は「田中正造と谷中村の人々」を上演することになる。

林先生の、田中正造についての湊川の五回にわたる授業の第一回目の有様は写真集に生き生きと残っているけれども、実に、すがすがしくなごやかで、会場は熱気にあふれていた。林先生に言わせると、その直前に私たちが芝居を持って入った、その雰囲気がずっと続いていたのだと言われるのだが、三宅正一氏らが会場に入ってきた時の生徒たちのおのずから起こった拍手などは、思いもかけぬことであったし、授業の冒頭先生が谷中村の地図を黒板に止めたところが、よくよく見るとさかさまであった。あわてて他の先生の手を借りてはり直している時に、朴隆章君が、「林先生ももうろくしたあ——」と大声をあげて、満場どっと笑いくずれるなど氷のとけ始めた河の溢れのような勢いがあった。そういう雰囲気の中で林先生が話し出されたのは、輪中《わじゅう》の話であった。私にとってはいささか意表をつかれた幕開きだった。木曽川の輪中の話を綿密にされて、谷中村もこれと同じ形であった、と。そしてここでは、三年に一度の渡良瀬の洪水があれば、それによって土地は肥え、当時一反で七俵というめったにない収穫をあげたエデンの園であったという話を、ゆっくりと続けていかれた。

これで始まった先生の講義は、私の印象では、正造について直接語ることが極めて少なかった。田中正造の授業だというが、正造という人がどういう人物で何をしたかということについては、まとめてある部分部分で話すだけであって、むしろ、足尾の鉱毒の話、谷中村の堤防を県の土木官吏に切られて、水びたしになって、村人はどう対処していったかという話など、言わば、正造の向かい合わなければならなかったこと（状況）について、綿密に語っていかれた。つまり、聞いている生徒たちが、いつの間にか正造の立場に立ってことを見ていかざるを得ないという構造であって、これは、「開国」

の授業などでの先生の方法の特徴でもあろうが、それをもっと徹底して進められているなというのが、事後の私の感想であった。

この一連の授業では、特に年末行なわれた第五回目の授業が、私には印象深い――。谷中は人間の生きられる所でないような所になってしまった。しかし、そこで生き抜くことを選んだ人々があって、それが実は谷中の闘いの主人公である。田中正造は、初め自分が闘いの主人公であり、農民たちの保護者であり代弁者であると思っていた。ところが、そうではない、闘いの主人公は人民であると気づいて、自分自身が人民になるために、今までの、言わば政治家根性、指導者根性、知識人根性を捨てて、新しい人間、一個の谷中村人民として生まれ変わるのに七年を要した。――これが主眼であった。前四回のしめくくりとして一気に言いたいことを言い切ってゆくまっすぐさが、まず私を撃った。

今テープを聞き直していると、この中で、林先生は「谷中村で本当に闘っていたのは農民だ」と、言われ、続いて、「どんな形で闘ったろうか」と問いを発展させられた。とたんに、「先生、ちょっとわかりにくいわ」と生徒のことばが入る。この率直さと、ことばに思いやりのにじむ鋭さは、たぶん田中吉孝君であろう。林先生がそこで改めて前に皆に示した図をかけ直して、谷中村には初め四百五十戸、二千人がいてと説明をし直し始めると、「ああ」とうけこたえが来る。ついで、村の堤防を崩されて水が流れこみ、村は沼みたいになって、生活できないからだんだん村人が引っ越していってしまう。と、「ああ」と声が入る。先生が語を進めて、十九戸、百人余りの人が残った。正造は正造で人民を助けようとして闘っていた。しかし、農民は大分違った闘い方をした、と言われ、農民が残ってるっていうことは、県庁や何かがこれを追い出そうとしてたわけだから、残ってるってこと自体がすでに闘っていることだ、と言うと、「ああ、そういうことか」と納得のことば。そこで、つまりそうやって抵抗してるわけだと先生が続けられる。間髪を入れずに、「その村にはその村のええとこがあるからと違うかあ」とことばが返ってくる。林先生の生徒たちに対する語りかけ、そして、あいまいなところに対してしつこいくらいに、吟味を続けてゆるめない姿勢もみごとであるが、生徒も遠慮えしゃくなく突っ込む。自分たちの理解を通りすぎて先生が先へ進んでしまうことを許さない。田中正造が代議士を辞めて村に入って、着のみ着のままで毎晩一軒ずつ村を泊まり歩いた、しかしそれは、泊まる所がないからではなく家ごとに、その家の生活事情だの、親類や家族との間柄や、悩みや喜びのさまざまなあれこれをじっくり聞いていたのだ。なぜこれだけの決意をもって残留したのかという本当のところを聞き出すために、正造はそうやって努力していたのだと林先生が話されると、間髪を入れず、「けど代議士まで行った人やから、やっぱりうわべだけで話を聞いていたんとちゃうかなあ」と反撃が飛ぶ。林先生が、瞬間それに対して「いや……」と身構えて、すっと次のことばをさがしているという気配が、やはり真剣勝負である。「何で農民が最後まで残ったのか」ということばに対して、生徒たちの間から、口々に「意地や！」というつぶやきや叫びが湧いてくる。この、「意地や」が、話の先で発展して、「両方とも意地の張り合いやなあ」という言い方が出てくると、林先生はキッとなって、「いや、そう言ってはならない」、と生徒たちのことばを押しとどめる。「弱い者は意地で抵抗するけれども、権力を持っている者は、絶対的に強い力で勝負ができるのだ」、と。それは、意地ではなくて、暴力なのだという意味の訂正をつきつけた時に、生徒たちが、ほとんど声にならない声をもってうなずいている。

人間であり続けるための闘い

この、湊川における田中正造の授業は、ソクラテスの授業と並んで、おそらく最も力の籠もった、あるいは、脂の乗ったと言ってもいいものだろう。生徒たちとの丁丁発止のやりとりは、先生自身にとって実に楽しい、そしてこわい充実感を持ったものであったに違いない。それに比べると、その四年だか後の南葛の田中正造の授業は、内容も、主とするテーマも大きく違っていることが印象的である。

南葛（定時制）の授業は、田中正造とか足尾銅山の鉱毒事件について何か知っているかという問いかけから始まって、事件の舞台である渡良瀬川、そして鉱毒の被害について、ていねいに語っていかれる。そして、実際に先生自身が足尾や谷中に行って写された写真を、スライドで見せながら、次々と話を発展させられる。そして、湊川においては、話の焦点は政治家田中正造、指導者田中正造が、一個の谷中村人民となるための苦闘にあったのだが、南葛においては、帝国議会での明治三十三年の演説（同年二月十七日、亡国に至るを知らざれば之れ即ち亡国の議につき質問書）において、「腐敗した官吏が、加害者である企業と手を握って、企業の利益を守り、人民を悲惨に追いこむことを意に介しない、これこそ亡国である」と述べたことばを、テーマに置かれる。これは、資本主義の社会において当然の帰結であって、その、逃げることのできない腐敗に対して、一体人民はどんな闘い方があるのかということについて、正造は多くのことを教えてくれると、先生は言われる。

特に痛烈なのは、帝国大学の卒業生である官吏に対する正造の批判、むしろ罵倒のことばの紹介である。そして、問題は一気に教育行政の現状批判に発展する。先生のこの頃の関心の焦点が凝縮されたような激しさである。学校教育は、官吏と企業とが結託して進行する非人間化の最も激しい場になってしまっている、一九七一年の中教審答申は、教育を企業に売り渡したものだ、と言い切られた。そこで我々は、谷中村のように、人間であることができないような、言わば地獄の底において、なおかつ人間であり続けることをやめない闘いをせねばならぬ、しかもそれは、最も非人間的なところに自分の生活を選ばざるを得ないような人々において、それが闘われなければ、日本は亡ぶのだという激しいことばであって、ここには、林先生がこの前に行かれた水俣の記憶が裏打ちされている。

先生の田中正造の授業は、湊川においては番町部落という、日本最大の都市被差別部落出身者の多い、ここの生徒たちに対して、その部落を谷中村と対比しながら、そこで生きることを選ぶことの意味を語られ、かつ教師たちに対しては、そして林先生自身にとっても、生徒たちと一つになる、人民となることの難しさを語られたと思うが、南葛での先生の語り方は、都市の最底辺に生活する青年たちに対して、自分たちの環境、そしてかれらがそこから閉め出されたところの、教育環境という非人間的なものすべてを超えるべき努力に向かって、熱い励ましを送られたのだと私には見える。

3 〈講演〉人間であること、人間になること

林先生との出会い

こんにちは、竹内です。先生が亡くなられて十年になります。わたくしにとって林先生のことは、大変重いことでありまして、先生が亡くなられてから後、ずいぶん多くの方が追悼文など書かれましたけど、わたしは、いっさい書けませんでした。お話を公式の場でするのも、今日が初めてで、先生についてのまとまったことをお話するというところへいくには、もうちょっとかかる——自分のつもりではまだ数年かかると思いますので、今日は、二つ、あるいは三つ、といったらいいかな、のことについてだけ、話します。一つは映画を撮りに沖縄へ行かれたときの林先生について、二つめは、初めて湊川へ授業に入られたときのこと、それから三つめに、どれだけ時間が残るかわかりませんが、南葛《なんかつ》と湊川について、林先生がどのように、違いを考えておられたか、ということについて、うまくしゃべれるかどうかわかりませんが、お話をしたい、と思います。

さっき先生の授業の映画（「記録・授業——人間について」）を見ていましたら、一九七七年と書いてあったかな。これは、林先生が宮城教育大学の学長をされながら、小学校へ授業に行かれた。たぶん、映画を撮るまでに、三百回ぐらいだと思いますが、授業をされている、その締めくくりみたいな形で、映画を撮ったんですね。

私が林先生とお目にかかったのは、実は、教育とあんまり関係がない。一番最初は、なんと一九六三年かな、田中正造の芝居を私はやりました。その頃、田中正造という人は、ほとんど忘れられていた人でありまして、ずいぶん苦労して資料を集めたんですね。たとえば戯曲なんかでも調べてみると、明治・大正時代に十ぐらいあるんです。でもみんな粗っぽい義人伝で、センチメンタルなものばっかりで、どうしようもなかったんですけれども、ほとんど上演はされていない。田中正造っていう人は、鉱毒事件で奮闘した人だ、ということ自体、ほとんど知られていなくて、詩人の金子光晴氏の弟さんである大鹿卓《たく》さんが、その頃、「渡良瀬川」という小説を出されたばかりでした。それが一般に手に入るほとんど唯一の資料でありました。

で、準備に二〜三年かかって作家と協力して台本をつくって、いよいよ上演しようとする頃に、『思想の科学』という雑誌に、「抵抗の根」という論文が載った。林竹二、と署名してある訳ですね。それがおそらく田中正造という人を、もう一度世に押し出す最初の論文であったろうと思います。私はそれを読みまして、林先生へ、お手紙を出した。そうしましたらば、林先生がいろいろ尽力して下さった。その当時、ほとんど手に入れることができなかった資料なども分けて下さいました。で、芝居をやる直前に、渡良瀬川の流域を役者達が見学に行くように手配をして下さった。私はとうとう上演の準備で動けなかったんですけども。そして、舞台稽古を見に来て下さいました。

その後のこともいろいろ、実をいうと裏話が……まだ公表してないこともあるんですけれども。いろいろいきさつがありまして私は、当時所属していた「ぶどうの会」という劇団が解散しまして、林先生ともお目にかかることがなくなったんですね。十年たって、全然別の経路で、宮城教育大学に、からだとことばについてのレッスンを授業でやってほしい、と呼ばれて行きましたところが、たまたま学長が林先生であった。なんだ、この人は私は知ってるよ、と言われたそうで、それでもういっぺん、お目にかかった。十年ぶりにお目にかかったのです。

沖縄へ――授業の映画を撮る

非常勤で講義に行き出してしばらくたってから、東京の永田町小学校で授業するから見にこないか、と電話を頂いた。私は、小学校の授業というようなことについて、直接関わる気持ちは全くありませんでしたから、何で私に、と言ったんですけど、まあいいからいらっしゃいという。行ってみた。永井道雄文部大臣も来ていたのですけれども、その時に、授業を子どもたちと一緒に受けました。それがきっかけになって、林先生が、何故かわからないけれど、私に、授業について対談したいから出てこいということで、いろいろとお話を伺う、というようなことになった。そんなことがなん度かあるうちに「グループ現代」が先生の授業の映画を撮りたいと言い出した。「グループ現代」のメンバーの中には、私のレッスンを受けた人達が何人かいるのです。で、林先生から電話があって、今度こういう申し入れがあったけれども、竹内が、資格審査をせい、という。資格審査というのは変ですけれども、つき合って信用できるかどうかというようなことで、先生の「人間について」の本をテクストに討論するなんてこともありまして、ま、いろいろあって、やっとこさ映画をとるという計画がまとまりかけたところで、林先生が北海道へ行かれて、小学校で授業をされている旅の途中に、倒れられたんですね。脳梗塞の軽いのだったようですが、倒れられてしまった。秋です。先生は、ぶっ倒れるまでやったんだから神様も許して下さるだろうと思った、と言われましたが。それで十二月一杯、ずっと療養されていた。それでも、二月に沖縄へ行って授業をするという計画を変えない、と言われる訳ですね。大丈夫だろうかとみんなかなり心配をしました。私は、関係者の一人だったけれども、行く予定はなかったんですが、先生のところに押しかけていきまして、一緒に行かせてほしい、と申し上げた。まあ、映画に撮る授業に立ち会いたい、という気持ちもありましたけれど、それよりも、正直なところ先生のからだが心配で、私は医者でも何でもないけれども、しかしからだのことは多少は、気をつけることができよう。ま、とにかく、先生はまだよく歩けないんですよね。それから言葉がうまく出ない。まだ言葉がもつれていらっしゃいまして、とにかくそのことの方が心配で、沖縄に行きまして、同じホテルに泊まらして頂いた。

最初の日にテストをしました。授業をとにかくやってみる。カメラを据えて、こんな具合でどうかな、という具合に。二月で、沖縄ですから、暖かいんですけども、どんな様子になるんだろうかとハラハラして見ていた。私が教室の一番後ろですわって聞いていますと——さっき映画を見ていて、笑っちゃったんですけども、私が映ってるんですね、あの映画は。後ろの壁ぎわにすわって……。林先生の奥さんもいらっしゃいます。校長さんの安里さんも並んで。

そういうふうにして聞いてると、私の耳では、よく聞きとれないのです。まあ、私は、もともとが難聴の人間で、今でも片耳が聞こえませんから、標準よりは悪いに違いないけれども、どうも危ない、と思った。そして、少し足を引きずるみたいにして歩いていられる。午後になると暑くなってきますから、早く引き上げて頂いて、ホテルでマッサージをしました。してみると、やっぱり病気の後ですから、からだがずいぶん、ある一方にこりかたまっている。からだをほぐしてから発声のレッスンを、というのは少しオーバーですけども、奥様立ち会いでやりました。……も少しこういうふうに息をされてこういうふうに声を出してみたらというようなことをおっかなびっくりやった。先生はにこにこにこにこしてやっておられたんですけども、まあこれならいいかなというふうに、次第にからだ全体の調子が動いていく……ま、林先生という方は非常に面白い。普通哲学者というと頭ばっかり使ってね、からだはカチカチみたいにこっちはどうも思ってしまうんですけれども、林先生は大変からだの柔かい人ですね。晩年になっても私はびっくりしたことがあるけれども、非常にからだが柔軟な方です。どんどんからだがいきいきと変わってくる。次の日の授業になって、これが本番です。歩いている姿はさっきご覧になったようにちょっとこっちの肩が下がって、足を引きずり気味に歩いてくる訳ですね。けれども声を出された時に、ああ、これは大丈夫だ、一番最初の声を聞いてホッとしました。

話が前後しますけれども、さっき映画が始まる前に林先生のテープの声が聞こえてましたが、あの声の方がずっと若々しい。あれは映画をとった後湊川へ授業に入られて何年かたってからの声ですけれども、その過程で林先生はむしろ回復していく、というよりも元気になっていかれた、ということをあらためて思いました。

とにかく、ひょっとするともう一ぺん脳梗塞が起こったらば倒れたまま沖縄から帰れないかもしれないというような不安の中で、あの授業はされた訳ですね。にこにこしてられるけども、かなり気迫のこもったものでありまして、それに私は魅入られるようにしてついていったということ、まあ今お話できるのはそれだけですが。そこに突然私にも、授業をせよ、という話が出まして、私は、生れて初めて小学生を相手に、六年生に「人が立って歩く」ということについての授業を、校庭でしました(『ドラマとしての授業』評論社)。その楽しさ、というか、子どもたちと響き合うことの手応えみたいなものは、未だにからだに残っております。

で、それから、もう一つの映画――「開国」の授業を撮りました。「開国」の授業の方がひょっとしたら先に撮ったのかもしれない、その辺の記憶ははっきりしませんけれども……。

一回授業されるたんびに、先生が元気になっていかれる。……それだけですね、今、お話しようと思うのは……。それで終わりまして、一緒に那覇空港から大阪空港へ出ました。先生は、しきりに今日の授業の出来はどうだった、というようなことを言われる。どうももう一つだったなあみたいなことを言われたりするんですけど、こっちは授業の出来どころではなくて、先生の状態がどんなであるかという心配ばっかりで、そっちの方はあんまり頭に入らなかった。先生の奥さんて方は、すごい方で、私以上にからだのことが心配だったに違いないんだけども、しかしそういう時でも授業ということになると、一ぺんに厳しくなる。後でちょっと御紹介しますけど、本当にあの奥さんは、ある意味でいうと林先生より厳しい、それが先生を支えていたところがある、というふうに今思うのです。で、大阪空港に着きまして、私は大阪に用事があったのでそこで別れて、先生は神戸へ行かれた。残念なことをしたと思うのは、その時ついていけば、湊川高校じゃありません、兵庫の解放教育研究会か、その人達との最初の出会いに立ち会えた筈であったのです。で、私が、東京へ、まあ別れ別れに帰ってきた後、先生から電話があって、いくつか話をされた。その時だか、その次ぐらいだと思いますが、あなたも一緒に湊川へ授業にお入りなさい、と言われた。

湊川での林竹二と斎藤喜博

私はそんな、授業なんてね、大学の集中講義には行っていましたけれども、高校で授業をやるようなことは私は持っていないから、だめです、と言ったら、いや、そのまんまでいいんだ、と言う。そう言われたところで、どうにも考えようがない。で、一体どういうことですかって言ったら、他に斎藤喜博さんと高橋金三郎さんを呼んである、と。皆、林先生が信頼しておられた。そして一緒に宮城教育大学で授業をされた先生方ですね。斎藤喜博さんという方は、皆さん御存知かと思いますけれど、小学校の校長を長いことやられて、授業の実践が有名であった。私も写真だの映画なんかで多少は知っておりました。校長を定年で辞められてから宮城教育大学に林先生が呼ばれて、研究所の教授という形になっておられていた方です。湊川の話をするとたくさんいろんなことがありますけども、今日は私が最初に授業に入ったその日のことをお話ししたいと思います。

私は、林先生にＯＫして、前の日あたりに行ったんですけれど、その時、からだをこわしてまして耳がきこえなくなっていました。もともとが悪かった訳ですけれども、聞こえていた右耳が塞がっちゃってきこえない。授業どころではない訳ですね。しかし約束は約束だし、とにかく、どんな有様か、林先生の応援に行かなきゃ、みたいなつもりで参りましたところが、どうも様子がおかしい。で、湊川高校の方に話を聞くのだけれども、よく聞こえないし、向うも口が重い。事情がよく判らないまま、私は、とにかく耳の医者に、二日間入院させられてしまった。それから戻ってきまして、私は斎藤喜博さんに初めてお目にかかったのです。

斎藤喜博さんには、もうちょっと前に、間接的な出会いがありまして。どういうことかというと、宮城教育大学で、私が講義をした、といってもレッスンですが、その場に斎藤さんが始められた教授学研究の会に、ずっと参加している教授がおられた。その人が、斎藤さんから教わったという指揮をやってみせた。斎藤喜博さんていう方は、もともと国語が専門だと思いますが、子どもたちの歌の指揮をなさる。大変見事だという評判でした。それを習った、という。みなで拍手してやってみせてもらったところが、どうも私には、見ていて全然わからない。あなたは斎藤先生に習ったっていうけれど、私には信じられない、と言った。斎藤先生が、そういう指揮をするのかなあ、と。で、他の人が、それじゃ、私も学んだからやってみるっていって出てきた。それも、私は指揮だとは認められない、と言いました。そしたら、じゃあ、斎藤さんの授業のビデオがあるから、みてくれということになりまして、見たんですね。見たんだけども、機械の調子が悪くて、ろくに音が出てない。それでも何の歌かはわかりました。で、見たとたんに、なあーんだ、って言った。あんたたちのやってるのと斎藤さんの指揮は全然違うじゃないかと。どう、違うんだ、と問い詰められた。やはり斎藤さんはすごい、と思ったんですね。斎藤さんが指揮をすると、そっちに子どもがいますね。子どもたちの声をさあこっちへこっちへここまで届けておいで、と。もうちょっと息を広げて、もうちょっと、と、手を動かし、からだを使って働きかけている。もっとこっちへ、そう、そこでぐっと息を深くしてそのリズムで……ってからだ全体ではずんでっていうふうに、斎藤さんのからだが子どもに働らきかけている訳です。ところがその斎藤さんの柔かい動きをね、「あんたたちは、外形だけまねして、みんなの前で踊り踊っているだけだ、斎藤さんの指揮とあなた方がまねしていることとは何の関係もない」、とこういう手厳しいことを言った。そうしたら初めに指揮した先生がそのことを機関誌に書いたんですね。それを斎藤さんが読みまして、ああ竹内っていうのは信用してもいいと思われたらしい。「私の授業を見たことのない人がこう私のことをわかって、私の授業を年中学んでいる連中が何もわかってない、というのはどういうことだ」っていうふうに言って怒ったそうです。斎藤さんという人は、実際に授業者として、大変力のある人だった。

それで、私が湊川へ行きまして、斎藤さんの授業に私が入って見学してもよいか、と前の日に申し出ましたら、斎藤さんが今の話を御自分からされまして、あなただったら入ってもよろしい、という。あの人は、自分の授業に人を入れないので有名でして、「大体教師は、自分はたくさんのヨロイを着てやってきて、こっそり技術だけ盗んでいこうという意地の汚いのが多い」とこう言うんです。「だからいつも私は先生達に、ヘソ出して来い、と言うんだ」、というんですね。斎藤さんらしい言い方だなと思ったんですが――竹内さんはヘソ出して来るからね、あの本『ことばが劈かれるとき』読むとヘソ出してるからいいという。そしたら林先生が横からゲラゲラ笑われてね、ああ、この人はヘソどころじゃない、はらわたまで出してるって（笑）、どうも、口が悪いのかいいのかよくわかりませんが、まあこっちも笑いながらね、それじゃあ見せて頂きますってことで次の日に行ったんです。

行きましたところが、剣道場だった。そこで斎藤さんが体育の授業をしておられた、あれは――定時制四年のうちの何年生であったかな。三年生ぐらいだったと思いますけど、順々に並んで前に手をついて前方転回っていうんですか、それを一人一人やっている。斎藤さんは一人一人横について見ていて、いや、それじゃいけない。てのひらをこういうふうにちゃんと床に着けて、こう体重をかけといて、頭はこういうふうに着いて、こういうふうにしなければいけないって一人一人丁寧に教えている。僕は見て感心しました。斎藤さんという人はやっぱり、すごい、と。この先生は体育は専門外だろうと思うけれども、自分でからだで、一つ一つ体験したことを確実に積み上げて授業してるんだと感じて大変感心して見ておりました。

そのうちにそれが終わって、今度は立って列を作って行進を始めた。そうしたところが、行進が始まったとたんに、あまり気に入らない生徒がいる訳ですよ、歩きながらぶつぶつぶつぶつ言い出した。「何でこんな幼稚園みたいなことをやらせるんや」、と声が聞えた。途端に斎藤さんが、きっとなりまして、ちょっと止まれ、と。幼稚園みたいと言うけれども、行進をちゃんとできるということは、大切なことなんだぞと言われた。どういうふうに説得されるかなと思って聞いていたんですけども、そこから先で私はあっと思った。非常に意外でありました。――これは非常に大事なことであって、例えば東京大学で自分が授業をする時でも、東大卒業一番という秀れた先生なんかもいるけれども、みんな同じようにそうやって、一二、一二って歩くんだ、と。そうしなければ、こういうことがどれだけ大事であるかということが身につかない――こんなふうに言われた。私はすうっと血が退いていくような感じがした。何でここで、湊川というところで、――湊川という所を私もそれまで全然知らない訳ですけども、しかしこの定時制高校、しかも被差別部落出身の人が、たぶんあの当時六十パーセントを越えていたんじゃないかと思いますが、こういうところで、どうしてそういう権威主義的なことを言うんだろう、と、一瞬私は、斎藤さんていう人が、なんか、フーとわかんなくなった……とたんに生徒達がさあっとシラけたのがわかった。それから斎藤さんがいくらはげましても、もうほとんど誰も動かない。気がついたらすみっこの方に、授業に参加しないでこう縮こまって、壁の所にくっついて座りこんで、上目使いでにらんでいる女の子がいる。それは、後で知ったんですけども中田加代君、という、当時女番長と言われてた人で、私は後でイリオモテヤマネコと言ったんだけれども(笑)、燐光を発するみたいな眼でにらんでる。そのうちに授業が終わってみんな立ち上って、外へ出ていく……ところが、斎藤さんがその女の子を呼びとめて、どうしてあんたは、授業に参加しないんだ、と聞いたんです。その時私は他の人から話しかけられまして、そっちへ注意を向けてじっと見てる、という訳にもいかなくなって、はっきりしないところがあるんですが、後で林先生から伺ったり、当人から少し聞いたことをつなげて補っておくと、彼女は、こう言ったんですね。あんた、そんなにえらい先生なんか、と。もう二度と来んでくれ、とこう叩きつけるように言ったという。横にいました朴くんという在日朝鮮人の、――よく写真集に出てきます、始めは林先生の授業を一番前の席ですわって聞いても五分と背中が立っていられない、虚弱児といわれた人ですが――、かれが、すっとスリッパを入口のところに揃えてね、どうぞ、と言ったという……そういうことがありました。そして、その晩、教師達と、斎藤さん、その他の人達と、本来は歓迎の宴席でしょうけど、そこで、かなり激しいやりとりがありまして、その後で、斎藤さんはもう二度と湊川へ行かれなかった訳ですね。

その晩遅く、私の部屋に林先生から電話があって、ちょっと来てくれませんか、と言われる。うかがってみると、林先生が困り切ったという様子でため息をついておられる。「斎藤さんも、以前はああではなかったがなあ」と言われたとたんに、奥さんが「以前も同じですよ。あなたが気がつかなかっただけですよ。」ぎょっとした。すごい人がいるもんだなあと思うと同時に、こりゃ林先生も大変だなあ、とも（笑）。瑞栄夫人という方は、まことに暖かいやさしい方でしたけれども、時に全く容赦しない秋霜烈日ということばを思い起こすようなことがある方でした。

「林が林になった」

その半年ぐらい後かと思いますが、斎藤さんのグループの研究大会が北陸の温泉でありまして、林先生は協力者というのか、毎年のようにそこへ行かれていたらしいです。私は知りませんでしたけど。そこで記念講演をその年やることになっていた。それは今本で読むこともできますが『教師にとって実践とは何か』明治図書）、その一番最初に林先生は、実は、御辞退しようと思った、って言ったのかな、——実は、自分は、授業ということについて今まで認識が甘かったんではないかというふうにこの頃しきりに考えている、ということから話し出されたようです。

あまり正確ではありませんが、主旨から言いますと、自分は学校での授業は、こうあるべきじゃないだろうか、とか、こういうふうに考えたらどうだろうか、といろいろ研究会なんかに行って教師の方々と、討論をした、と。しかし、自分は近頃そういうことが空しいことのように思われる。なぜかというと、教師の人達は、全て自分の救いの為にその勉強をしているんであって、子どもの救いの為に考えている人はほとんどいない、とこういうかなり烈しい言い方であったようです。

あとは皆さんがその講演の記録をお読み下さるようにお願いしますけれども、それが実際上の訣別の講演だった訳ですね。それから道がずうっと別れていく訳ですが。それを私が横から眺めておりまして、何年か経つ間に少しずつ自分の中ではっきりしてくることがあります。瑞栄《みずえ》夫人が、先生没後に語っておられますけれども、林竹二にとってそれまでの小学校での授業は、いわば桃源郷であった。実に楽しいことであった。しかし湊川へ入って、それから尼工へ行ってからの授業は、全然別のものであった、あれによって林は最後に行くべきところに歩いたと。私流に翻訳すると「林が林になった」ということになりますが、そういう言い方をされた。私も、そうであったろうと思うのです。

斎藤喜博さん個人の批判をする訳ではなくて、斎藤さんは、学校教育、教師の権威というものが、確立されている、あるいは、されていると信じていられる場で授業をずっとしてこられた。そのことについて疑ってなかった、と思うのです。

林先生もあるいは小学校に授業に入られていた間には、子どもたちは、それを皆素直に受けとっているると思っておられたのではないか、とも思います。しかし湊川高校というところは、全くそういう場ではありませんでした。……

林先生が「田中正造」の授業をなさったテープが残っています。ビデオでなくて、録音テープがね。すると例えばこういうところがある。田中正造が谷中村に入っていった頃ですね。代議士までやった人が——代議士までやったというのは大変なことだったのです。私も谷中へ行きましたけれども、その時にたまたま、俺の家《うち》は、一番最初に谷中を逃げ出したから、すぐそこに家と地所がある、俺の家はうまくいったけれども他の連中は大変だったという爺さんに会ったんです。それで田中正造を見たことがあるかって言ったらあるっていう。どんなふうな人だったってきいたら、どんな風な人もへったくれもない、とにかく今の大臣なんていうもんじゃない、ものすごくえらい人で、ずうっと遠くの方から大勢にとりまかれて土手を歩いているのをこっちから眺めていただけで、とにかく、顔もよく見えないみたいな、そういうスゲエえらい人だった、とこういう話だったんですね。——それが落ぶれて全部金を使い果たしてたった一人で村に入った、これは実際にお金がなくなったということもありますけれども、それだけではないと思うのです。私は芝居を演出していて、田中正造が死の時まででずっと肌身離さず袋に入れて持って歩いていたマタイ福音書を、あらためて読み直してハッとしたことがある。イエスが十二人の弟子達を方々へ伝道に送る時に、何も持っていってはいけない。杖一本持ってはいけない、と言う。行った所で自分を受け入れてくれる人がいたらそこへ泊まれ、家へ入ったならばまず平安を祈れ（「マタイ福音書」一〇・四）云々という教えを説いているところがある。たぶん田中正造という人は、この通りを実行しようとしたんだな、と思ったのです。とにかく、着のみ着のままで入っていく。そうすると、それは、時には悪口みたいに言われることもあるわけです。——とにかく世話になってる人だから百姓としては一所懸命接待する、ところがいつまでもいる、と。で、出ていく時には金がないからちょっと貸してくれないかと言って持っていく、と。また他の所へ行って、泊まってる時にその金をこっちから返して下さいと言う訳にも行かないし、というような愚痴話が、わきからもれてくる、といったような状態があったとも言われているようですね。そういう話は林先生はなさいませんでしたけども、——たった一人で入っていった。何をしてたか、というふうに林先生は言われる。実は、夜遅くまで家の人と一人一人話をして、その人達の気持ちだの生活の状態だの、詳しく聞いて相談にのったり何かしてたんだ、という話を進められる。すると、突然生徒から声が出るわけですね。だけどよお、てなことを言う。代議士までやった人なんだから、結局のところはお為ごかしで、とにかく調子のいいことを言うてただけじゃあねえのか、とこう質問、というより反論が出る、ズバッと切り返してくる。と、林先生が、いや、それはそうじゃない、と。と言ったって、林先生はやっぱりすぐには答は出ないです。ぐっとつまってどういうふうに答えようか、と、こう、何といったらいいか、真剣勝負に息をつめてるっていう様子がテープからでもよくわかる。そういう切り結びがおこる訳です。

全く別の例をあげると……例えばこういう人がいました。――数学の先生だったかなあ、関西のある有名な大学を出て、わりかし使命感に燃えてね、解放教育に自分も挺身しようと思って入ってきた。一生懸命授業をやってる。ある日、廊下を歩いてきたら向うから可愛らしい女の子がやってきてね、通り過ぎようと思った途端に、パッとその女の子が前に立ちはだかって、「一丁シバイたろか」って言った。こっちはそうね、どのぐらいかな、百八十センチぐらいある。女の子は、百五十センチぐらいで小さい。それに一言浴びせられた途端にブルっちゃってね。それっきり、彼は、どうやって授業やったらいいか、わかんなくなってしまったというようなことが起る訳です。先公というものに対して、全く信用していない。そういうところで、先公と生徒ではない、人と人とが、どう出会って、どういう地点でこの人の話は聞こうというふうな信頼が生まれるか、そういう厳しい問いが、ここに現われているのでありましょう。

人間になるとはどういうことか――林竹二

振り返ってみると、私は戦後の教育の変遷について詳しくはありませんけれども、一九四五年から六〇年――第一次の安保闘争あたりまでは、日本はこれからデモクラティックな、ヒューマニスティックな国になっていくんだという、人々に希望が溢れていた時期と言っていいですね。で、教育界もかなり進歩的というか、もうちょっというと社会主義的なイデオロギーの傾向もかなり強い、そういう動きが続いていた。一九六〇年を越えて、いわゆる高度成長の時代に入ってから、それが有効性を失ってくる。私は演劇の人間でありますので、演劇と平行的に考えるとよくわかるのですが、とにかく、以前の理念の有効性がなくなってきた時期に現われてくるのが斎藤喜博さんとか、遠山啓さんとかいう人達の努力です。この人たちは具体的に一つ一つの教科というものが子どもたちにどういうふうにふれていくか、どう食い入っていくか、ということについて、ある意味で言えば技術を根本から確実にしていく、ということも含めて新しく問題を提起されたというふうに私は考えています。

その時期の孕む矛盾は一九六八年の大学紛争で爆発して、一九七〇年を越えた後で次の段階に入ってゆく。これはただ教育界の問題ではなくて、一九六〇年を中心とする二十年ぐらいの間に、強烈な勢いで進行した社会の崩壊がありますね。農村共同体の崩壊です。ヨーロッパだったら何百年かかる、アメリカでも、一八七〇年代ぐらいから一九四四年だったかまで七十年ぐらいかかって進行したという、大家族から小家族への分解の過程を、戦後の日本は一九六〇年代を中心とする二十年ぐらいでやってしまった。めちゃくちゃな勢いで、農村共同体が壊れた。そこで、バラバラになった人たちが、ダーッと都市へ流れ込んでいく。バラバラになったまま何の手がかりもない流砂のような人の群れを、待ち構えていた企業が囲いこんでいくという形で、なんていうかなあ、それぞれの企業のファミリー、擬似共同体を作っていくという形になっていった。そういう動きの教育界に現れた一つの明確なきっかけが、一九七一年だったと思いますが中央教育審議会の答申で、林先生はあれは日本の教育を企業に売り渡したものだ、と痛罵されている訳ですが、そういう時期が七〇年以後にやってくる。その激動する時期に教育というものを、全く根底的に、人間にとって、全人格にとってどういう意味があるのかということを問い返すという形で問題を提起されたのが林先生であった、というふうに私は思うのです。

そうなると今までの学校教育が一番――といっちゃおかしいですが――矛盾を露わにし有効性をもはや持てなくなっていた現場、根底的にそれが壊れていたところの湊川高校、それから後では、南葛飾高校定時制、というようなところにおいて、その問題提起は最も痛切に実は必要とされていた。だからこそそこで林先生が若者達と出会う、ということが起こったと私は理解しているのです。それは、ずっと昔からの被差別部落の伝統との出会いでもある訳ですけれども、同時に新しい意味で、共同体が崩壊していく時期に一人の人間が、どう生きていったらいいかということについての原初的な問いかけを林先生はされたんだというふうに今の私は考えております。

私個人について言えば、その時期に私は、御一緒に授業をやったこともありますし、それから芝居を、南葛《なんかつ》も含めて十一年か二年、毎年秋に、湊川から南葛にもっていきましたけれど、そういうことをずうっと続けていったのは、私にとっての生徒さんとの出会いがあったからですが、林先生と体当りして、どうしても突きぬけなきゃならない問題が私にあったのです。それは、――私は、耳がきこえず言葉がうまくしゃべれなかった状態から、何とか言葉をしゃべれるようになった。それで話をするとはどういうことか、とか、それの根底となるからだというものがどうであるか、ということを考え「からだとことばのレッスン」というようなことを始めて、授業にも行った。そして、どうしてだか湊川や南葛で、私は生徒さん達に、まあ、私のうぬぼれかもしれませんけれども、受け入れられた。

これは、はじめに授業を行った次の日に、きのうの先生はどうだったと湊川の西田先生が生徒に聞いたところが、「ああいう先生ばかりおりゃいいんじゃ」と言われたと聞いたことが、まあ手がかりになってる訳ですけれども、しかし、何かが私には足りないと思った。

林先生に出会うまでは、そう明確に思いませんでした。何かが足りない——足りないのは何か、と考えた時、私流の言い方でいいますと、私は、人間とはどういうものか、人間であるとはどういうことかということを考えてきたと思ったんですね。管理教育の中でガチガチになってる、企業の中で、頭を垂れ体をこわばらせて人の顔色ばっかり見ている人がいる。人間ていうのはそれでいいのか、そういうもんじゃないんじゃないか、ということを具体的に自分のからだや声の歪みや何かで気付いていくということをやってきた。そのことにまちがいはないと思いますし、それからまあ、最後の最後でね、湊川の若者に何で私が受け入れられるんだろうと思うと、要するに自分は、子どもの頃に難聴で、障害児であった、そういう体験から来るなにかしかないなあとは思ったんです。けれども、いずれもそれは、一番根底的なことではあるけれども、何かが足りない。林先生が、若者達に提出している問題は、人間であることではなくて、人間になること、でありました。さっきの映画を、私は何年ぶりかで見てあらためて思ったんですけれども、「学ぶ」ことによって人間は、人間になっていくと言う用語は先生は使われませんでしたけれども、学ぶということが他の本能によって生きる動物には基本的にない、人間にだけある、そのことによって、成長していくんだ、という意味のことを繰り返し、言われてました。人間である、ということの、豊かさ、とか、広がり、を説くのではなくて、それを越えて、ですね。人間になる、とはどういうことか、について、私は林先生に差し出せることがない、というふうに思った訳であります。

これをもっと違った側面からみますと、これは現在の私の気持ちですけれども——、敗戦の時に私は二十歳《はたち》でありました。占領軍がダーッと入ってくる。政府や軍の要人たちは逮捕され追放され、新しい世界がやってきたのだ、と叫ばれる。しかしデモクラシーとかヒューマニズムといわれてもなんのことか全然わからない。二十歳にしてすでに自分は過去の人間であって、新しい時代に生きることはできない、と思った。友人たちが、どんどん共産党に走り、あるいはキリスト教に入信する中で、自分だけは動けなかったという人間でありますけれども、しかし、それでもやっと動き始めた時に、自分はもうだめだけれども、後から育ってくる子どもたちには二度と自分のような目には会わせまい、そういう流れが起こったら必ず戦おう、と、こう志を立てたのが私の出発点であった。ですから演劇をやっていても、ずっと教師とは連絡がありました。なんとか新しい時代が来、子どもたちは、少なくとも自分達が育った時代とは違う、豊かな、伸び伸びした人間に育っていく可能性が開けるんだとずっと思い込んできた、あるいは思い込もうとしてきた。五十年近くたって今、ふり返ってみると、実をいえば、学校教育の中でいろいろな人がいろいろな努力をしたけれども、おのれ一人が金をもうけて出世して、ぜいたくな暮らしをする、そのこと以上に大切な価値が人間にあるということを、はっきりと授業の中で発見できたかどうか。そういう価値あるいは理想というものが学校教育の中で子どもたちに手渡されていないのではないか。これが今の私の、じかに教育現場に立ち入れないものとしての、一つの思い、であります。

林先生が、人間になるとはどういうことか、ということをずっと、私にとってはですよ、問い続けられた。あれは何の授業の中で言われたんだか忘れてしまいましたけども、人間には、文化というものがあるが、それはお金では手に入らない、お金がなくても受けとれるものだ、ということを、湊川では何べんも言っておられる。人間の大事な文化遺産を受け継ぐということが大事だ、受け継ぐっていうと何か保守的に聞こえるけれども、それを自分で自分のものにする、といいますか、そのことをソクラテスの授業や何かで繰り返し説かれたんだと、私は受け取っているのです。

どのようにして人間になっていく道を選ぶか

まあ、斎藤さんのことをネタにして、一つの時代の変わり方と、その中で、林先生が、こう立ち向かわれたと自分で考えることをお話したんですが、その後で一九七〇年代の終り頃から、中谷《さるや》（雄二）さんなどに呼ばれて、南葛に授業に入られた。南葛に入られた時のことで、これは本になったのをお読みになっていただきたいと思いますけれども、私が一番心に残っていることを話しますと、「田中正造」の授業をされた時に、湊川で話されたのと、南葛で話されたのが、ずいぶん違うということですね、私に残っているのは。

湊川で最初に授業をされた時、立ち会っていた記憶だけで言うのですが、強く印象に残ったのは、輪中《わじゅう》の話から始められたことです。今、私は名古屋におりますけれども、あの辺りに昔、輪中というものがあった。木曽川、長良川、揖斐《いび》川と三川がからみ合って、中洲みたいなところが多い、そのまわりに堤防を築いて、洪水の時に水が入ってこないようにして人が住む。それで、時には川の水面より低いところで、自分達の村をつくりあげて、しかしそこでは豊かな生活を享受することができた。谷中村も輪中のようなところであった、と。そう林先生は紹介されて、その楽園を政府の暴力がどのように破壊して、それに対して谷中の人々がどう村を守っていったかという筋道を辿られる。で、一転して、湊川高校の前を湊川が流れていて、その向こう側がずっと海に至るまで番町部落である。たぶん日本の都市で最大の被差別部落です。そこの貧しいと思われてる所に、しかし、実に人間的な、実に豊かなものがあって、それを人々は受け継ぎ、そうしてそこで自分達の、田中正造の言葉でいえば自治をつくりあげて生活を守ってきた、ということについて、話された。こう言うと、大ざっぱすぎて申し訳ないんですが、そういうふうに話を進められた、と記憶しています。

南葛に行かれた時には、むしろ、教育あるいは学校の荒廃ということについて語られたという思いが私には非常に強いのです。人間が生きていける所ではない所、強制破壊の後の谷中村はそういう所だったですねえ。人間が生きていける所ではない所で、なおかつ生きていくことを選ぶとはどういうことであるかということ。それについて林先生が縷々と語られた。南葛の青年達には、番町部落のような、一つの共同体と言っていいかどうかわかりませんが、ふるさとと言ってもいい、かれらを育て支えてくれる地域というものがない訳です。一人一人がばらばらである。ばらばらであるということは、さっき申しあげたような意味では、一九七〇年代以降の日本の社会の様態そのもの、と言うよりむしろ先取りしている。その孕む矛盾が青年達のからだにまざまざと現われていたと今私は思うのです。その、ばらばらで、そのままだったらば、人間としては生きようがないような、その都会のまん中で、どのようにして人間になっていく道を選ぶか、と、それは非常に厳しい大変なことだけれども、その苦闘について、励ましを送ると、これが林先生の南葛における授業のモティーフだったように私は受けとっている訳であります。

ちょっと全然別のことを申しますと、私は実はこの浦和で小学校中学校を過ごしました。それでこの埼玉会館というところへ今日やってきましたら、あっと思い出したことがある。たしか小学校六年だから、一九三六年に、市内の小学校上級生が全員動員されてこの埼玉会館へ、今で言えば大ホールへ集められた。そこで、荒木、後に文部大臣になった荒木陸軍大将の講演を聞かされた。何を聞いたかはもちろん覚えてないけれども、しかし、何で、自分達が陸軍大将の話を聞かなきゃならんのだろうと、子どもながら非常に奇妙な思いをもちました。いわゆる二・二六事件、青年将校らが反乱をおこした頃、次の年には日中戦争が始まった時期です。そういう軍国主義時代から太平洋戦争を経、敗戦の焼け跡から、戦後を経て、今に至っている。その六〇年の変転の流れが一瞬のことのように、この場所にある。私たちはある意味でムチャクチャなこの歴史の中に生きて、人が人間になるとはどういう価値を自分の中に受け取る、あるいは目覚めることか――人間が所有の確かさ、あるいは生活の安穏さというものではとどまらない、あるものを、めざす、それで人間になっていくという道筋を、あらためて林先生から受け取って、自分の中で、鍛えていきたいと思います。私は、ここ数年は教育現場というよりは自分個人の中で問題にぶつかって、ガタガタともがいてきた。それで、こういうお話もしないできたのですが、改めてそういう思いで、ここに立たして頂いた訳であります。どうも言葉足らずで申し訳ありませんけれども、これで、話を終わります。どうぞ私の話は、いくらかの手がかりと思って、林先生の文章なりなんなりをどうぞ、一人でも多く読んで頂きたいと思います。

どうも、ありがとうございました。

十年の対話、そして今――あとがき

林竹二先生が亡くなられた際、わたしは追悼のことばを、一語も書けなかった。十年の間全力をあげて体当りしてきた、師であり協働者がぽかっとなくなって、わたしはことばを失った。だけではなかった。林先生は光に向う人であった。「師」ソクラテスの如く頑固ににこにこと知の働きと意志を信じ、「善のイデア」を見る道を強靭に歩いていた。わたしの「からだ」は闇を抱えていた。闇と取り組み闇を見据えなければ、林先生の光への意志と真に相対峙することはできない。これを師に問うことは不可能だった。

わたしの東京都立南葛飾高校定時制での演劇の八年間の授業について語った本（『からだ・演劇・教育』岩波新書）の終り近くに、わたしはからだをこわしてヘトヘトになりながら授業の場に立っていたと書いている。「ここで死ね！」と言う声と、「ここで死んでたまるか！」と歯がみするわたしがあった、と。わたしの中で生きされて、あるいは死にきれてないわたしがあり、矛盾が極限に近づいていた。

わたしが自分の闇と立ち向うことになるのは、つれあいに出会った時からである。それは先生の死の前年の、第三の対話の少し以前から始まっていて、亡くなられた次の年にわたしはそれまでの生活と仕事のすべてを捨てて新しい生活に入ることになる。時期的に言えば先生の死を境としてわたしの一生はまっぷたつに分れている。

わたしは、林先生の湊川・尼工・南葛へ授業に入った最後の十年間、瑞栄夫人の言い方によれば「あまり人様に分っていただけてない」その意味を、見つめ直したいことと、最後の対話の冒頭にいきなり林先生が持ち出したまま、わたしに遺された公案となってしまった「竹内さんの言うからだはソクラテスの言う魂とほとんど同じですね」の意味を問いつめたくてこの本を編んだ。

三つの対話は林先生とわたしの交わりの初めと終りに位置する。わたしは芝居ものであり実践者であって、まとまった文章によるよりもじかにことばを交わし疑問と体験をぶつけあった経過を改めて生きて、ことばより深い層でなにを探っていたかを、みずからも、また読む人にも体感してほしかったのである。その他に、先生の没後数ヶ月の間に書いた短い文を二つと、十年たっての講演とを加えた。

わたしは没後の林先生に問い続けているうちに、先生の内に生きているソクラテスに、むしろプラトンに問いかけるほかなくなった。この言わば三位一体の相手に問い続けているうちに、かすかに見えてきたことがある。それはソクラテスが「善」と呼んだ、人がほんとうに求めているもの、それを持つことによってのみまことに幸福になれるもの、——わたしがかつて考えてみたことのないもののおぼろな影のようなものだ。

わたしはそれを信じない。わたしのからだは今に至っていよいよ昏《くら》い。にもかかわらず、林竹二が、ソクラテスが、それを見ていた、あるいは見る道に立って揺るがなかったことは、ようやくわたしにも見えるような気がする。そしてそれは、感覚の直観を越えた、ことばによる厳密な思考を踏み石にすることによってのみ進める道であることも。それはかつて人類が持った最良の智慧のひとつにつながっているだろう。

○

林先生の最後の著書は『教育亡国』と題された。この名はすでに早く、湊川へ入った初めの頃の文章に現れる。

いま日本の社会をおおっている教育過熱は、もはや狂気としか言いようのないものだ。まさに教育亡国である。教育的に見て亡国だというのではない。教育そのものが、国と社会を滅ぼそうとしているのである。（中略）田中正造流には、日本はすでに亡びつくしている。教育だけが健全でありうるはずはない。（後略）（『教育の再生をもとめて』）

わたしは魯迅の手紙の一節を思い起す。

今日の教育なるものは、世界のどの国にしろ、環境に適合する道具を数多く作る方法にしかすぎぬのが実情です。天分を伸ばし、おのおのの個性を発展させるなど、今はまだその時代になっていないし、おそらく将来、そういう時代が来るかどうかもわかりません。私は、将来の黄金時代にあっても、おそらく反逆者は死刑に処せられるだろうし、それでも人々はそれを黄金世界と思っているのではないかと疑います。（一九二五年三月一八日、許広平あて。『両地書』竹内好訳、筑摩書房。）

林は最後にこう記す。

人民がわが手に教育をとりもどすことによって、それで教育は「よく」なると信じられるのか？　その見通しはないというほかない。（中略）しかし、教育の革命は終ったのではない。ここからそれは始められねばならないのである。

林竹二も魯迅もしぶとい戦士であった。

〇

附け加えること一つ。

わたしは湊川高校に（後には東京都立南葛飾高校定時制その他にも）毎年秋に芝居を持っていった。わたしも授業をし、なんどか忘れられないエピソードを体験したけれども、講堂での、全校生相手の芝居の上演によって、とくに地下《じげ》のもん、とみずから言う若者たちの、激しい、裸の「からだ」＝「魂」にぶつかり合った思いがある。

一〇年にわたるその仕事をわたしは、若い、主に二〇歳代の仲間と一緒にやったのだが、中心となった一〇人ばかりは、湊川におけるたった一晩の舞台のために、一年かかって金を貯め、自分たちで大道具を作りトラックを運転して東京から神戸へ行った。毎年秋になれば職を辞めなければならないものが出た。そのうちのなん人かは後に東京都立南葛飾高校定時制に選択課目として演劇の授業を作った時スタッフとして授業に加わった。これは林先生の死後十七年たった今も続いている。

かれらの志を記しておきたい。

芝居の上演年表は次の通りである。

一九七七年一一月　「幻に心もそぞろ狂おしの我ら将門」　（於）湊川高校、尼崎工業高校
戯曲・清水邦夫　演出・竹内敏晴

一九七八年一一月　「斬られの仙太」　（於）湊川高校、尼崎工業高校
戯曲・三好十郎

一九七九年一一月　「田中正造と谷中村の人々」　（於）湊川高校
戯曲／演出・竹内

一九八〇年一一月　「場末の天使（セチュアンの善人）」　（於）湊川高校
　戯曲・ベルトルト・ブレヒト
一九八一年二月　右作品　（於）東京都立南葛飾高校定時制
一九八一年一一月　「阿Q正伝・伝」　（於）南葛飾高校定時制
　戯曲（魯迅の原作による）／演出・竹内
一九八二年一一月　「ミラクル・ワーカー（奇跡の人）」　（於）湊川高校、南葛飾高校定時制
　戯曲・ウィリアム・ギブソン　構成／改作／演出・竹内
一九八三年一一月　「瞼の母」　（於）湊川高校
　戯曲・長谷川伸
一九八四年二月　「るつぼ」　（於）南葛飾高校定時制
　戯曲・アーサー・ミラー
〃　一〇月　〃　（於）湊川高校
〃　一一月　「瞼の母」　（於）南葛飾高校定時制
一九八五年一一月　「日本の天地砕けたり——田中正造と谷中村の人々」（林竹二先生追悼公演）
　戯曲（新作）／演出・竹内　（於）上野高校（南葛、全国同和教育研究大会）
一九八六年一〇月　「ヘレン・ケラーとアン・サリバン（奇跡の人）」
　（於）（東京都）日野小学校、南葛飾高校、
　（兵庫県）東灘高校、湊川高校、（名古屋）南山高校
（年表作製・菊地信吾）

○

本書の中心をなす「対話」のうち二つは、写真集におさめられたものだが、今回わたしは一切写真を用いなかった。十年にわたるかかわりの軌跡を辿ることに思考を絞ったからである。読む方々の御諒承を得たい。

わたしのいくたびもの改稿のための企画の遅れもふくめて藤原良雄氏、編集実務担当の山﨑優子さんには多大の御迷惑をおかけしたことをお詫びし、かつ深く感謝をいたします。

竹内敏晴

二〇〇三年六月　梅雨の候に。

略年譜

	林 竹二	竹内敏晴
一九〇六年	十二月二一日、栃木県矢板市に生まれる。	
一九一三年	栃木県立女子師範学校附属小学校に入学。（五学年時、父の転任に伴い山形市立第一小学校に転校。）	
一九一九年	山形県立山形中学校に進学。（二三年、山形県立新庄中学校に転じ、ここで後の思想形成に大きな影響を受ける角田桂嶽氏に会う。）	
一九二五年	氏を追って東北学院専門部（兼神学部）に入学、神学を志す。角田教授のすすめに従って師範科に在籍、山川丙三郎教授の英語の徹底した指導を受ける。この間、病気で一年間休学。	三月三一日、東京に生まれる。生後数ヶ月で始まった中耳炎により難聴。しばしば発熱して絶対安静をくり返す。友だちからツンボ、ツンちゃんと呼ばれる。
一九三〇年	東北学院卒業。学院附属中学校で英語の非常勤講師を一年勤める。	
一九三一年	東北帝国大学法文学部哲学科に入学。入学前、既にアリストテレスの質料論を研究すると公言、それが大学にも聞える。大学では石原謙教授に師事して古代中世哲学を、ギリシャ語は久保勉教授に学ぶ。また、高橋里美教授の土曜会、阿部次郎教授の木曜会に欠かさず出席、これらの面会日が学問の場となる。	埼玉県立女子師範学校附属小学校に入学。

一九三四年	東北帝国大学卒業。副手となる。このころ、既に関心をアリストテレスの自然学よりプラトンに移す。	
一九三五年	東北帝国大学法文学部助手。林瑞栄と結婚。	
一九三七年	………………………………………………	埼玉県立浦和中学校に入学したが慢性中耳炎悪化、音声全く聞こえなくなる。四学年時、新薬の投与によって耳疾やや軽快に向い、右耳聞こえ始める。
一九三八年	東北帝国大学法文学部教務嘱託となる。	
一九四〇年	宮城県女子専門学校非常勤講師を併任。	
一九四一年	宮城県女子専門学校専任講師となる。…………	十二月、日本第二次世界大戦に突入。
一九四二年	「奉安殿」欠礼問題による宮城県女子専門学校学生の処分に抗議して辞職。	第一高等学校理科甲類に入学。当時の志望は軍艦の設計にあった。落第につぐ落第。弓術に打ち込む。一昼夜二四時間に一万本射の記録がある。
一九四五年	仙台臨時教員養成所や文部省科学研究補助技術員、東北帝国大学養成所選鉱製錬科等の講師を歴任。またこのころ、東洋・日本思想、教育史の研究をかさねる。戦後は、復員軍人のために講習会を開き、私塾「如月会」に継承、プラトン、論語、共産党宣言等を講義して、五二～三年頃まで続ける。	敗戦を一高の寄宿寮にいて、前夜に知り、密かに校長安倍能成に報告。元自治寮委員長として学生の動揺防止と翌日の行動の組織に当たる。
一九四六年	空襲によって二度の災厄に遭いながら、三年がかりですすめてきたA・E・テイラー『ソクラテス』の翻訳を刊行（桜井書店）、当時の荒廃した精神界を潤し、広く読みつがれる。	自死をはかるが発見されて果さず。東大二五番教室にて竹内好の「中国における近代意識の形成」の講演を聴き、魯迅に出会う。

一九四七年	……	東京帝国大学文学部歴史学科入学。
一九四九年	講師時代を経て、東北大学第一教養部助教授。	
一九五一年		
一九五二年	東北大学教育学部に転じる。 ……	東京大学文学部東洋史学科卒業。六月、山本安英の紹介により演出家・岡倉士朗に師事。秋、劇団ぶどうの会演出部に所属。新劇のみならず、歌舞伎、新派、オペラなどで岡倉の助手をつとめる。
一九五三年	同大学教育学部教授。	
一九五五年	このころから森有礼、新井奥邃、田中正造の研究に着手。	
一九五七年	……	木下杢太郎作「和泉屋染物店」（大逆事件を扱う）にて初演出。
一九五八年	小・中学校の道徳教育の時間特設に反対行動を展開。	福田善之作「長い墓標の列」（戦前の自由主義者河合栄治郎東大経済学部教授を扱う）
一九五九年	松川事件差戻し審の進行に関心、裁判所に傍聴。	師岡倉士朗死去。
一九六〇年	……	安保改定反対の国民運動に参加。六月十五日国会周辺のデモにおいて右翼の襲撃を受け負傷。樺美智子の死に至る学生への警官隊突入を目撃。訪中新劇団の一員として、北京、武漢、上海、広州にて公演。「夕鶴」演出責任者として中国の子どもたちの訓練稽古にあたる。木下順二作「沖縄」「東の国にて」演出。

一九六二年	三月、東北大学より文学博士号を受ける。その後、教員養成課程分離にからむ問題が大学内に起こって、一旦、教育学部教授辞任を決意した経緯あり。	『思想の科学』九月号掲載の林竹二「抵抗の根」を読み、林に手紙を書き、資料その他の協力を受ける。宮本研作「明治の柩」（田中正造を扱う）演出。『赤旗』その他に新左翼として批判される。
一九六三年	三月、渡米。コロンビア大学等で森有礼等幕末の海外留学生、新井奥邃の事蹟を探索、新資料を多数発見。大英図書館等でも資料探訪。イギリス、ギリシャ、ローマ等を経て、九月、帰国する。	
一九六四年	十二月、東北大学で教員養成課程の分離を強行する評議会が学外で開催されたことに抗議して辞表を提出するが（この時、学生補導委員の職にあった）、分離を強行しないという学長の言を受け翻意留任。しかし分離は強行されたため、学長の食言の責任を追及、いっそう反対行動を強化する。	ぶどうの会に退会届提出。執行部は除名を提案するが会員総会において拒否され、ぶどうの会解散。代々木小劇場演劇集団変身発足。小劇場運動のさきがけと目される。宮本研「ザ・パイロット」（広島原爆投下飛行士クロード・イーザリーを扱う）、ジュネ「屏風」、ジャリ「ユビュ王」など演出（〜七一年）。他に大城立裕「神島」（沖縄戦における島民の集団自決を扱う）など。体操の野口三千三と協力して演劇の基本訓練を組み立てる試みを行う。
一九六五年	二月、東北大学教育学部長に就任。	
一九六八年	……………………………………	大学紛争。全共闘に属した学生たち、多く劇団に参加。メルロ＝ポンティ『知覚の現象学』に出会い「主体としてのからだ」に気づく。

一九六九年　六月、宮城教育大学学長に選出される。当時、全国に吹き荒れた大学紛争のさ中での独特の大学改革、大学づくりは大きな話題を呼ぶ。学長就任直後二度封鎖に直面したが、全学集会の数次にわたる呼びかけ、封鎖棟に入ってのねばり強い学生との対話の結果、全国でも数少ない、封鎖学生自身による自主解除の大学となる。

発声訓練の最中に突如「ことばが劈かれる」（通常の会話が可能になった）。

一九七〇年　三月、東北大学教授を退官、名誉教授となる。最終講義「ソクラテスにおける学問」。斎藤喜博氏を知る。十月、宮城教育大学附属小学校六年生に授業「開国」を行う。これよりしだいに小・中学校での教育実践に携わる。（後に「人間について」「創世記」「田中正造」「ソクラテス」等も加わる。）

一九七一年　……………………

桐朋学園大学演劇科講師となる。長年の耳疾悪化、手術のため入院。代々木小劇場解散。

一九七二年　宮城教育大学学長に再選。……………

竹内演劇研究所開設（〜八六年。常時ほぼ百人が学んでいた）。

一九七三年　……………………

宮城教育大学非常勤講師（〜七八年）。

一九七五年　六月、宮城教育大学学長を退任。二月、永田町小学校三年生での授業「人間について」を永井文相参観。（竹内敏晴が初めて授業実践にふれる。）

『ことばが劈かれるとき』出版。ほぼ同時に市川浩『精神としての身体』。身体論のさきがけとして並称された。『劇へ――からだのバイエル』出版。このころから合宿形式によるワークショップ「か

一九七六年	七月、永年にわたる田中正造研究を『田中正造の生涯』として上梓（この年、毎日出版文化賞受賞）。十月、授業巡礼の途次、北海道で脳血栓のため倒れ、入院生活を送る。……【第一の対話】	らだとことばのレッスン」を始める。国立特殊教育総合研究所（〜九〇年）の講師を勤める。
一九七七年	二月、沖縄の久茂地小学校五年生で授業「人間について」（記録映画「授業――人間について」）。また兵庫県湊川高校（定時制）に、さらに尼崎工業高校、南葛飾高校（定時制）等にも授業実践に入り、一層公教育の現場での〝辛酸と苦学〟の中から〝亡国日本の再生〟をもとめる闘いに献身。米国マカレスター大学より名誉哲学博士の称号を贈られる。なお教育実践の〝巡礼〟を続けながら、『林竹二著作集』の補筆・整理に当る一方、未完の森有礼、新井奥邃研究のまとめに専心する。	東京大学教育学部非常勤講師（〜八五年）。二月、沖縄での林竹二の授業撮影に立ち会う。四月、林竹二と共に兵庫県湊川高校（定時制）に授業に入る。秋、竹内スタジオによる劇上演を行う（〜八八年）。
一九七八年	……【第二の対話】	
一九七九年	授業「創世記」を水俣の患者や支援者のために行う。	四月、宮城教育大学教授（〜八四年一二月）。
一九八〇年	……	四月、東京都立南葛飾高校定時制非常勤講師となり、演劇の課目を設立。
一九八三年	……【第三の対話】	湊川における林竹二の授業と竹内スタジオの劇上演を扱う『ドラマとしての授業』出版。
一九八四年	三月、脳梗塞に倒れて東北大学医学部附属病院に	

一九八五年……入院、一時、病状好転して同年一一月、退院するが、肺炎により翌一二月に再び入院。

一九八六年……四月一日、歿。

一九八七年……林竹二追悼公演「日本の天地崩れたり――田中正造と谷中村の人々」上演。

一九八九年……家を出て米沢章子との生活をはじめる。竹内演劇研究所を解散する。

一九九〇年……米沢唯誕生。四月、南山短期大学人間関係科教授（～九五年）。

一九九三年……南葛飾高校定時制における演劇の授業の記録である『からだ・演劇・教育』出版。

一九九五年……名古屋へ居を移す。
南山短期大学創立二五周年記念上演「愛の侵略――マザー・テレサとシスターたち」。以後上演を重ねる。学外では東京、大阪、福島にて上演。
この頃より東京、名古屋（後には大阪）にて毎月定期的にレッスンを行う。また各地の団体、大学にてレッスン。

一九九七年……米沢章子との生活を扱った『老いのイニシエーション』出版。四月、聖霊短期大学教授（～九七年）。

二〇〇一年……「子どもと魚に声はない――コルチャック先生の闘い」大阪、東京にて上演。

二〇〇三年……オペラ「夕鶴」演出。
『待つしかない、か』（木田元との対談）出版。

竹内敏晴 著作一覧

『ことばが劈かれるとき』思想の科学社、1975年（ちくま文庫、1988年）
『劇へ――からだのバイエル』青雲書房、1975年
『からだが語ることば――α＋教師のための身ぶりとことば学』評論社、1982年
『ドラマとしての授業』評論社、1983年
『子どものからだとことば』晶文社、1983年
『時満ちくれば――愛へと至らんとする15の歩み』筑摩書房、1988年
『からだ・演劇・教育』岩波新書、1989年
『「からだ」と「ことば」のレッスン』講談社現代新書、1990年
『話すということ《ドラマ》――朗読源論への試み』国土社、1994年
『老いのイニシエーション』岩波書店、1995年
『ことばとからだの戦後史』ちくま学芸文庫、1997年（『時満ちくれば』が底本）
『日本語のレッスン』講談社現代新書、1998年
『教師のためのからだとことば考』筑摩書房、1999年
『癒える力』晶文社、1999年
『ドラマの中の人間』晶文社、1999年
『思想する「からだ」』晶文社、2001年
『待つしかない、か。――二十一世紀身体と哲学』（木田元氏との共著）春風社、2003年

林竹二 著作一覧

『共同研究・明治維新』（鶴見俊輔氏らと共著）徳間書店、1967 年
『明治の群像１　開国の苦しみ』（市井三郎氏編）三一書房、1969 年
『授業　人間について』国土社、1973 年
『田中正造――その生と戦いの「根本義」』二月社、1974 年
『授業の中の子どもたち』日本放送出版協会、1976 年
『田中正造の生涯』講談社現代新書、1976 年
『授業の成立』一茎書房、1977 年
『教育の再生をもとめて――湊川でおこったこと』筑摩書房、1977 年
『教えるということ』国土社、1978 年
『学ぶということ』国土社、1978 年
『学ぶこと変わること――写真集・教育の再生をもとめて』筑摩書房、1978 年
『教師たちとの出会い』国土社、1978 年
『教えることと学ぶこと』（灰谷健次郎氏との対談）小学館、1979 年
『学校に教育をとりもどすために――尼工でおこったこと』筑摩書房、1980 年
『問いつづけて――教育とは何だろうか』径書房、1981 年
『いま授業を変えなければ子どもは救われない』（遠藤・春日氏との共著）
　太郎次郎社、1981 年
『授業を追求するということ』（伊藤功一氏との共著）国土社、1983 年
『若く美しくなったソクラテス』田畑書店、1983 年
『教育亡国』筑摩書房、1983 年（ちくま学芸文庫、1995 年）
『教育の根底にあるもの』径書房、1984 年
『林竹二著作集』（全十巻）筑摩書房、1983 ～ 87 年

初出一覧

〔第一部〕

〈対話〉子どもの可能性を劈く　（『林竹二・授業の中の子どもたち』日本放送出版協会、一九七六年、「授業の中の子どもと教師」を改題）

〔第二部〕

〈対話〉学ぶこと変わること　（『学ぶこと変わること——写真集・教育の再生をもとめて』筑摩書房、一九七八年）

湊川で学んだことの一つ　（同上書）

〔第三部〕

〈対話〉ごまかしのきかぬもの　（季刊『いま、人間として』6、径書房、一九八三年）

林竹二先生を悼む　（『思想の科学』一九八五年七月号）

〔第四部〕

授業のなかの子どもたちのからだ　（『総合教育技術』「特集・林竹二の『授業』」、小学館、一九八五年）

林竹二先生と授業「田中正造」　（『田中正造の世界』21世紀書房、一九八五年二月）

〈講演〉人間であること、人間になること　（埼玉県浦和市埼玉会館、一九九四年八月五日、「関東授業を考える会」）

著者紹介

林 竹二（はやし・たけじ）

1906 ～ 85 年。栃木県生。教育哲学者、思想家。東北帝国大学法文学部哲学科卒。東北大学教育学部教授、同学部長を経て、69 年宮城教育大学学長（～ 75 年 6 月）。ソクラテス、田中正造研究から、人間形成の基本的論理を追求。各地の小・中・高等学校で自ら授業も行なった。
著書に『林竹二著作集』（十巻、筑摩書房）『教育の再生をもとめて』『教育亡国』（筑摩書房）他、訳書にテイラー『ソクラテス』（桜井書店）。

竹内敏晴（たけうち・としはる）

1925 ～ 2009 年。東京生。演出家。東京大学文学部卒。ぶどうの会、代々木小劇場＝演劇集団・変身を経て、72 年竹内演劇研究所開設（～ 86 年）。「からだとことばのレッスン」に基づく演劇創造、人間関係の気づきと変容、障害者療育に取り組みつづける。
著書に『ことばが劈かれるとき』（思想の科学社、のちちくま文庫）、『レッスンする人　語り下ろし自伝』、『からだが生きる瞬間』（共著、稲垣正浩・三井悦子編）、絵本『竹内レッスン！　からだで考える』（画・森洋子）他。『セレクション　竹内敏晴の「からだと思想」』全 4 巻（以上藤原書店）がある。

からだ＝魂《たましい》のドラマ――「生《い》きる力《ちから》」がめざめるために

2003 年　7 月 30 日　初版第 1 刷発行 ©
2022 年　1 月 30 日　初版第 3 刷発行

編　者　竹　内　敏　晴

発行者　藤　原　良　雄

発行所　株式会社　藤　原　書　店

〒 162-0041　東京都新宿区早稲田鶴巻町 523
電　話　03（5272）0301
F A X　03（5272）0450
振　替　00160 - 4 - 17013
info@fujiwara-shoten.co.jp

印刷・製本　中央精版印刷

落丁本・乱丁本はお取替えいたします
定価はカバーに表示してあります
Printed in Japan
ISBN978-4-89434-348-1

「ことばが失われた」時代に

セレクション

竹内敏晴の「からだと思想」

（全４巻）

四六変型上製　各巻口絵1頁　**全巻計13200円**

単行本既収録・未収録を問わず全著作から精選した、竹内敏晴への入門にして、その思想の核心をコンパクトに示す決定版。各巻に書き下ろしの寄稿「竹内敏晴の人と仕事」、及び「ファインダーから見た竹内敏晴の仕事」（写真＝安海関二）を附す。

(1925-2009)

■本セレクションを推す

木田 元(哲学者)

「からだ」によって裏打ちされた「ことば」

谷川俊太郎(詩人)

野太い声とがっちりしてしなやかな肢体

鷲田清一(哲学者)

〈わたし〉の基《もとい》を触診し案じてきた竹内さん

内田 樹(武道家、思想家)

言葉が身体の中を通り抜けてゆく

1 主体としての「からだ」　◎竹内敏晴の人と仕事１ 福田善之

名著『ことばが劈かれるとき』と演出家としての仕事の到達点。

［月報］松本繁晴　岡嶋正恵　小池哲央　廣川健一郎

408頁　**3300円**　◇978-4-89434-933-9（2013年9月刊）

2 「したくない」という自由　◎竹内敏晴の人と仕事２ 芹沢俊介

「子ども」そして「大人」のからだを問うことから、レッスンへの深化。

［月報］稲垣正浩　伊藤伸二　鳥山敏子　堤由起子

384頁　**3300円**　◇978-4-89434-947-6（2013年11月刊）

3 「出会う」ことと「生きる」こと　◎竹内敏晴の人と仕事３ 鷲田清一

田中正造との出会いと、60歳からの衝撃的な再出発。

［月報］庄司康生　三井悦子　長田みどり　森洋子

368頁　**3300円**　◇978-4-89434-956-8（2014年2月刊）

4 「じか」の思想　◎竹内敏晴の人と仕事４ 内田 樹

最晩年の問い、「じか」とは何か。「からだ」を超える「ことば」を求めて。

［月報］名木田恵理子　宮脇宏司　矢部顕　今野哲男

392頁　**3300円**　◇978-4-89434-971-1（2014年5月刊）